LE POKER EN 52 LEÇONS

Sommaire

Partie 1. Présentation du poker
1. Le poker a une histoire 13
2. Le cadre législatif du poker 23
3. Le poker est un jeu d'argent 35
4. Le poker n'est pas un jeu de hasard 39
5. Le marché du poker 48

Partie 2. Les règles
6. Les combinaisons 59
7. La structure de la table et de la partie 65
8. Les enchères 71
9. Deux exemples de tours d'enchères 76
10. Les *side-pots* 82
11. Les limitations d'enchères 89
12. Les critères de gain 100
13. Le Texas hold'em 108
14. L'Omaha 121
15. Le stud à 7 cartes *(seven stud)* 145
16. Le stud à 5 cartes *(five stud)* 168
17. Le poker fermé 183
18. Les autres variantes 195
19. Récapitulatif des principales variantes 214
20. Éthique : les dix commandements
    du joueur de poker 216

Partie 3. La pratique domestique

21. Le matériel 225
22. Le principe de la partie privée 234
23. Organisez une partie privée chez vous............... 238
24. Les gains et les pertes...................................... 245
25. Le principe du tournoi...................................... 250
26. Organisez un tournoi chez vous....................... 260
27. Exemples de barèmes de blinds
    et de dotation.. 266
28. Exemples de tapis... 276
29. Le jeu en tête à tête... 278
30. Jouez chez vous sans argent............................ 281

Partie 4. La pratique collective

31. Les cercles de jeu 287
32. Les clubs locaux 292
33. Les casinos 296
34. Les *cash-games*.. 300
35. Les tournois monotables et multitables............. 305

Partie 5. La pratique en ligne

36. Le cadre législatif du poker en ligne................. 315
37. Équipez-vous en matériel et en logiciel 317
38. Les avantages et inconvénients
    du jeu en ligne 319
39. Les principes du jeu en ligne 323
40. Tirez parti de l'effet de masse......................... 329
41. Évitez les pièges du poker sur Internet............. 335

Partie 6. La stratégie de base

42. Le facteur clé de décision 1 : les cartes............ 345
43. Le facteur clé de décision 2 : la position 354
44. Le facteur clé de décision 3 : le tapis................ 361
45. Le facteur clé de décision 4 : les adversaires.... 365

46. Les cotes financières... 375
47. Les 10 commandements stratégiques................... 394
48. Découvrez 10 bluffs différents............................. 402
49. Les 10 erreurs stratégiques typiques................... 419
50. Les failles des adversaires.................................... 434
51. Créez votre budget poker..................................... 442
52. Les 10 commandements financiers du poker.... 448

Annexe 1 - Sitographie... 457
Annexe 2 - Lexique... 461
Annexe 3 - Principales probabilités.......................... 480
Annexe 4 - Les 10 principales abréviations
    du poker sur Internet.. 488
Annexe 5 - Bibliographie.. 489
Annexe 6 - Filmographie.. 493

Première partie

Présentation du poker

1
Le poker a une histoire

L'argent a sévi dans les jeux de cartes dès leur apparition en Europe, vers 1375. Vu leur prix, les cartes à jouer étaient surtout l'apanage des nantis – nobles, marchands, hauts fonctionnaires. Certaines étaient même des œuvres de grands artistes. D'abord peintes à la main puis au pochoir sur du papier épais, on en a retrouvé en tissu, en cuir et en papyrus. Puis elles ont été imprimées mécaniquement à partir de 1450.

Pourquoi le poker est différent

Le poker est un jeu de cartes américain mais il est l'héritier de sept siècles de jeux de cartes dits « de renvi » (d'enchères et surenchères). La plupart des jeux de cartes connaissent un déroulement codifié avec un but précis :
– dans la **bataille** : prendre toutes les cartes de l'adversaire ;
– dans le **bridge** : réaliser un certain nombre de plis, comme au **tarot**, à la **belote** ou à la **manille** ;
– dans le **huit américain** : éliminer toutes ses cartes, comme au **rami** ou aux **7 familles**.

Dans les jeux de renvi, il s'agit de réaliser des combinaisons. Mais la dimension de l'argent fait que le « coup » devient de plus en plus cher au fur et à mesure qu'il progresse. Pour pouvoir aller jusqu'au bout, c'est-à-dire à la comparaison des mains, il faut payer ce que l'adversaire exige. Inversement, si nous possédons un jeu écrasant, nous devons faire preuve de finesse pour faire payer l'adversaire.

Dès lors, il existe deux façons de gagner un coup dans un jeu de renvi :
– en allant jusqu'au bout des phases de jeu puis en comparant la force des cartes, la combinaison la plus forte gagnant le pot, qui est l'ensemble des enchères ;
– en émettant une enchère qu'aucun adversaire ne tient ; le coup s'arrête... faute de combattants, et le gagnant encaisse le « pot » sans même montrer ses cartes.

Donc, à l'inverse d'un jeu de plis comme la belote, qui ne se termine que quand les 13 plis ont eu lieu, un coup de jeu de renvi peut ne pas s'accomplir – ou s'accomplir par l'argent à défaut de s'accomplir par les cartes. Les joueurs sont constamment tiraillés entre la tentation de payer une enchère pour recevoir une carte supplémentaire et abandonner le coup au prix des enchères qu'ils y ont déjà versées. La pression psychologique est permanente dans les jeux de renvi.

Petit survol des jeux de renvi historiques

Le **glic** semble être le jeu de renvi le plus ancien. Il a été décrit au XVe siècle par François Villon (1431-1463), poète français à la vie romanesque. Comme au poker, il s'agit de former la plus forte combinaison, il n'y a pas de change de cartes et on procède à des enchères. Il est concurrencé à la même époque par le **flux**, autre jeu dont le nom a inspiré le mot anglais *flush*, qui désigne une combinaison du poker.

Aux XVIIe et XVIIIe siècles, d'autres jeux de renvi se sont croisés sur les tables d'acajou des nobles, des marchands... et des tricheurs. Le **gay** est un jeu cité par Rabelais et dont un des dérivés les plus populaires au XVIIe siècle était le **gilet**. L'**ambigu** comportait des enchères. Quant à l'**as nas**, longtemps considéré à tort comme l'ancêtre direct du poker, c'était un jeu de cartes perse du XVIIe siècle. Comme dans le poque, les combinaisons comportaient 5 cartes. Enfin le **brelan** fait son apparition au XVIIe siècle. Son nom est aussi celui d'une combinaison du poker.

En Allemagne, c'est le **Poch** qui a eu le plus de succès, dès le XVe siècle. Ce jeu comporte à la fois la notion d'atout, d'enchères et de combinaisons. Le **primero** italien (« prime » en France) a été beaucoup joué aux XVIe et XVIIe siècles. C'est à ce jeu que semblent s'adonner les joueurs du *Tricheur à l'as de carreau*, célèbre tableau de Georges de La Tour.

Poque, brag et bouillotte

Au **poque**, apparu au XVIIIe siècle, chaque joueur reçoit cinq cartes. Un Anglais qui essaie de prononcer « poque » le prononce « poki », proche de « poker ».

La **bouillotte** est apparue à la fin du XVIIIe siècle. Elle a remplacé le brelan, alors interdit par le Directoire. On y joue à quatre en amputant un jeu de 32 cartes des sept, des dix et des valets (il reste 20 cartes). Chaque joueur reçoit trois cartes et, pour renchérir, il double la mise précédente ou joue son « va-tout », relance de la totalité des jetons du joueur (le *all-in* du poker *no-limit* actuel).

Le jeu favori en Grande-Bretagne était le **brag**, apparu au XVIe siècle. Chaque joueur recevait trois cartes pour former une combinaison. C'est le seul ancêtre du poker qui soit encore joué aujourd'hui. Une partie mémorable de brag a été portée à l'écran, dans le film *Arnaques, crimes et botanique* (Guy Ritchie, 1998).

Ce sont ces trois jeux-là, à notre avis, qui sont les ancêtres directs du poker. Pourquoi ? Parce qu'ils étaient tous les trois présents au même lieu et au même moment : à New Orleans au début du XIXe siècle.

La Louisiane, berceau du poker

En **1682**, l'explorateur français Cavelier de La Salle prend possession de la vallée du Mississippi et la baptise « Louisiane » en l'honneur du roi Louis XIV. La Nouvelle-Orléans est fondée en **1718** par des colons français, à l'embouchure du Mississippi. La ville se développe et prospère grâce à la production de coton, d'indigo, de riz et de canne à sucre. Cédée à l'Espagne en **1763** et restituée à la France en **1800**, la Louisiane est vendue au président Jefferson pour la somme de 15 millions de dollars (60 millions de francs) par le Premier consul Napoléon Bonaparte. Du jour au lendemain, l'Union voit sa superficie doubler. En **1812** éclate la guerre contre l'empire britannique à New Orleans, qui sera gagnée par les Franco-Américains en **1815**. Mais 1812 marque une date capitale dans la genèse du poker : cette année-là, Fulton lance sa compagnie de bateaux à aube à vapeur.

De 70 bâtiments en **1820**, le trafic est passé à 560 vers **1845** et à plus de 700 en **1860**. Cette suractivité batelière a généré un nombre grandissant de tricheurs qui hantaient les bâtiments. On estime que vers **1830** environ 5 000 tricheurs œuvraient régulièrement sur la ligne New Orleans-Louisville, située sur l'Ohio, 1 000 kilomètres en amont. Le chiffre semble énorme mais il ne faut pas oublier que le trafic sur le Mississippi était continuel et soutenu.

Les voyageurs étaient constamment renouvelés et avaient toujours de l'argent frais sur eux. Il était rare de voir deux fois les mêmes personnes. La longueur des étapes, l'inexistence des loisirs à bord étaient autant d'arguments pour se voir proposer une « banale partie de dés » ou une « amicale partie de cartes ». Rapidement, les joueurs sont devenus des figures incontournables des *riverboats*, et la plupart étaient en réalité de fieffés tricheurs qui n'avaient qu'une seule raison d'être : plumer le pigeon.

En **1829**, un artiste anglais en croisière sur le Mississippi est le témoin d'une partie à 4 joueurs recevant chacun 5 cartes, sans tirage, avec un seul tour d'enchères. Ce jeu prendra le nom de **bluff** et s'éteindra à la guerre de Sécession, remplacé par le **draw poker** (poker fermé). Comme la bouillotte, le bluff se pratique avec 20 cartes. Si on ajoute 32 cartes, un tirage de cartes, la quinte, la couleur et un tour d'enchères, on n'obtient rien de moins que le poker fermé historique, le *draw poker*. Ce jeu prend le nom officiel de poker à la fin des années 1830 sur les *steamboats* du Mississippi.

Jusqu'en 1861, le poker est resté l'apanage des aventuriers, des cow-boys, des riches fermiers et des chercheurs d'or à partir de 1849. Les villes champignons qui sortent de terre à la faveur de l'exploitation des filons miniers sont composées pour les trois quarts de maisons de jeu destinées à alléger les orpailleurs de leur trop-plein de pépites.

La première mention écrite de poker fermé avec change de cartes *(draw poker)* se trouve dans l'édition américaine de 1850 du *Bohn's New Handbook of Games*.

C'est la guerre de Sécession (1861-1865) qui a vraiment intégré le poker dans les foyers américains, au retour des soldats dans leurs foyers. Dès lors, le poker a été pratiqué partout aux États-Unis, il est devenu LE jeu de cartes américain par excellence. Sa popularité a été telle que des centaines de variantes se sont rapidement développées dans tous les États de l'Union.

Et la France ?

Bonneveine (pseudonyme de Jules Rostaing), dans son *Académie des Jeux* (Delarue, 1865), écrit :

« [Le poker] ne s'est introduit en France que depuis quelques années. Il a commencé par trouver d'ardents adeptes dans le monde de la marine. Enfin il a pénétré jusqu'à Paris, où un certain nombre de joueurs le cultivent avec passion. Ce jeu n'offre pas, à proprement parler, de combinaison nouvelle. Il appartient à la même famille que le vieux jeu français appelé l'ambigu, d'où la bouillotte est sortie. »

Ce sont les voyageurs qui ont importé le poker en France : marins, commerçants internationaux, diplomates... Si l'on en croit un manuel de 1900 (*Poker et Baccara* de Joseph Poupault), chaque fois que des joueurs de bouillotte s'essayaient au poker, ils l'adoptaient immédiatement. Ce qui explique que la bouillotte ait totalement disparu dans l'entre-deux-guerres.

Le poker s'est imposé en marge de la société : dans le « milieu », auprès de la bourgeoisie, même auprès des grands de ce monde. En 1906, un détective fameux du nom d'Eugène Villiod publie *La Machine à voler*, manuel technique à l'usage des joueurs qui explique comment une bande organisée arrive à « essorer » des pigeons grâce à des tricheries particulières : ordres de cartes, signaux, cartes marquées, etc.

Il faut attendre les années 1970 pour le poker soit autorisé dans les cercles français. Contrairement au chemin de fer (baccara à un tableau), qui sévissait depuis des décennies dans les casinos et qui a donné lieu à de nombreux témoignages à propos de bancos d'André Citroën et de l'Agha Khan, le poker est resté l'apanage des parties privées. Le cinéma nous en montre un bel exemple dans le film *Sénéchal le magnifique* (Jean Boyer, 1957) avec Fernandel. Dans son film *Le Roman d'un tricheur* (1936), Sacha Guitry en fait aussi une démonstration.

Le poker ouvert, « stud à 5 cartes », est apparu en France quand il commençait à décliner aux États-Unis, c'est-à-dire dans les années 1950. S'il a été largement popularisé par le film *Le Kid de Cincinnati*, film de Norman Jewison sorti en 1965, il n'a jamais détrôné le poker fermé.

Le premier festival de poker américain a eu lieu en 1970 et le premier tournoi européen date de 1981, en Irlande. Les premiers festivals internationaux européens datent de 1990. Cette année-là, le « Festival of Poker » du Victoria Casino de Londres et le « Poker EM » (Europeanischer Meisterschaft) de Casinos Austria ont eu lieu pour la première fois. Ils ont inauguré une longue série de festivals qui s'étoffe chaque année et qui n'épargne aucun pays.

En France, il a fallu attendre 1990 pour voir le premier Championnat de France, organisé par l'association des « Amis du 52 ». La manifestation, qui a réuni jusqu'à 300 joueurs, a eu lieu quatre fois de suite.

1995 est une année importante car elle voit l'ouverture de la salle de poker du cercle Aviation Club de France (ACF). Dès le départ, les premiers tournois internationaux français se sont déroulés sur la plus belle avenue du monde... C'est aussi l'ACF qui accueille l'unique étape européenne du World Poker Tour (WPT) depuis 2002. Quant au casino de Deauville, il accueille l'étape française de l'European Poker Tour (EPT) depuis 2005.

Chronologie du poker

Vers 1837 : (d'après Johnathan Green) le « bluff » passe de 20 à 52 cartes. Puis il intègre un tirage (changement de cartes) et un deuxième tour d'enchère, et prend le nom de *draw poker* (poker fermé).

1840 : la couleur est ajoutée aux combinaisons.

1855 : la quinte est ajoutée aux combinaisons. Elle ne sera acceptée partout que vers 1880.

1850 : apparition du tirage de cartes, de l'*ante* et du blind.

1860 : instauration de la règle des *table stakes* : les joueurs ne peuvent pas engager plus de jetons qu'ils n'en possèdent sur la table. Cette règle entraîne la technique des *side-pots*.

1861 : disparition totale du bluff, la version « préhistorique » du poker, à 20 cartes, quatre joueurs et sans tirage.

Invention présumée des limites fixes, visant à plafonner les enjeux.

1861-1865 (guerre de Sécession) : généralisation du stud à 5 et 7 cartes.

1863 : introduction du joker, ainsi que des cartes *wild*, qui remplacent n'importe quelles autres cartes. Leur utilisation reste minoritaire.

1864 : apparition des premières cartes avec index (valeur inscrite au coin des cartes), fabriquées par Samuel Hart & Co.

1870 : remplacement des cartes à sens unique par les cartes à double sens. Les coins arrondis se généralisent.

1872 : premier manuel de règles « officielles » de poker, de Robert Cummings Schenck.

1891 : première machine à sous utilisant les combinaisons du poker.

Vers 1900 : apparition du Texas hold'em à Robstown, Texas.

1925 : premières parties de Texas hold'em *no-limit*, à Dallas, Texas, à l'instigation de Johnny Moss.

1949 : marathon de poker historique à Las Vegas entre Johnny Moss et Nick Dandolos, pendant cinq mois, sous l'égide de l'ex-truand Benny Binion.

1960 : introduction progressive du poker dans les cercles anglais.

1965 : premier grand film sur le poker, *Le Kid de Cincinnati*, de Norman Jewison, avec Steve McQueen et Edward G. Robinson.

1969 : premier tournoi de poker, la Texas Gamblers Convention au Holiday Casino de Reno.

1970 : premier festival annuel de poker (World Series of Poker).

1978 : premier vidéo-poker.

1981 : premier tournoi annuel de poker européen, à Dublin.

1990 : premiers festivals annuels de poker européens, à Londres et à Vienne.

1993 : création du premier club européen dédié au poker, le Concord Card Casino (Vienne).

1998 : création du premier site Internet de poker, PlanetPoker.

1999 : deuxième grand film sur le poker, *Les Joueurs*, de John Dahl, avec Matt Damon et John Malkovitch.

Création en France des premiers sites Internet d'information et des premiers clubs locaux.

Premier tournoi télévisé « Late Night Poker » sur Channel 4.

2003 : premier champion du monde préalablement qualifié sur Internet (Chris Moneymaker).

2006 (13 décembre) : autorisation d'exploiter le Texas hold'em dans les casinos français.

2007 : création de l'École française de poker, premier organisme pédagogique avec enseignements en ligne et en réel.

Sortie du *Poker en 52 leçons* au Livre de Poche, soutenu par l'École française de poker.

2

Le cadre législatif du poker

Les caractéristiques du poker font qu'il n'est pas un jeu innocent. Il est dans la droite ligne des jeux anciens de type brelan ou prime, qui ont connu diverses interdictions au fil des siècles. Un jeu où il est possible de se ruiner mérite une législation stricte... mais jusqu'où ?

Le poker et l'État

Beaucoup de joueurs, surtout des jeunes, passionnés par le poker de compétition, se méprennent sur la relation qu'un gouvernement peut avoir envers un jeu d'argent tel que le poker. L'État n'a strictement aucun avantage à pousser ce genre de jeux auprès de la population. Son rôle consiste au contraire à *refréner* sa pratique pour en minimiser les dérives sociales, parfois lourdes de conséquences.

Dans le cas du poker, la législation française s'avère obsolète par rapport à sa pratique actuelle. Le législateur a réagi en son temps contre le poker « historique », celui où le hasard avait une place importante et dont la pratique était confidentielle mais hautement *dange-*

reuse. Tricheries, parties clandestines, clubs illégaux étaient légion tout au long du XXᵉ siècle, comme l'illustre le film *Flag* (Jacques Santi, 1987, avec Richard Bohringer).

L'émergence massive d'une pratique de *divertisse-ment*, au tout début du XXIᵉ siècle, et de variantes plus stratégiques (Texas hold'em en tête), met en lumière un net décalage avec la loi. Ce jeu, qui est devenu beau-coup plus populaire et qui donne lieu à des compéti-tions locales mais aussi internationales, est toujours considéré par la loi comme un vulgaire jeu de voyous qu'il faut fuir comme la peste.

Pourtant, comment comparer une partie de malfrats du Paris de 1960, partie de « faisans » et « pigeons », avec une rencontre dominicale entre vingt joueurs tou-rangeaux pour un tournoi qui leur coûtera dix euros chacun ? Si nous faisons tous la différence, la loi, elle, ne la fait pas. Elle devra donc *s'adapter* car il serait scandaleux qu'une loi instaure des inégalités. L'arrêté du 14 mai 2007 récapitulant les conditions d'exploita-tion des jeux dans les casinos a su faire la différence entre le « poker » du XXᵉ siècle et le « Texas hold'em » qui prévaut dans les compétitions. Donc le législateur est compétent en la matière.

La colère des associations de joueurs vient de ce que le législateur interdit le poker dans les clubs locaux où les mises tournent autour de 10 euros tout en l'auto-risant dans les cercles et les casinos où les mises com-mencent à 50 euros. Inciter les joueurs à jouer plus gros : c'est le paradoxe que crée la loi actuelle.

L'interdiction générale

Le jeu de hasard et d'argent est interdit en France, comme le stipule l'article 1 de la loi du 21 mai 1836, rédigé ainsi : « Les loteries de toute espèce sont prohibées » *(sic)*.

Mais alors *quid* des casinos, du Loto, du PMU, entre autres ? Ils jouissent de dérogations dûment accordées par le législateur. Moyennant quoi le marché du jeu est devenu colossal en France au fil des années, générant des milliards d'euros de bénéfice, créant des milliers d'emplois et contribuant de plus en plus au budget de l'État, au point qu'on le considère comme un impôt déguisé (6 milliards en 2005). C'est aussi un marché qui n'a jamais fléchi au cours des ans.

Chiffre d'affaires/produit brut des jeux (millions d'euros)			
	1999	2005	variation
Française des jeux	5 800	8 900	+ 53 %
PMU	5 700	8 200	+ 44 %
Casinos	1 600	2 700	+ 69 %

Qu'est-ce qu'un « jeu de hasard » ?

Depuis une décision datant de 1877, la Cour de cassation a qualifié comme étant des jeux de hasard « ceux où la chance prédomine sur l'habileté, la ruse, l'audace et les combinaisons de l'intelligence ». Même si l'appellation peut hérisser le poil de beaucoup d'aficionados, ils devront s'y habituer car elle définit le poker d'un point de vue législatif. Et, aussi longtemps que cette définition prévaudra, le poker sera jeu de hasard au regard de la lo¹ Pourtant, au regard de cette définition, le po^ d'aujourd'hui, ou au moins le Texas hold'em, po être classé comme jeu de *semi-hasard*, ce que n^ conisons, d'après le débat ci-dessous, p. 45 (Mi^

À notre connaissance, seul le Brésil a reconnu le poker comme jeu de stratégie. Cela nous rappelle à juste titre que les lois ne sont pas toutes universelles mais qu'elles reflètent les considérations culturelles et philosophiques des pays qui les édictent.

Le statut du poker

Le poker a le statut de jeu hasard en France. C'est aussi le cas partout dans le monde, à quelques nuances près.

À ce titre, le poker s'assimile à une *loterie*, et l'organisation de parties de poker est donc prohibée, selon la lettre de la loi de 1836, et relève aussi de la loi du 12 juillet 1983 relative aux jeux de hasard (voir plus loin).

Ce statut est combattu par de nombreuses associations de joueurs qui promeuvent une pratique de compétition pour tenter de rapprocher le statut du poker de celui du bridge. L'un et l'autre jeux subissent la donne de départ qui ne dépend que du hasard, mais dans le cas du bridge le hasard s'arrête là. Dans le cas du poker (Texas hold'em), le hasard se poursuit au long du coup avec les trois donnes suivantes.

Au Texas hold'em, chaque joueur reçoit sept cartes au total. La première donne en fournit deux. Le hasard de départ ne régit donc que 2/7 des cartes finales par joueur, soit 29 %, contre 100 % des cartes au bridge ou à la belote. C'est l'argument du législateur pour classer poker dans les jeux de hasard et le bridge dans les d'adresse. Cet argument nous semble recevable, si les tactiques pokériennes en cours de coup t de beaucoup la place du hasard lors des tours suivants, comme le chapitre 4 le prouve.

Les lieux du poker

L'intérêt des autorités en matière de jeu consiste à circonscrire sa pratique dans des lieux reconnus et dûment contrôlés par elles. En France, le poker est joué légalement en quatre endroits :
- les cercles,
- les casinos (le Texas hold'em seulement),
- chez soi (sous certaines conditions),
- sur Internet (jeu gratuit seulement).

Qu'est-ce qu'un cercle ?

Les cercles sont des associations loi de 1901, donc sans but lucratif, qui organisent des parties et des tournois entre leurs membres. La plupart des cercles exigent une cotisation à l'année, mais leur accès est de plus en plus souvent gratuit.

Quand vous jouez dans un cercle, vous affrontez d'autres membres du cercle. Le cercle se rémunère sur les sommes gagnées par les joueurs. En aucun cas le cercle ne prend part au jeu. Il fournit les locaux, le personnel, le matériel, garantit la bonne marche des parties et leur régularité. S'il surprend un joueur à tricher, ce jouer est banni à vie du cercle.

Le regain du poker au début du XXIe siècle a vu l'ouverture de nombreux cercles au jeu de poker. De nouveaux cercles se sont même créés, alors que pendant des décennies leur nombre n'avait pas varié.

Quand le cercle Concorde a ouvert ses portes en novembre 2006 à Paris, il n'a pas fallu un mois pour remplir ses salles. Pendant ce temps, son plus vif concurrent, l'ACF des Champs-Élysées, n'a même pas perdu de joueurs, ce qui donne une idée de la puissante demande du poker joué *live*.

Les cercles exploitent le poker sous ses diverses variantes, ce qui est normal. Le cercle est par définition un lieu où les joueurs s'affrontent entre eux dans des jeux dits « de commerce », c'est-à-dire où l'exploitant est fournisseur et non adversaire. Le poker y trouve donc toute sa place.

Qu'est-ce qu'un casino ?

Un casino est une entreprise privée qui propose des jeux à sa clientèle, mais pas seulement. Elle doit aussi lui proposer de la restauration et des spectacles.

L'arrêté du 14 mai 2007 marque un tournant historique, comme l'a été celui de 1969. Ces deux textes, entre autres choses, fixent dans sa forme précise la pratique de nouveaux jeux : le Texas hold'em pour le premier, le blackjack et le craps pour le deuxième. Dès lors, les casinos français sont en droit d'ouvrir des tables de poker, jeu qui leur était interdit jusqu'ici.

En l'occurrence, les casinos français ne peuvent exploiter que la forme de poker la plus populaire, le Texas hold'em, autant sous sa forme de *cash-game* que de tournoi.

La pratique domestique

Le poker est toléré chez les particuliers sous certaines conditions bien précises.

Ce que vous n'avez pas le droit de faire

– organiser des parties ou tournois à dates et heures fixes, dans un endroit unique (par exemple, au 5 rue Victor-Hugo, tous les jours à 14 h, tous les samedis à 20 h, etc.) ;

– prélever une part des enjeux quand vous organisez une partie chez vous ;
– faire connaître par quelque moyen que ce soit l'existence d'une telle partie ; par exemple, l'annonce sur un forum Internet ;
– faire l'apologie du poker sans, en compensation, signaler les dangers d'une pratique excessive.

Ce que vous avez le droit de faire
– organiser une partie qui soit à date irrégulière et dans des lieux différents ;
– communiquer à des personnes que vous connaissez la date et le lieu d'une partie que vous organisez, par téléphone, fax, SMS ou e-mail privé ;
– demander aux joueurs une participation aux frais forfaitaire et non proportionnelle aux enjeux pour couvrir le prix du matériel et de l'alimentation.

Pour résumer, disons que, tant qu'une partie de poker reste un événement circonscrit à la sphère privée et ne créant de bénéfice pour personne, elle est tolérée. C'est d'ailleurs ce qui était sa pratique historique d'avant l'ère de l'Internet. Comme l'a réaffirmé Denis Bertoncini, commissaire de la Brigade des jeux dans *Le Parisien* du 21 décembre 2006 : « Si la partie de poker n'a pas lieu régulièrement au même endroit et si l'organisateur ne perçoit aucune rémunération », le poker est autorisé.

La pratique sur Internet

La généralisation de l'Internet en France, à partir de 1996, a multiplié les communautés de passionnés dans tous les domaines, y compris celui du poker. L'expansion médiatique du poker a accéléré le processus, relayé par la multiplication des sites de poker en ligne. De nombreux clubs locaux se sont créés, chacun assorti de son propre site donnant des informations sur les résultats, les manifestations, les débats en cours, fixant des dates pour des épreuves, etc.

Ce n'est plus possible aujourd'hui car la loi est passée par là et a considérablement restreint l'ouverture du poker au public. La loi n° 2007-297 du 5 mars 2007, dite « prévention de la délinquance », a été amendée de plusieurs articles qui s'insèrent après l'article 17. Elle instaure l'illégalité de la pratique du jeu sur Internet. Ceux qui misent de l'argent sur des sites Internet tombent donc sous le coup de la loi, entrée en application le 7 septembre 2007.

Les débats qui ont précédé le vote ont fait valoir que personne ne pouvant savoir quel âge avait le joueur qui pianotait sur son clavier chez lui, ce joueur pouvait être mineur. Nous ne pouvons qu'adhérer à ce raisonnement, mais nous ignorons alors pourquoi la Française des jeux ne l'applique pas. Celle-ci autorise le jeu en ligne sur son propre site. L'article 3.3 du règlement général de la FdJ plafonne même les dépôts à 500 euros par huitaine. L'État est actionnaire à 72 % de la FdJ... Il faudra bien qu'un jour prochain, sous l'égide d'une Commission européenne vigilante en la matière, la loi trouve une cohérence.

Cette loi interdit aussi la publicité « sous toutes ses formes » en faveur des sites de jeux illégaux. Cela inclut le sponsoring, les publicommuniqués, la citation dans les textes stratégiques et même les blogs Internet.

La même loi (article L. 565-2) interdit aussi le *cashout*, le virement des gains réalisés sur ces sites vers la banque du joueur, en vertu de la lutte contre le blanchiment d'argent, ce qui devrait tarir d'eux-mêmes les rapatriements d'argent sale... et ceux de joueurs qui n'ont rien à se reprocher.

Pour couronner le tout, l'article 6 de la loi n° 2004-575 du 21 juin 2004 pour la confiance dans l'économie numérique, modifié par la loi du 5 mars 2007, précise que les fournisseurs d'accès Internet ont pour charge de signaler à leurs clients que tel site de jeu en ligne est illégal. Il doit le faire d'une manière visible pour que l'internaute comprenne qu'il est responsable de ses actes s'il s'y risque de lui-même.

Un certain nombre de sites de poker gratuits existent. Les internautes y jouent sans verser d'argent sur un compte et participent avec des jetons fictifs, sans valeur réelle. Jusqu'à nouvel ordre, la loi n'a pas interdit de jouer sur ces sites gratuits.

Ce que risquent les contrevenants

La loi de 1836 revue en 2007 punit de deux ans d'emprisonnement et de 60 000 euros d'amende ceux qui auront organisé des loteries, dont le poker peut faire partie selon l'appréciation du juge. La loi de 1983 renforcée punit de trois ans d'emprisonnement et de 45 000 euros d'amende ceux qui auront participé à la tenue d'une maison de jeux de hasard. Et s'il s'agit d'une bande organisée, les peines sont portées respectivement à sept ans et 100 000 euros.

Ceux qui auront fait la publicité de loteries interdites (donc aussi de parties de poker et des sites de poker en ligne entre autres) encourent une amende de 30 000 euros, qui peut être portée à quatre fois les frais de publicité.

Et le joueur ? Si la loi ne le punit pas, elle ne l'aide pas non plus. À cet égard, les articles 1965 et 1967 du

Code civil rendent irrecevable toute action pour dette de jeu ou pour le paiement d'un pari.

Articles de loi *in extenso*

Article 1965 du Code civil

« La loi n'accorde aucune action pour une dette du jeu ou pour le paiement d'un pari. »

Article 1967 du Code civil

« Dans aucun cas le perdant ne peut récupérer ce qu'il a volontairement payé, à moins qu'il n'y ait eu, de la part du gagnant, dol, supercherie ou escroquerie. »

Loi du 21 mai 1836 révisée, article 4 (extrait)

« Sont punis de 30 000 euros d'amende ceux qui auront colporté ou distribué des billets, ceux qui, par des avis, annonces, affiches ou par tout autre moyen de publication, auront fait connaître l'existence des loteries prohibées par la présente loi ou facilité l'émission des billets. Le tribunal peut porter le montant de l'amende au quadruple du montant des dépenses publicitaires consacrées à l'opération illégale. »

(Ce paragraphe complète également l'art. 5 de la loi du 15 juin 1907 et l'art. 1 de la loi du 12 juillet 1983.)

Loi n° 83-628 du 12 juillet 1983 révisée, article 1

« Le fait de participer, y compris en tant que banquier, à la tenue d'une maison de jeux de hasard où le public est librement admis, même lorsque cette admission est subordonnée à la présentation d'un affilié, est puni de trois ans d'emprisonnement et de 45 000 euros d'amende. Les peines sont portées à sept ans d'emprisonnement et à 100 000 euros d'amende lorsque l'infraction est commise en bande organisée.

« Le fait d'établir ou de tenir sur la voie publique et ses dépendances ainsi que dans les lieux publics ou ouverts au public et dans les dépendances, même privées, de ceux-ci tous jeux de hasard non autorisés par la loi dont l'enjeu est en argent est puni de six mois d'emprisonnement et de 7 500 euros d'amende. »

(Note : cette loi remet à jour l'article 410 du Code pénal, qui faisait autorité jusque-là.)

À l'étranger aussi, le jeu est banni... mais les peines diffèrent

Voici quelques exemples, sachant que certaines dispositions n'ont plus cours.

Sur la tenue illégale d'une maison de jeu

Code pénal du Pérou, a. 243-A : « Fonctionnement illégal de casinos de jeu – Encourt une peine privative de liberté de un à six ans (...) celui qui aménage ou gère un casino de jeu soumis à autorisation sans avoir accompli les formalités exigées par les lois ou les règlements pour leur fonctionnement. »

Code pénal belge, a. 302 : « Les auteurs, entrepreneurs (...) de loteries non autorisées légalement seront punis d'un emprisonnement de huit jours à trois mois. »

Code criminel du Canada 201 : « Est coupable d'un acte criminel et passible d'un emprisonnement maximal de deux ans quiconque tient une maison de jeu ou de pari. »

Code pénal du Texas, a. § 47.04 : « Tenue d'une maison de jeu (...). C'est une défense recevable que le jeu se soit déroulé dans un lieu privé. »

Sur la condamnation de l'acte de jouer

Code pénal allemand de 1871, a. 361 : « Sera puni de l'emprisonnement de simple police tout individu qui se sera adonné aux jeux de hasard au point de tomber dans un état exigeant l'intervention des autorités pour lui procurer des secours ainsi qu'aux personnes dont il doit assumer la charge. »

État de New York (statuts révisés de 1827-1828) : « Quiconque gagnera ou perdra dans l'espace de 24 heures, en jouant ou en pariant, la somme de 25 $ sera coupable d'un délit. »

Code pénal coréen de 1905, a. 667 : « Tout individu qui aura joué de l'argent ou des valeurs quelconques sera puni (...) en tenant compte de la valeur de l'enjeu. »

Code pénal de Chine, a. 303 : « Celui qui (...) fait un métier du jeu doit être condamné à une peine de trois ans d'emprisonnement au plus. »

Code criminel du Canada, a. 179 : « Commet un acte de vagabondage toute personne qui tire sa subsistance, en totalité ou en partie, du jeu. »

Sur la condamnation de l'incitation au jeu

Code pénal belge, a. 303 : « Seront punis d'un emprisonnement de huit jours à un mois (...) ceux qui, par des avis, annonces, affiches ou par tout autre moyen de publication auront fait connaître l'existence de loteries non autorisées. »

Code criminel des Indiens Ute, § 13-4-111 : « Une personne est coupable du délit de jeu si (...) elle incite autrui à jouer. »

Code pénal du Brésil, a. 174 : « Abuser (...) de l'inexpérience, de la simplicité ou de la faiblesse d'esprit d'autrui pour l'induire à la pratique de jeu (...). Peine : réclusion d'un à trois ans. »

3

Le poker est un jeu d'argent

Le poker est ainsi fait qu'il ne peut être pratiqué sans argent, ou du moins sans valeur. Cette valeur peut prendre diverses formes. Mais au final elle sert à intimider l'adversaire, que le joueur contraint à engager autant que lui pour poursuivre la partie. C'est sur ce principe que fonctionne le poker.

L'argent

Il est hors de question de jouer au poker directement avec de l'argent liquide. L'argent est représenté à la table par divers accessoires : haricots, billets de jeux de société, jetons... Sur Internet, la dématérialisation est encore plus poussée car l'argent y est représenté par une simple somme inscrite sur l'écran ou des jetons imagés.

Vis-à-vis de l'argent, il existe deux formes de pratique du poker :

Le jeu dit cash-game

C'est la pratique historique du poker, celle qui était généralisée partout jusqu'en 1970 et qui a coexisté ensuite avec le tournoi. *Cash-game* signifie « jeu d'argent liquide ». En *cash-game*, le joueur change son argent contre des jetons ou autres accessoires qui représentent son argent. S'il a perdu tous ses jetons en cours de partie, il peut en racheter de nouveaux pour poursuivre le jeu. À la fin de la partie, il fait l'échange inverse : il transforme ses jetons restants en argent.

Le jeu en tournoi

Le tournoi se généralise depuis 1970, année des premières World Series of Poker (WSOP), au point de devenir la pratique dominante. En tournoi, le joueur paie un droit d'inscription convenu à l'avance, identique pour tous. Quand il a perdu ses jetons, il se retire de la partie. Au fil des heures, les joueurs se raréfient progressivement. Quand il n'en reste qu'un, le tournoi s'arrête faute de combattants. Les joueurs qui ont survécu le plus longtemps reçoivent chacun une part des droits d'inscription ou un lot.

Les valeurs

Il est tout à fait possible de jouer sans argent au poker, mais seulement en tournoi. On appelle alors le tournoi *freeroll*. Les mécanismes d'intimidation portent sur autre chose que de l'argent.

L'ego

Chaque joueur est fier de gagner. Si un groupe d'amis joue une partie, l'ego peut suffire à remplacer l'argent. Le premier éliminé « a la honte », alors que celui qui remporte la partie a la gloire.

Des points

Des joueurs de club peuvent concourir pour des points qui définissent un classement. Là aussi l'ego joue un rôle car le premier du classement se doit de le rester alors que les moins bien classés se doivent de remonter dans le classement. Cette compétition devient aussi âpre que s'il s'agissait d'argent.

Une bonification

Un tournoi peut offrir un lot qui a été offert par un sponsor, par exemple. Ce peut aussi être un trophée portant la date de la compétition.

Une place dans un tournoi

Il arrive qu'un classement ou une victoire offre une place à un tournoi officiel d'un établissement, par exemple. Il s'agit alors d'un tournoi qualificatif, que dans le jargon du poker nous appelons « satellite ».

Et le jeu gratuit sur Internet ?

Des sites gratuits de poker en ligne proposent de jouer avec des jetons fictifs. Cela donne lieu à des parties où les joueurs pratiquent vraiment le poker selon les règles. Comme ces sites ne connaissent pas de frontières, vous pouvez aussi bien affronter des Australiens que des Chinois ou des Italiens.

L'inconvénient est que, comme les enchères se font sans pression, la plupart des joueurs s'amusent et tentent n'importe quelles combinaisons au mépris des tactiques les plus basiques. Résultat : la qualité du jeu est déplorable. Un joueur qui s'éternise dans ce genre de parties n'a aucune chance de progresser.

Les inconvénients du jeu avec argent

Jouer avec l'argent revient le plus souvent à jouer avec le fruit du travail, ce qui est à déconseiller. Un joueur de poker doit d'abord se créer un *budget jeu* avant d'engager de l'argent.

Si le joueur décide de jouer quatre tournois par mois à 10 euros chacun, il doit dégager un budget jeu de 40 euros par mois.

Mais, s'il décide de jouer quatre heures par jour à des tables à 100 euros, il en va tout autrement. Avant de se lancer, son budget jeu total doit être égal à *20 fois* le budget journalier. S'il joue une seule fois par jour à la table à 100 euros, il lui faut donc 2 000 euros de budget. Mais s'il se donne deux chances par jour, il doit avoir un budget de 4 000 euros, et ainsi de suite. Le plus difficile n'est pas la création du budget jeu mais la discipline pour s'y maintenir et respecter son propre cahier des charges.

Ne jouez jamais avec l'argent du travail ni avec l'argent qui était destiné à autre chose qu'au jeu. L'idéal est de mobiliser une somme forfaitaire qui ne vous sert qu'à jouer, et que vous aurez à cœur de faire grossir au fil des parties. Cette question est revue en fin de volume.

4

Le poker
n'est pas un jeu de hasard

La loi estime que le hasard est l'ingrédient principal
du jeu de poker. Cette question fait débat, surtout
concernant les formes compétitives du jeu. Les
joueurs s'accommodent mieux d'un hasard réduit à
sa plus simple expression qui laisse une place accrue
à la stratégie.

Qu'est-ce qu'un jeu de hasard ?

D'un point du vue législatif, nous avons vu précédemment que le poker était bien un jeu de hasard car
d'après la loi le hasard y prédominerait. Pourtant, sont
aussi considérés comme jeu de hasard : la roulette, les
petits chevaux, le jeu de l'oie.

En 1983, quand je préparais mon premier livre
consacré au poker, j'ai rencontré un commissaire de la
Brigade des jeux, Monsieur C., qui m'a donné cette
définition du jeu de hasard : « Le jeu de hasard est un
jeu où le joueur d'expérience n'a aucun avantage sur le
joueur débutant. » Dans cette définition entrent à coup
sûr la roulette, les petits chevaux, le jeu de l'oie.

On ne saurait en dire autant du poker. Pour quelles raisons ?

La nature du poker par rapport au hasard

Le seul qui gagne dans un jeu de hasard, c'est celui qui l'exploite. Et pour vivre, il *sous-rémunère* le risque encouru par le joueur.

Dans la roulette, il existe 37 numéros (de 0 à 36). Un joueur qui gagne un « plein » est payé 35 fois la mise, plus sa mise au numéro. Donc :

– d'un côté, il a une chance sur 37 de gagner ;

– de l'autre, il récupère 36 fois sa mise quand il gagne.

Or, si le jeu était équitable, il devrait récupérer *37 mises*, et non 36 ! La différence est encaissée par l'exploitant et elle représente 1/37, soit 2,7 % des enjeux. Signalons au passage que l'exploitant gagne aussi sur deux autres tableaux : la fragilité psychologique du joueur et sa limitation financière, sujets que nous n'allons pas développer ici.

Moyennant quoi, puisque le joueur de roulette subit une érosion continue de son argent, il est mathématiquement *très peu probable* qu'il puisse dégager un bénéfice propre à en faire un professionnel. Cette probabilité étant non nulle, je ne peux écrire « impossible ». Mais à l'échelle humaine elle est tellement basse qu'elle doit être vue comme impossible.

Ou plus exactement : sur une courte série de coups, il peut dégager un bénéfice *momentané* grâce à quelques coups de chance pure. Mais, sur le long terme, les coups de chance et les coups de malchance rejoindront leur probabilité théorique et la perte tendancielle du joueur sera bien de 2,7 % par coup joué. Moyennant quoi il va perdre peu à peu son capital jusqu'à la ruine totale s'il ne s'arrête pas avant. C'est aussi une façon de formuler la *loi des grands nombres*.

Les professionnels du poker existent

Il en va différemment au poker. Le poker est un jeu *d'opposition* entre êtres humains, contrairement à la roulette qui oppose un être humain à une *machine*. Un joueur peut avoir développé des tactiques évoluées capables de lui donner un avantage définitif face à d'autres joueurs. Ce faisant, il dispose d'un avantage *objectif* contre ses adversaires, ce qui peut suffire à lui dégager des gains assurant sa survie financière.

Quand un tel joueur gagne des tournois régulièrement, il récupère beaucoup plus que ce qu'il y a mis en termes de droit d'entrée. En plus, ce joueur peut être *sponsorisé*, c'est-à-dire qu'une marque lui paie ses droits d'entrée et ses frais divers. En échange, il représente la marque dans les compétitions et devient son porte-drapeau.

Cette pratique propre au poker du XXIe siècle n'a pas empêché les grands champions du XXe siècle d'être de grands professionnels qui finançaient eux-mêmes leurs droits d'entrée dans les plus grands tournois.

Les palmarès parlent d'eux-mêmes

Depuis l'avènement des compétitions de poker, les palmarès suivent mois après mois les performances des grands joueurs.

À titre d'exemple, penchons-nous sur les résultats des WSOP (World Series of Poker). Chaque année, ce festival de poker, le plus prestigieux du monde, présente à Las Vegas une cinquantaine de tournois journaliers. Chacun offre un titre mondial à son gagnant.

Dans les années 1970, les WSOP comptaient une vingtaine de tournois. Le dernier tournoi du festival est le Championnat du monde, le plus prestigieux de tous.

À la date de sortie de ce livre, trois joueurs ont remporté dix titres mondiaux WSOP chacun :

Joueur	Nombre de saisons	Nombre de tournois (env.)	Moyenne d'inscrits	Nombre de gains
Phil Hellmuth	19	450	400	57
Johnny Chan	24	400	350	35
Doyle Brunson	31	500	300	27

Comme un seul joueur obtient la victoire par tournoi, la probabilité objective de gagner un tournoi, s'il était un jeu de hasard, serait égale à 1/N, N étant le nombre d'inscrits.

Voyons, pour chaque joueur, quelle serait sa probabilité d'accumuler dix victoires s'il était l'objet d'un tirage au sort :
– pour Phil Hellmuth, elle serait de 0,000030 % ;
– pour Johnny Chan, elle serait de 0,000033 % ;
– pour Doyle Brunson, elle serait de 0,000126 %.

(Ces chiffres nous sont donnés par la loi dite « de Poisson » qui travaille avec des probabilités de gagner basses.)

Ces probabilités sont plus que basses, elles sont *infinitésimales*. Elles prouvent que le hasard ne peut en rien justifier les résultats de ces joueurs-là. Et ce n'est que l'exemple de trois joueurs. Nous pourrions en étudier des dizaines d'autres.

Les mêmes joueurs se retrouvent
aux places d'honneur

Comparons cette fois les résultats de Phil Hellmuth avec la probabilité qu'il ait gagné *un seul* de ces tournois par tirage au sort. Toujours selon le même mode de calcul (loi de Poisson), elle aurait été de 36,48 %, ce qui est compréhensible pour un joueur qui participe à 450 tournois comportant en moyenne 400 joueurs. Conclusion : s'il en avait gagné un ou deux, voire trois, nous pourrions affirmer que le hasard décide. Mais dix, sûrement pas ! J'attends la démonstration du contraire...

Un autre exemple nous est fourni par Tom McEvoy, qui a dévoilé ses résultats de 1980 à 1995 dans le livre qu'il a coécrit, *Poker de tournoi* :
– 3 200 tournois disputés ;
– 602 tournois générant un gain, soit 19 % (proportion de joueurs gagnants : 10 %) ;
– 230 victoires, soit 7 % (proportion de joueurs victorieux : moins de 1 %).

Sur ses 3 200 tournois, McEvoy se place une fois sur 5 alors que s'il avait subi un tirage aléatoire, il ne se serait placé qu'une fois sur 10. Mieux encore : quand il se place, il gagne le tournoi *une fois sur trois*, alors qu'un tirage aléatoire l'aurait fait gagner moins d'une fois sur 10 en moyenne (car un tournoi « paie » une table ou plus selon le nombre d'inscrits, et au maximum 10 % des inscrits sont payés).

Performance Tom McEvoy	Tournois avec gain	Victoires
Nombre (base : 3 200)	602	230
Proportion théorique	10 %	2 % maxi
Proportion réalisée	19 %	7 %

Ces résultats d'exception n'ont rien à voir avec le hasard. McEvoy se place deux fois plus souvent que la proportion théorique et, surtout, il gagne trois fois plus souvent !

Les joueurs de poker ont coutume d'affirmer que sur le long terme tous les joueurs sont égaux devant la chance. Seules leurs performances stratégiques les départagent.

La structure même du poker est probante

Au poker, le hasard existe évidemment, et même le plus retors des joueurs le reconnaît. Mais il est plus ou moins compensé par l'action des joueurs.

Au Texas hold'em, le hasard pur intervient à quatre moments du coup, qui coïncident avec les quatre donnes :

– au départ, quand chaque joueur reçoit deux cartes ;
– au *flop*, les trois premières cartes communes ;
– à la *turn*, la quatrième carte commune ;
– à la *river*, la cinquième carte commune.

Chacun de ces moments est suivi d'un *tour d'enchères* où les joueurs parient l'un après l'autre. À tout moment, un joueur peut se retirer du coup, mais il y abandonne ses enchères.

Le mode de prise de décision est essentiel. Le joueur peut décider de ne pas entrer dans le coup car ses cartes sont trop faibles, sa position défavorable ou ses jetons pas assez nombreux. Il peut même ne pas y entrer parce qu'un adversaire qu'il craint y est déjà entré.

Plus il fait entrer de critères pertinents dans son mode de prise de décision et plus il diminue ses risques de perdre le coup.

Ces décisions se multiplient tant qu'il est dans le coup, à chaque tour d'enchères. À ce jeu-là, un joueur qui aura vécu de nombreuses années du poker aura un avantage indéniable sur celui qui débute, simplement parce qu'il saura plus facilement :
– différencier une situation dangereuse d'une situation sans risque ;
– différencier une situation rentable d'une situation non rentable ;
– différencier un risque qui vaut la peine d'être pris d'un risque dépourvu d'avantages mathématiques, etc.

Nous arrivons à la conclusion que le poker n'est pas un jeu de hasard, parce qu'un joueur d'expérience a toujours le dessus sur le long terme face à un joueur débutant.

Nous dirons donc plutôt que le poker est un jeu de *semi-hasard*.

Quelle est la part du hasard ?

La part du hasard dépend de chaque joueur. Plus un joueur est évolué et mieux il sait dompter le hasard. Il sait identifier et fuir les situations hasardeuses alors que le débutant les identifie mal et ne pense donc pas à les fuir. Cela le maintient dans des situations dangereuses pour lui et augmente sa probabilité de chute.

De nombreuses théories ont été échafaudées sur la place du hasard dans le poker. Le grand théoricien du poker Mike Caro, au début de son livre célèbre *Book of Tells*, rappelle la typologie des éléments qui entrent dans la victoire au poker, d'après le magazine *Enquirer* :
– 52 % de psychologie,
– 22 % de mathématiques,

– 15 % de discipline,
– 8 % de chance,
– 3 % d'intuition.

Ce taux de 8 % semble être un minimum. La place du hasard est multi-facettes dans le poker. Car qu'appelle-t-on « hasard » au juste ?

– Recevoir de bonnes cartes au début du coup ?
– Recevoir la carte qui fait gagner en fin de coup ?
– Trouver un adversaire avec un jeu inférieur ? Etc.

Au poker, le hasard est bien plus que le simple hasard des cartes. C'est la combinaison de divers éléments qui font qu'il y a chance ou malchance.

Si nous touchons un flop avec combinaison maximum, ce même flop donne peut-être la deuxième combinaison possible à un adversaire, et de ce fait nous le battrons sans difficulté. Cela explique qu'il est quasi impossible de mesurer la part de hasard. La seule chose que nous pouvons affirmer est que nous sommes tous égaux devant lui. Il n'y a pas de joueurs plus chanceux que d'autres, il y a juste des situations qui relèvent d'un hasard heureux à un moment donné et d'un hasard malheureux à un certain moment.

Plus un joueur est expérimenté, plus la part de hasard est réduite dans son jeu. Ses tactiques ne lui font prendre que des risques sur-rémunérés. Il calcule en permanence ces risques, dans lesquels entrent autant des probabilités pures de cartes que des probabilités de voir l'adversaire payer une enchère ou posséder une main donnée. En fonction de quoi il ne commet jamais d'action inconsidérée. Comme il se donne le maximum d'espérance de gain, il réduit le hasard à sa plus simple expression.

Et pourtant... Les joueurs de poker, y compris les grands pros, reconnaissent volontiers que celui qui gagne un tournoi a eu « plus que sa part de chance » dans ce même tournoi. Mais il est aussi vrai que, si un débutant avait eu la même chance, il n'aurait probablement pas gagné. Alors qu'un joueur expérimenté a su transformer cette chance en victoire.

5

Le marché du poker

Il y a encore quelques années, l'expression même de « marché du poker » n'aurait eu aucun sens. Parle-t-on du marché de la belote ou du bridge ? Non. Et pourtant, le poker est devenu un tel business aujourd'hui que l'expression n'est plus incongrue.

En vous intéressant au jeu de poker, vous entrez du même coup dans un jeu hors du commun, mais aussi comme consommateur d'un véritable marché.

Certains observateurs estiment qu'il y avait 500 000 joueurs de poker en France fin 2006. Le nombre est difficile à fixer car il faudrait s'entendre d'abord sur ce qu'est un « joueur de poker ». Pour ma part, j'exclus ceux qui ont joué une ou deux fois au poker dans les douze derniers mois, pour ne garder que ceux qui y ont joué *au moins une fois par mois* dans les six derniers mois... car ce sont eux qui forment une base solide.

L'ensemble des joueurs réguliers connaît une progression surprenante lisible dans les volumes de ventes, de 40 à 100 % l'an. Cela signifie-t-il qu'il y a effet de mode ? Bien malin qui peut le dire. Mais, si nous nous référons aux pays étrangers, et notamment aux États-Unis, l'engouement pour le poker reste vif même après la maturité du marché. Les nouveaux joueurs de poker restent joueurs de poker pour la plupart d'entre eux, grâce aux divers relais qui maintiennent leur passion : médias, Internet, casinos, etc. Il est donc peu probable que le nombre de joueurs se « dégonfle » du jour au lendemain, comme c'est le cas pour les effets de mode typiques.

Pour jouer chez soi

Les jetons

Les jetons sont sous la forme américaine, c'est-à-dire tous d'un même diamètre (40 mm). C'est leur couleur qui détermine leur valeur. Leur poids est tel (de 8 à 15 grammes) que l'on peut former des piles de cinquante jetons sans risque de chute, chose impossible avec les jetons à la française, plus légers et plus lisses, donc plus instables.

Les jetons se vendent par mallettes entières contenant le plus souvent 300 ou 500 unités. Je me souviens avoir téléphoné en novembre 2006 à une petite boutique du littoral atlantique, où mes livres étaient présents. Ils m'ont affirmé avoir vendu 60 mallettes de jetons en un mois. C'était ce qu'ils vendaient en un an encore quelques mois auparavant...

Les tapis

Il est impossible de jouer sur une table en bois ou en formica. Il faut un revêtement de feutrine ou de drap. Les tapis spécialisés sont aussi des articles indispensables à la pratique.

Les cartes

Consommables typiques du poker, les cartes se présentent en carton ou en plastique, cette dernière version étant la plus prisée, la plus résistante mais aussi la plus chère. L'importance des cartes au poker n'est pas à négliger car, pour garantir leur anonymat, il est hors de question qu'une seule carte soit abîmée ni même marquée.

Les autres accessoires

D'autres accessoires viennent compléter la panoplie du joueur de poker : visières, casquettes, lunettes de soleil, tee-shirts, jetons-chronos, etc.

Pour s'informer

Les livres

Une anecdote simple va vous illustrer le boom du poker. En juin 2006, je propose mon livre de perfectionnement *Poker Cadillac*, qui vient de sortir, à la première Fnac de France, au Forum des Halles. Le magasin le refuse, arguant de ce que le livre est trop cher et que le rayon n'a pas « assez de succès ». En septembre 2006, soit trois mois après, je reviens à la charge. Cette fois, non seulement ils me le prennent en nombre, mais ils me reprochent de ne pas le leur avoir proposé plus tôt !

En un an, *Poker Cadillac* a été écoulé à 25 000 exemplaires. Quand il est sorti, il y avait à peu près six livres sur le poker. Un an plus tard, il y en avait plus d'une quinzaine. Les amateurs n'ont que l'embarras du choix...

Les magazines

Ils étaient deux en juin 2006, et ont été rejoints par un troisième au printemps suivant. Qu'ils présentent du « zapping » télé, des analyses techniques ou des enquêtes, ce sont des magazines qui ont très vite trouvé leur place auprès des marchands de journaux... et un lectorat fidèle.

Les DVD

La sortie du DVD de Patrick Bruel, *Poker Coach*, en décembre 2005, a généré une sorte de raz-de-marée. Depuis, les DVD sortent au rythme d'un tous les deux mois environ.

Les jeux

Les consoles de jeu et les PC accueillent des jeux consacrés au poker, souvent d'un réalisme frappant. Le joueur découvre les grands tournois et fait son chemin de compétition en compétition. Il existe aussi des jeux à part où l'on joue au poker contre de simples robots, sans décor ni aventure particulière.

La télévision

C'est sans doute le vecteur le plus puissant en matière d'information. Les émissions sur Canal+ de Patrick Bruel, consacrées au World Poker Tour, ont atteint des parts d'audience aussi incroyables que 16 %, en deuxième partie de soirée... sur une chaîne cryptée ! Les émissions sur RTL 9, EuroSport, Jet, Direct 8... ne font qu'entretenir la soif de compétition des aficionados, et connaissent toujours des audiences soutenues.

Déjà, la première émission de poker, diffusée au Royaume-Uni, avait atteint à minuit le vendredi l'incroyable part de marché de 30 %... C'était en 1999 et l'émission s'appelait « Late Night Poker ».

Le poker est devenu un sujet qui garantit l'audience. Pour la première fois, en juillet 2007, une grande émission a été entièrement consacrée au poker sur une grande chaîne hertzienne française du service public, dans « Ça se discute », avec reportage suivi d'une intervention plateau de champions français... et là encore, audience garantie ! Qui dit audience dit aussi remplissage des écrans de publicité... Le « gros » business du poker s'installe petit à petit dans nos « étranges lucarnes »...

Pour se former

Les cours live

Il existe très peu de professeurs de poker et je reconnais être le premier d'entre eux, avec mes ateliers collectifs depuis février 2006. Les cours collectifs se sont fait jour dès qu'un certain nombre de joueurs se sont rendu compte qu'ils avaient besoin de poser diverses questions à des spécialistes, questions auxquelles ni les livres ni les forums de discussion n'apportaient de réponse.

Le contact direct avec un formateur constitue un pas important vers le perfectionnement. Mais d'expérience je peux dire qu'il n'est pas si facile de répondre aux demandes d'un champion en herbe, d'abord parce qu'il a parfois du mal à les formuler.

Le coaching est différent. Ce n'est pas un enseignement mais un accompagnement. Il implique une suite d'entrevues cycliques et un travail de l'élève entre chaque rendez-vous. Les débriefings orientent l'élève au fur et à mesure, jusqu'à son point de satisfaction. Là encore, de plus en plus de joueurs désirent ce type de suivi.

Les cours en ligne

Il existe plusieurs sites pour recevoir des leçons en ligne. Le plus efficace est sans conteste www.Ecole

<u>FrancaiseDePoker.fr</u>, dont le programme « Hold'em Master Class » est assuré par des champions de diverses nationalités. Semaine après semaine, l'amateur qui les reçoit devient plus au fait des stratégies de pointe.

Les logiciels

Les vrais logiciels d'entraînement chez soi sont tous en anglais, du moins pour le moment, en attendant qu'un éditeur ait la bonne idée d'en sortir un en version française. Ce sont néanmoins de bons outils pour s'entraîner.

D'autres logiciels sont à télécharger sur Internet, moyennant finances, et constituent des aides au jeu en ligne.

Pour jouer en ligne

C'est finalement ce domaine qui constitue le pan le plus florissant du marché du poker. Un des premiers sites de poker en ligne a été vendu en 2004 pour la somme faramineuse de 287 millions de dollars, alors que trois ans plus tôt son créateur n'était même pas parvenu à le vendre pour 15 000 dollars...

Plus de 300 sites se partagent le marché, dont plus du tiers forment des communautés de sites associés. De cette manière, vous pouvez jouer à travers un site et vous retrouver dans une « salle » de jeu où se trouvent d'autres joueurs qui proviennent eux-mêmes d'autres sites... Seuls les habillages diffèrent.

Attention : la loi française rend illégal le jeu payant. Tout ce que les Français peuvent faire est de jouer sur les sites gratuits, dont beaucoup ont une terminaison en .net.

Il existe une dynamique entre les sites en ligne et les casinos réels. Les sites organisent des *satellites* (tournois qualificatifs) au nom des casinos réels, ce qui amène des clients aux uns et aux autres. Les plus gros sites sont d'ailleurs souvent sponsors de festivals de poker, quand ils ne sponsorisent pas en plus des joueurs... qui parfois même gagnent ces tournois !

Le volume du poker en ligne est vertigineux. Les sites chargés de mesurer les flux estiment que, chaque jour, plus de 300 millions de dollars changent de main *via* les sites de poker en ligne. Et en moyenne, à l'instant t, pas moins de 120 000 joueurs croisent le fer sur les cybertables de poker...

Pour jouer en réel

Depuis que les 200 casinos de l'Hexagone sont autorisés à proposer du poker à leurs clients, la concurrence devient de plus en plus âpre, comme elle l'est déjà là où le poker fait rage, notamment en Californie, au Nevada ou au Royaume-Uni.

Le cas de la France est particulier car les cercles exploitent le poker depuis 1995. Les casinos ont donc un retard à combler, ce qui se traduit par des actions commerciales agressives – championnats et manifestations qui « secouent » le marché et ravissent les passionnés.

Du côté des offreurs, l'effort d'embauche est important. Une petite salle de cinq tables correspond à peu près à une vingtaine d'employés, entre les donneurs, les superviseurs, les caissiers, les serveurs... Le matériel professionnel aussi constitue un véritable investissement, entre les tables et les jetons aux couleurs du casino, les sièges, les caisses, le matériel audiovisuel...

Auquel s'ajoute la formation des employés, car à nouvelle activité (le poker) correspondent de nouveaux métiers, donc un savoir-faire rare et pointu.

Le marché dans son ensemble

Il est évidemment difficile d'affirmer quel volume d'activité le marché pokérien génère, mais il est important. Au tournant du xxe siècle, il n'existait aucun prof de poker en France, quasiment aucun livre sérieux, aucun DVD, aucun magazine, aucun site en ligne digne de ce nom, aucune émission télé en français sur le poker.

Il existait en revanche quelques cercles (l'ACF des Champs-Élysées s'était ouvert au poker en 1995) et déjà, en Europe, on parlait de « marché du poker » au vu des premières émissions de télé expérimentales (Late Night Poker au Royaume-Uni) et des premiers grands tournois (Poker Million, en 2000 à l'île de Man). On était encore très loin de la déferlante de 2002 et après.

Le « marché » dont nous parlons ici s'est donc envolé en l'espace de trois ans environ...

Deuxième partie

Les règles

Les règles du poker sont précises et concises. Elles ont suivi un cheminement tortueux au fil des années avant de trouver une normalisation due à la pratique des tournois internationaux. Elles sont environnées d'un certain nombre de conventions qui peuvent varier selon les endroits mais qui, le plus souvent, n'entachent pas le fond du jeu.

À propos de la stratégie

Je traite de la stratégie du poker dans la sixième partie. Mais, comme 80 % des parties sont en Texas hold'em, cette partie stratégique se rapporte en premier lieu à ce poker-là, même si la plus grande part de cette stratégie s'applique aussi aux autres variantes. Dans le souci d'essayer d'être complet, j'ai ajouté à la fin de chaque chapitre dévolu aux variantes une liste des points stratégiques principaux.

6

Les combinaisons

En fin de coup, au moment psychologique où les joueurs dévoilent leurs cartes, les intéressés retiennent leur souffle. Pourquoi ? Parce que celui qui aura la meilleure combinaison va ramasser tous les jetons mis en jeu, le « pot ». Cela peut lui donner un avantage décisif pour le reste de la partie. Quelle que soit la variante du poker que vous pratiquez, vous formez votre combinaison de poker avec **cinq** cartes.

> **Couleur et famille**
> Ne confondons pas couleur et famille. La couleur (noir ou rouge) est à prendre au sens premier du terme. C'est aussi le nom d'une combinaison, située entre la quinte et le full. La famille est le symbole des cartes, qui figure au coin de celles-ci :
> – pique ♠
> – cœur ♥
> – carreau ♦
> – trèfle ♣
> Contrairement au bridge, il n'y a pas de hiérarchie entre les familles au poker.

Cartes

On joue au poker avec 52 cartes, sans joker. La valeur croissante des cartes est :

2 – 3 – 4 – 5 – 6 – 7 – 8 – 9 – 10 – valet – dame – roi – as.

Vous pouvez utiliser aussi bien un jeu avec figures françaises qu'américaines. Voici la correspondance entre les figures :

– valet (V) = *jack* (J),
– dame (D) = *queen* (Q),
– roi (R) = *king* (K),
– as (1) = *ace* (A).

Roi de carreau
(portrait français)

Roi de carreau
(portrait anglais)

Les 9 combinaisons, dans l'ordre décroissant de valeur

La quinte flush

Cinq cartes consécutives et de la même famille.
Ici : quinte flush à la dame.

La plus basse des quintes flush est A-2-3-4-5 et la plus haute est la quinte royale, 10-J-Q-K-A.

Le carré

Quatre cartes de même valeur avec une carte quelconque.

Ici : carré de quatre.

Le plus petit carré est le carré de deux et le plus fort est le carré d'as.

Le full

Un brelan et une paire.

Ici : full aux quatre par les as.

La force d'un full est déterminée par la hauteur du brelan. Le plus petit full est le full aux deux par les trois. Le plus fort est le full aux as par les rois. De la même manière, le full aux as par les deux est meilleur que le full aux rois par les dames.

La couleur

Cinq cartes de la même famille, éparses.

Ici : couleur à l'as.

La force d'une couleur est donnée par sa carte la plus haute. La couleur à l'as a donc raison de la couleur au roi, qui a elle-même raison de la couleur à la dame, etc. Quand deux couleurs se rencontrent et possèdent la même carte la plus élevée, on les départage avec la deuxième carte, puis la troisième, etc. La couleur donnée en exemple est battue par la couleur A-9-6-4-3, parce que le trois est meilleur que le deux.

La quinte, ou suite

Cinq cartes consécutives et de familles diverses.
Ici : quinte au valet.
La plus basse des quintes est A-2-3-4-5 et la plus haute est 10-J-Q-K-A.

Le brelan

Trois cartes de même valeur avec deux cartes éparses.
Ici : brelan de valets.
Le brelan le plus bas est le brelan de deux, le brelan le plus haut est le brelan d'as.

La double paire

Deux paires et une carte quelconque.

Ici : double paire des dames par les six avec un roi.

La plus basse des doubles paires est 3-3-2-2-4 et la plus haute est A-A-K-K-Q.

Quand deux doubles paires se rencontrent, c'est celle qui comporte la paire la plus haute qui l'emporte. Donc A-A-2-2-3 a raison de K-K-Q-Q-A.

Si les deux paires majeures sont les mêmes, c'est la deuxième qui départage. Donc A-A-2-2-3 est battue par A-A-3-3-2.

Et si les deux doubles paires sont égales, c'est la cinquième carte qui départage. Donc A-A-2-2-3 est battue par A-A-2-2-4.

La paire

Deux cartes de même valeur avec trois cartes éparses.

Ici : paire de dix.

La plus basse des paires est 2-2-5-4-3 et la plus haute est A-A-K-Q-J.

La carte isolée

Si votre main ne comporte aucune des huit combinaisons décrites ci-dessus, sa force est donnée par sa carte la plus haute.

Ici : dame.

Récapitulons, de la combinaison la plus haute à la plus basse :

	Hiérarchie des combinaisons au poker	
1	Quinte flush	Cinq cartes consécutives et de la même famille.
2	Carré	Quatre cartes de la même valeur, avec une carte quelconque.
3	Full	Un brelan et une paire.
4	Couleur	Cinq cartes de la même famille, éparses.
5	Quinte	Cinq cartes consécutives et de familles diverses.
6	Brelan	Trois cartes de même valeur avec deux cartes éparses.
7	Double paire	Deux paires et une carte quelconque.
8	Paire	Deux cartes de même valeur avec trois cartes éparses.
9	Carte isolée	La meilleure carte de la main.

7

La structure de la table et de la partie

La table de poker peut avoir diverses structures selon le type de variante pratiquée. La partie elle-même peut avoir plusieurs structures.

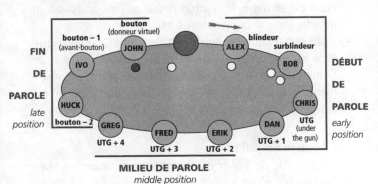

Table de poker de base à 10 joueurs et donneur externe

– La *flèche* indique le sens de la donne et des enchères. On observe toujours le sens des aiguilles d'une montre.
– Le *joueur sans nom*, en haut du schéma, représente le donneur externe. Ce joueur ne prend pas part au jeu

mais il donne les cartes, les mélange et attribue les pots. Dans un casino ou un club, ce rôle est tenu par un croupier. Dans une partie entre amis, il n'y a pas de donneur externe et les joueurs sont donneurs l'un après l'autre.

– Les deux joueurs assis à gauche du donneur (à droite sur le schéma) sont les *blindeurs*. Avant de recevoir leurs cartes, ils misent une enchère, le blind, qui est un à-valoir sur les enchères suivantes. Le « petit blind » est posé par le joueur assis à gauche du bouton et le « surblind » est posé par le joueur assis à gauche du petit blind. Surblind = 2 x blind.

– Le joueur dit « *UTG* » (Chris sur le schéma) est celui qui parle en premier lors du premier tour d'enchères.

– Le joueur au *bouton* (John sur le schéma) est le donneur virtuel quand il y a un donneur externe. Quand le coup est terminé, le bouton passe au joueur assis à sa gauche pour le coup suivant, etc.

La dynamique du bouton et des blinds explique que tous les joueurs sont blindeurs et bouton tour à tour. Comme les joueurs ont des avantages et des inconvénients liés aux positions chacun à leur tour, la partie est équitable sur le long terme grâce à ce principe.

La partie de poker

La partie de poker est constituée de manches successives qui n'ont aucune incidence entre elles. Aucune incidence technique, dirons-nous, car, stratégiquement parlant, elles ne sont pas indépendantes, comme nous le verrons.

Ces manches sont appelées *coups*. Un coup commence au premier mélange du donneur et se termine quand le pot est attribué au gagnant.

Sur cette image prise pendant l'European Poker Tour de Monaco 2007, on voit distinctement le bouton devant le joueur qui s'apprête à miser, en haut à droite. Les blinds aussi sont visibles, devant le joueur avec le bonnet et le joueur assis à gauche de la donneuse. (© François Montmirel.)

Il existe deux grandes familles de parties :
- le *cash-game*, encore appelé *partie d'argent*,
- le *tournoi*.

Le **cash-game**

Il s'agit du poker historique. Les joueurs se réunissent autour de la table, changent de l'argent contre des jetons et le jeu commence. Quand un joueur n'a plus de jetons, il en rachète (on dit qu'il se *recave*) et continue ainsi le jeu.

À la fin de la partie, chaque joueur compte son *tapis* (ce qui lui reste comme jetons) et en retranche les caves prises. Si le résultat est positif, le joueur a gagné. S'il est négatif, il a perdu. À l'échelle d'une même partie, la somme des gains et des pertes s'équilibre. Le poker est un jeu mutuel : ce que perdent les uns est gagné par les autres.

Divers types de *cash-games* :
– partie privée chez soi,
– partie dans un casino ou un club,
– partie sur Internet,
– partie en tête à tête (match), etc.

> **Quitter une partie privée**
> Dans une partie privée, il est de coutume de fixer à l'avance l'heure de fin de partie. Quand cette heure a sonné, on fait les comptes.
> D'après les conventions, un joueur qui perd a le droit de quitter la partie quand il le veut en payant ses pertes. Mais un joueur qui gagne n'a pas le droit de quitter la partie. Il doit rester jusqu'à la fin.

Le tournoi

Il s'agit du poker de compétition. Cette forme est récente puisque le premier tournoi aurait eu lieu à Reno en 1968, sous le nom de *Texas Gamblers Convention*, devenue en 1970 les *World Series of Poker*, la plus fameuse compétition de poker actuelle.

Le tournoi répond à trois unités :
– unité d'*équité* : tous les joueurs paient le même droit d'entrée ;
– unité de *distribution* : les droits d'entrée forment la dotation, distribuée ensuite entre les gagnants selon un barème connu à l'avance ;
– unité d'*élimination* : les joueurs s'éliminent progressivement et le tournoi est terminé quand un joueur a gagné tous les jetons.

Divers types de tournois :
– tournoi avec ou sans recave ;
– tournoi en tête à tête (match) ;
– tournoi *sit & go*, qui démarre quand le quorum de joueurs est atteint ;
– tournoi satellite (qualification), etc.

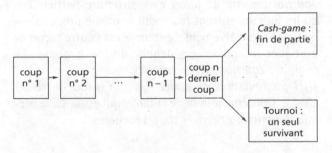

Schéma du déroulement d'une partie de poker
– fin de *cash-game* : la partie se termine à l'heure prévue au départ ;
– fin de tournoi : la partie se termine quand il reste un seul joueur.

Quelques mots de vocabulaire
Blind : signifie « aveugle », car il s'agit d'une mise en aveugle. Désigne l'enchère forcée que deux joueurs

misent avant de recevoir les cartes. Un blind est un à-valoir sur les enchères suivantes.

Cash-game : partie d'argent, par opposition au tournoi.

Cave : unité de jetons constituée d'un certain nombre de jetons décidé à l'avance. En anglais : *buy-in*.

Coup : manche au sein d'une même partie. Un coup commence au premier mélange du donneur et se termine quand le pot est attribué au gagnant. En anglais : *hand*.

Partie : suite de coups de poker. En anglais : *game*.

SB : abréviation de *small blind*. Désigne le petit blind.

BB : abréviation de *big blind*. Désigne le gros blind, ou surblind.

Tapis : ensemble des jetons détenus par un joueur à un moment donné.

Tournoi : partie de poker avec structure particulière, où les joueurs entrent tous pour le même prix et s'éliminent progressivement. Le tournoi est l'autre façon de pratiquer le poker en dehors du *cash-game*. En anglais : *tournament* ou *tourney*.

UTG : abréviation de *under the gun* (« sous le feu »). C'est le troisième joueur de la table, qui est aussi le premier à parler au premier tour d'enchères.

8

Les enchères

Comme bien des jeux d'argent avant lui, le poker est un jeu d'enchères. Comme la combinaison du joueur se forme progressivement, les enchères vont réguler le maintien des joueurs ou non dans le coup, suivant que les enchères sont basses ou élevées.

Si vous jugez une enchère trop élevée pour votre combinaison ou son potentiel, vous allez préférer *arrêter* d'enchérir et quitter le coup. Mais, si vous jugez que l'enchère est « payable », vous allez la payer pour vous *maintenir* dans le coup.

De la même façon, si vous jugez qu'il est trop dangereux pour vous de maintenir trop d'adversaires contre vous, vous allez *surenchérir* pour qu'ils abandonnent le coup. À l'inverse, si vous estimez que votre main ne craint pas d'avoir beaucoup d'adversaires, vous n'allez *pas* enchérir.

On le voit, les enchères ont deux fonctions précises :
– rentabiliser,
– intimider.

Les enchères du poker ressemblent aux enchères des salles de vente. Si un autre enchérisseur s'engage au-delà de ce que vous jugez comme payable, vous abandonnez les enchères et c'est le dernier surenchérisseur qui s'adjuge l'œuvre d'art.

La triple règle sacro-sainte des enchères

1. Si je quitte le coup à un moment ou à un autre, je jette mes cartes et je *perds* les enchères que j'ai déjà payées.

2. Le tour d'enchères est clos dès que les joueurs encore présents ont tous misé la *même* somme.

3. Si je me retrouve seul dans le coup parce que personne n'a tenu ma dernière enchère, le coup s'arrête de facto et *j'encaisse* la totalité des enchères, sans même montrer mes cartes.

Les enchères, les jetons, le tapis

Vos enchères s'expriment à travers des mises.

Ces mises sont mesurées en jetons.

Au début du jeu, vous possédez un paquet de jetons, qui vous servent à miser vos enchères. L'ensemble de vos jetons est le *tapis*.

Quand vous faites une enchère, vous posez devant vous les jetons qui lui correspondent. À la fin du tour d'enchères, les jetons misés sont rassemblés au milieu de la table pour former le « pot ». Ils seront rejoints par les jetons des tours d'enchères suivants.

Le tour d'enchères

Les enchères s'expriment lors de tours d'enchères, qui ont lieu à des phases précises du coup. Ne participent au stade suivant du coup que ceux qui sont encore dans le coup à la fin du tour d'enchères.

La version historique du poker jouée dans les années 1830 sur le Mississippi comportait un seul tour d'enchères. Selon les variantes, le nombre de tours d'enchères diffère :

Variante	Nombre de tours d'enchères
Poker fermé	2
Texas hold'em	4
Omaha	4
Stud à 5 cartes	4
Stud à 7 cartes	5

Le temps de réaction

Les conventions ne fixent pas de temps limité pour la prise de décision. Mais, quand certains joueurs mettent trop de temps pour agir, n'importe quel joueur de la table peut dire « *time*». Ce faisant, il déclenche un compte à rebours d'une minute. Si le joueur n'a toujours pas pris sa décision au terme de ce délai, ses cartes sont passées d'office.

Les quatre enchères de base du poker

Ouvrir

Vous ouvrez quand vous misez des jetons alors que personne n'avait encore ouvert avant vous. L'ouvreur d'un coup est toujours le premier enchérisseur de ce coup.

Suivre

Vous suivez quand vous misez *autant* de jetons que le dernier enchérisseur.

Relancer

Vous relancez quand vous misez *plus* de jetons que le dernier enchérisseur. Par exemple si vous misez plus que l'ouvreur ou que le relanceur précédent.

Passer

Vous passez quand vous *quittez* le coup. Ce faisant, vous renoncez à vos cartes et aux enchères que vous avez déjà misées.

Les trois enchères secondaires du poker
Checker *(prononcer « tchéquer »)*

Vous checkez quand le tour d'enchères n'est pas encore ouvert et que vous désirez rester dans le coup pour le moment. Vous ne misez aucun jeton. Si le tour d'enchères est déjà ouvert, vous ne pouvez plus checker, mais suivre, relancer ou passer.

Sur-relancer

Vous sur-relancez quand vous relancez un relanceur.

Tapis ou all-in

Vous faites tapis (ou vous vous mettez *all-in*) quand vous mettez tous vos jetons au pot en une seule fois. Vous pouvez le faire aussi bien pour ouvrir, pour suivre que pour relancer ou sur-relancer.

> **« Relancer à » et « relancer de »**
> Quand vous relancez, vous pouvez considérer le montant de la relance ou l'enchère tout entière incluant la relance.
> Par exemple, si un joueur a ouvert à 100 et si vous voulez relancer *de* 300, vous relancez en fait *à* 400 (les deux formulations sont équivalentes) :
> – « de » est suivi du montant ajouté,
> – « à » est suivi du montant total.
> Nous appliquons cette dissociation dans ce livre, avec une nette préférence pour « relancer à » car il est plus logique et assure la conformité avec les normes internationales.

Algorithme final des enchères

Cet algorithme se lit de gauche à droite et concerne trois joueurs (au-delà, il devient touffu... et cela n'aide pas à mieux comprendre pour autant). Le joueur 1, qui entame les enchères, a toujours le choix entre checker et ouvrir. Les choix du joueur 2 dépendent des choix du joueur 1, et les choix du joueur 3 dépendent du joueur 2. En fonction de la hauteur de son tapis, un joueur qui ouvre, relance ou sur-relance peut se mettre *all-in*.

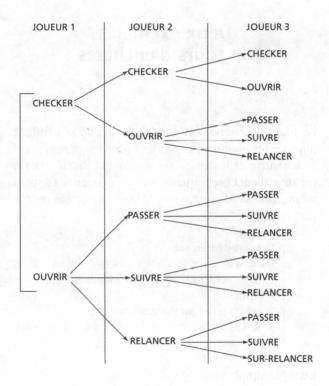

9

Deux exemples
de tours d'enchères

Le tour d'enchères est l'unité de dialogue pendant laquelle les joueurs s'expriment. Une enchère répond à une autre et les enchères se suivent jusqu'à la fin du tour d'enchères, quand tous les joueurs sont au même niveau d'engagement. Voici deux cas différents d'enchères.

> **Constat de carence**
> En cas d'absence d'enchères, c'est-à-dire si les joueurs en lice *checkent* les uns après les autres, deux cas se présentent :
> – soit on passe au stade suivant du coup ;
> – soit, comme c'est le dernier tour d'enchères, l'abattage final a lieu.

Exemple simple

La partie se dispute entre 9 joueurs nommés de A à I. Le joueur A parle en premier. Ce tableau récapitule le tour d'enchères :

Action	Jetons misés	Statut
A checke	0	reste en jeu
B checke	0	reste en jeu
C checke	0	reste en jeu
D ouvre à 100	100	reste en jeu
E passe	0	*quitte le coup*
F passe	0	*quitte le coup*
G relance à 200	200	reste en jeu
H passe	0	*quitte le coup*
I passe	0	*quitte le coup*
A suit	200	reste en jeu
B passe	0	*quitte le coup*
C passe	0	*quitte le coup*
D suit	100	reste en jeu et clôt les enchères

Les joueurs formulent leurs enchères l'un après l'autre.

Les trois premiers (A, B et C) décident de checker. Ce faisant, ils savent qu'ils vont devoir s'exprimer à nouveau ensuite si quelqu'un ouvre.

D décide d'ouvrir à 100.

E et F passent.

G décide de relancer au double, donc il mise 200 (100 x 2).

H et I passent.

À cet instant, tous les joueurs se sont exprimés une fois. Mais le tour d'enchères n'est pas clos puisque les joueurs A, B, C et D doivent se prononcer sur la relance de G.

A décide de suivre et paie les 200.

B et C passent.

D suit et mise les 100 complémentaires pour se mettre à la hauteur des 200. Ce faisant, il clôt le tour d'enchères car à cet instant tous les joueurs sont à même hauteur d'enchères (200).

Contenu du pot au terme de ce tour d'enchères :

100	D ouvre
+ 200	G relance
+ 200	A suit
+ 100	D suit
= 600 au pot	

Le tour d'enchères étant clos, chaque joueur a misé la même somme et le stade suivant du coup peut avoir lieu. Seuls les trois joueurs A, D et G y participent. Les autres deviennent spectateurs jusqu'au coup suivant.

Exemple avec blinds

Les blinds sont des enchères misées lors du premier tour d'enchères par deux joueurs, avant même de recevoir leurs cartes. Les blinds sont des à-valoir sur les enchères suivantes. Le plus souvent, il existe un blind et un surblind, respectivement *small blind* et *big blind*, soit SB et BB :

– le petit blind est posé par le joueur assis à gauche du bouton ;

– le surblind est posé par le joueur assis à gauche du petit blind.

La partie se dispute entre 9 joueurs nommés de A à I. C'est à A de parler en premier. Ce tableau récapitule le tour d'enchères :

Action	Jetons misés	Statut
A blinde	10	reste en jeu
B surblinde	20	reste en jeu
C passe	0	*quitte le coup*
D passe	0	*quitte le coup*
E relance à 100	100	reste en jeu
F passe	0	*quitte le coup*
G passe	0	*quitte le coup*
H suit les 100	100	reste en jeu
I suit les 100	100	reste en jeu
A suit les 100	90	reste en jeu
B relance à 300	280	reste en jeu
E passe	0	*quitte le coup*
H passe	0	*quitte le coup*
I passe	0	*quitte le coup*
A passe	0	*quitte le coup*
B gagne le coup	0	reste seul en jeu

Les joueurs formulent leurs enchères l'un après l'autre.

Comme A et B sont blindeurs, ils ont déjà enchéri – ils l'ont fait contre leur gré mais ils ont enchéri quand même. Ces blinds sont des à-valoir sur leurs enchères futures.

Le premier à parler dans un tour d'enchères avec deux blindeurs est toujours le troisième joueur, ici C.

C et D passent.

E relance à 100.

F et G passent.

H, I et A suivent les 100. Comme A a déjà misé 10 au titre de son petit blind, il complète à 100 en ajoutant 90.

B décide de relancer à 300. Comme il a déjà misé 20 au titre de son gros blind, il complète à 300 en ajoutant 280.

E, H, I et A passent.

Comme aucun joueur n'a tenu son enchère, B encaisse le pot faute de combattant, sans même montrer ses cartes.

Contenu du pot au terme de cet unique tour d'enchères :

10	A blinde
+ 20	B surblinde
+ 100	E relance
+ 100	H suit
+ 100	I suit
+ 90	A suit
+ 280	B relance
= 700 au pot	

Vous constatez que, dans un tour d'enchères avec blinds, les enchères se déroulent de la même manière que sans blinds, à ceci près que c'est le troisième joueur qui parle en premier.

Note : d'une manière générale, si le gros blind n'a été relancé par aucun adversaire, il a le droit de s'auto-relancer.

La bonne annonce

Quand vous relancez, annoncez la *totalité* de votre enchère.

Donc, si l'ouverture est de 100 et si, comme B, vous désirez relancer de 200 de plus, ne dites pas « plus 200 » mais dites « 300 », ou « 300 en tout ».

Si tous les joueurs procèdent de cette manière, il n'y aura aucune équivoque sur le montant exact de votre enchère. C'est d'ailleurs ce qui se pratique dans les clubs internationaux.

Où poser les jetons des enchères ?
N'enchérissez pas en lançant vos jetons dans le pot mais en les poussant devant vous.

Ainsi, en fin de tour d'enchères, le donneur vérifiera facilement si tous les joueurs ont bien misé à la même hauteur. Puis il rassemblera tous les jetons dans le pot et on passera au stade suivant du coup.

10

Les *side-pots*

Quand on joue au poker, se pose toujours à un moment donné la question de la relance qui excède notre quantité de jetons. Les *side-pots* règlent cette question en préservant l'égalité entre les joueurs.

Le problème : Vous avez un tapis de 500 mais l'adversaire relance à 800. Vous ne pouvez donc pas payer la relance totale. Et pourtant, vous possédez le meilleur jeu possible à cet instant. Êtes-vous contraint d'abandonner le coup ? Ou allez-vous demander un crédit ?

La solution : La règle veut que vous jouiez pour le montant de votre tapis et jamais plus. Si l'enchère adverse excède votre tapis, la partie supérieure vient alimenter un *side-pot* que vous ne pourrez pas encaisser puisque vous n'y avez pas contribué. Le reste de l'enchère constitue le « pot principal » auquel vous participez et auquel vous pouvez prétendre si vous gagnez le coup.

Exemple : vous êtes gros blind et il reste trois joueurs. Les enchères sont les suivantes :

	Enchère	Tapis
Joueur 1	ouvre à 800	2 200
Joueur 2	suit les 800	2 500
Vous	suit *all-in* à 500	500

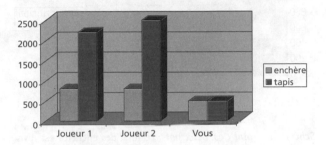

Schéma 1 : déroulement des enchères. Votre enchère est égale à votre tapis... donc vous suivez *all-in* l'ouverture du joueur 1.

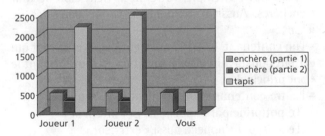

Schéma 2 : contribution aux deux pots. Votre enchère étant la plus petite, les joueurs 1 et 2 ont une enchère en deux parties :
– « partie 1 » qui s'aligne sur la vôtre, soit 500 ;
– « partie 2 » qui représente le reste de l'enchère, soit 300.
Les trois enchères « partie 1 » forment le pot *principal* (3 × 500 = 1 500) et les trois joueurs concourent pour ce pot.
Les deux enchères « partie 2 » forment le *side-pot* (2 × 300 = 600) et seuls les joueurs 1 et 2 concourent pour ce pot.

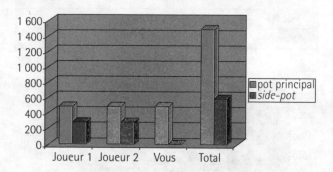

Schéma 3 : total des deux pots. Le total des enchères est divisé
en deux pots : le pot principal (1 500) et le *side-pot* (600). Le schéma
montre bien que votre contribution au *side-pot* est nulle.

Dans notre exemple, votre *all-in* vient clore le tour
d'enchères. Aussitôt, le donneur forme deux tas de
jetons :
– l'un contenant 1 500 et qui vient s'ajouter au pot qui
existait auparavant s'il y en avait un, le tout formant le
« pot principal » ;
– l'autre contenant 600, formant le *side-pot*.
   Le pot principal s'appelle aussi « intérieur ».
   Le *side-pot* s'appelle aussi « extérieur ».
   Si le coup n'est pas terminé, les joueurs 1 et 2 conti-
nuent leurs enchères aux tours d'enchères suivants en
alimentant uniquement le *side-pot*.

L'attribution des pots
   Un coup avec *side-pot* implique toujours un abattage. L'abattage se fait d'abord entre les joueurs du

side-pot, puis le joueur qui participe au pot principal abat à son tour. Quatre cas se présentent suivant que le joueur 1 gagne ou perd son abattage contre le joueur 2, et que vous gagnez ou non votre abattage :

	Vous perdez l'abattage	Vous gagnez l'abattage
Le joueur 1 gagne l'abattage contre le joueur 2.	Le joueur 1 gagne le *side-pot* et le pot principal (600+1 500 = 2 100).	Le joueur 1 gagne le *side-pot* (600). Vous gagnez le pot principal (1 500).
Le joueur 1 perd l'abattage contre le joueur 2.	Le joueur 2 gagne le *side-pot* et le pot principal (600+1 500 = 2 100).	Le joueur 2 gagne le *side-pot* (600). Vous gagnez le pot principal (1 500).

Et s'il reste deux joueurs ?

Admettons que le joueur 1 fasse son ouverture à 800, que le joueur 2 passe et que vous suiviez *all-in* à 500, donc en mettant tous vos jetons. Le joueur 1 récupère immédiatement ses 300 en trop. Le coup se poursuit jusqu'à l'abattage entre le joueur 1 et vous pour l'attribution du pot principal.

Et si le joueur 2 passe ensuite ?

Reprenons le scénario de départ avec le joueur 2 et vous-même qui suivez, ce qui crée un *side-pot* de 600 et un pot principal de 1 500. Dès lors, le coup se poursuit entre les joueurs 1 et 2.

Admettons qu'au tour d'enchères suivant le joueur 1 ouvre *all-in* et le joueur 2 décide de quitter le coup. Il se passe alors deux choses :

– le joueur 1 encaisse immédiatement le *side-pot* de 600 ;
– le coup se poursuit jusqu'à l'abattage entre le joueur 1 et vous pour l'attribution du pot principal.

Peut-il y avoir plusieurs *side-pots* ?

Quand un seul joueur a encore des jetons après les enchères du coup, il peut y avoir autant de pots qu'il y a de joueurs, *moins un*.

Voyons cela de plus près avec cet exemple à cinq joueurs :

Joueur	Tapis
Alex	500
Bob	1 200
Cathy	2 500
Dan	5 500
Erik	12 000

– Le pot principal contient les 500 qui sont le tapis d'Alex, payés par quatre joueurs. 500 x 5 = **2 500**.
– Le *side-pot* 1 contient les 700 qui sont le tapis de Bob, payés par trois joueurs. 700 x 4 = **2 800**.
– Le *side-pot* 2 contient les 1 300 qui sont le tapis de Cathy, payés par deux joueurs. 1 300 x 3 = **3 900**.
– Le *side-pot* 3 contient les 3 000 qui sont le tapis de Dan, payés par un joueur. 3 000 x 2 = **6 000**.

En pratique, que fait le donneur ? Au moment où Bob relance *all-in*, il laisse les jetons de Bob en place. Idem quand les autres joueurs relancent *all-in* les uns après les autres. Ce n'est que quand le tour d'enchères est terminé que le donneur constitue le pot principal et les *side-pots*.

	Pot principal	*Side-pot* 1	*Side-pot* 2	*Side-pot* 3
Alex ouvre *all-in* à 500	500 (tapis)			
Bob relance *all-in* à 1 200	500	700		
Cathy relance *all-in* à 2 500	500	700	1 300	
Dan relance *all-in* à 5 500	500	700	1 300	3 000
Erik suit à 5 500	500	700	1 300	3 000
	Total 2 500	Total 2 800	Total 3 900	Total 6 000

L'attribution des pots

Au moment de l'abattage, comme toujours, nous appliquons la règle des pots extérieurs en premier, en commençant toujours par le plus extérieur. Comme il y a quatre pots, nous allons procéder à quatre abattages successifs :

– Dan et Erik abattent et le gagnant remporte le *side-pot* 3.

– Cathy abat à son tour ; si elle abat mieux, elle prend le *side-pot* 2 ; sinon, c'est le gagnant du *side-pot* 3 qui gagne le *side-pot* 2.

– Bob abat à son tour ; s'il abat mieux, il prend le *side-pot* 1 ; sinon, c'est le gagnant du *side-pot* 2 qui gagne le *side-pot* 1.

– Alex abat à son tour ; s'il abat mieux, il prend le pot principal ; sinon, c'est le gagnant du *side-pot* 1 qui gagne le pot principal.

Ces procédures peuvent paraître lourdes mais dans le fil du jeu les choses se font logiquement. Par ailleurs, il est rare de faire quatre pots différents sur un coup donné.

En trente ans de poker, je n'ai jamais vu un coup à quatre pots avec quatre gagnants, chacun s'adjugeant le pot sur lequel il s'est mis *all-in*. Le plus souvent, un ou deux joueurs se partagent les différents pots par effet de cumulation.

Le principe du *side-pot* est égalitaire. À ce titre, il est appliqué dans toutes les parties de poker, indépendamment du type de partie et de la variante adoptés. Il n'apparaît peut-être pas couramment dans les tournois télévisés, pourtant il y est aussi appliqué.

> **Pour faciliter les attributions**
> Il est de coutume de placer le *side-pot* pour lequel un joueur s'est mis *all-in* devant ce même joueur.
> Dans cet exemple, on aurait mis le pot principal devant Alex, le *side-pot* 1 devant Bob, le *side-pot* 2 devant Cathy et le *side-pot* 3 devant Dan.

11

Les limitations d'enchères

Les enchères du poker peuvent être libres ou plafonnées, selon les publics et les variantes. Les clubs
proposent diverses limitations d'enchères. En partie
privée, elle est choisie d'un commun accord par les
protagonistes.

Dès lors que l'on joue au poker pour de l'argent, il
est normal d'essayer de limiter les dérapages. Le poker
inclut une part de chance, et à ce titre, deux choses
sont vraies :
– le meilleur joueur du monde pourra être battu par le
joueur le plus chanceux, sur un nombre *réduit* de parties (une, deux, voire trois) ;
– le meilleur joueur du monde battra toujours n'importe quel adversaire sur un nombre *important* de parties, car la stratégie et la psychologie font la différence
sur le long terme, et non pas la chance, qui est la même
pour tout le monde.

Dès lors, il est imaginable que même un très bon
joueur se fasse battre en une soirée à cause d'une malchance impensable face à des adversaires qui seraient
hyper-chanceux.

Pour éviter les dérapages financiers non contrôlés qui peuvent être ruineux, les joueurs de poker du XIXᵉ siècle ont instauré des limites d'enchères. Aujourd'hui, elles sont au nombre de quatre :
- les limites fixes (*limit poker*),
- le *spread limit*,
- le *pot-limit*,
- le *no-limit*.

> **L'argent en cours de partie**
> En *cash-games*, vous n'avez le droit de renflouer votre tapis qu'entre deux coups, jamais pendant un coup.
> De même, vous n'avez pas le droit de retirer une partie de votre tapis du jeu. Un tapis qui gagne et qui grossit progressivement doit rester sur la table jusqu'à ce que son propriétaire décide de quitter la partie.

Les limites fixes, ou *limit poker*

Ce principe de plafonnement des mises aurait été appliqué auprès des soldats de la guerre de Sécession (1861-1865) pour éviter que des malchances d'un soir n'effacent la solde d'un mois entier.

Principe

- les enchères sont égales à un montant donné ;
- pour chaque coup, il est instauré deux limites d'enchères ;
- la petite limite s'applique pour les deux premiers tours d'enchères ;
- la grosse limite s'applique pour les deux tours d'enchères suivants ;
- la grosse limite vaut le double de la petite ;

– le nombre de relances est limité lui aussi, généralement à trois par tour d'enchères.

Exemple

Dans la partie de Texas hold'em 2-4 :
– le petit blind est de 1 et le gros blind est de 2 ;
– les enchères vont de 2 en 2 pour les deux premiers tours d'enchères ;
– les enchères vont de 4 en 4 pour les deux derniers tours d'enchères.

Donc on aura par exemple cette séquence d'enchères :

Action	Jetons misés	Statut
A blinde	1	reste en jeu
B surblinde	2	reste en jeu
C relance à 4	4	reste en jeu
D suit	4	reste en jeu
E passe	0	*quitte le coup*
F passe	0	*quitte le coup*
G passe	0	*quitte le coup*
H relance à 6	6	reste en jeu
I relance à 8	8	reste en jeu
A passe	0	*quitte le coup*
B passe	0	*quitte le coup*
C suit	4	reste en jeu
D passe	0	*quitte le coup*
H suit	2	reste en jeu

Dans les parties à limites fixes, quand un joueur dit « relance », tout le monde sait d'avance quel est le montant de la relance.

Dans cet exemple, le joueur C relance d'entrée de jeu, ce qui fait passer l'enchère courante de 2 à 4. Plus loin, le joueur H relance à son tour, ce qui porte l'enchère à 6. Le joueur I relance à son tour, ce qui porte l'enchère courante à 8. À partir de cet instant, les relances ne sont plus possibles puisqu'il y a eu trois relances, ce qui est le maximum autorisé.

L'effet de levier des limites est évidemment limité. Mais, quand on regarde la fin de ce premier tour d'enchères, le pot contient 31 pour seulement trois joueurs en jeu.

Les limites fixes sont surtout l'apanage des États-Unis, qui ont été les premiers à les appliquer. Elles sont préférées des joueurs débutants justement parce qu'elles évitent les grosses pertes. On les rencontre avant tout dans les familles et de moins en moins dans les clubs. Il n'en demeure pas moins que les bons joueurs de limites fixes restent particulièrement difficiles à battre.

Le *spread limit*

Cette procédure est dérivée des limites fixes. Elle donne plus de liberté au joueur.

Principe

– la table applique une fourchette ;
– les enchères doivent être comprises dans cette fourchette-là ;
– toute relance doit être au moins égale à l'enchère précédente.

Exemple

Prenons l'exemple d'une table de Texas hold'em 2-16 et reprenons la séquence précédente :

Action	Jetons misés	Statut
A blinde	1	reste en jeu
B surblinde	2	reste en jeu
C relance à 8	8	reste en jeu
D suit	8	reste en jeu
E passe	0	*quitte le coup*
F passe	0	*quitte le coup*
G passe	0	*quitte le coup*
H relance à 16	16	reste en jeu
I suit	16	reste en jeu
A passe	0	*quitte le coup*
B passe	0	*quitte le coup*
C suit	8	reste en jeu
D passe	0	*quitte le coup*

On voit que, dès le départ, les relances sont dissuasives puisqu'on arrive à la moitié du maximum dès le premier joueur à parler.

La plus grande variété de relances permet des effets d'attaque plus efficaces. L'intimidation est forcément plus forte dans ce genre de parties. En fin de tour d'enchères, le pot est de 57 pour trois joueurs.

Le *spread limit* est peu répandu. On ne le rencontre qu'aux États-Unis, et encore, dans peu d'établissements. Vous pourrez trouver aussi des *double spread limit*, où une fourchette est appliquée pour les deux premiers tours d'enchères, et une fourchette double est appliquée pour les tours d'enchères suivants. Par exemple, 2-16 et 4-32.

> **La loi de l'augmentation tendancielle des enjeux**
> Une partie de poker n'est jamais linéaire. Quand vous affrontez des joueurs que vous ne connaissez pas, il vous faudra un certain temps avant de les « profiler » dans leur façon de réagir aux principales situations. Alors seulement, vous pourrez jouer en confiance contre eux... en confiance, c'est-à-dire en devinant certaines de leurs réactions pour mieux les anticiper. Et comme chaque joueur est logé à la même enseigne que ses adversaires, il s'ensuit un mouvement financier naturel : plus la partie progresse et plus les enjeux grossissent.
> Si, lors du premier coup d'une partie, tous les joueurs sont à zéro perte et zéro gain, il en va autrement au bout de deux heures de jeu : des gagnants se sont détachés, des perdants sont apparus. Les premiers, s'ils sont sages, diminuent leur prise de risques. Les autres tendent à l'augmenter, ainsi que la taille de leurs enjeux, pour récupérer leurs pertes le plus tôt possible. Il s'ensuit que plus la partie progresse, plus les enchères augmentent. C'est mécanique.

Le *pot-limit*

Initié par les clubs européens, le *pot-limit* permet de pratiquer un poker agressif et implique une grande finesse de jugement.

Principe
– une enchère est plafonnée au pot en cours ;
– si une enchère a déjà eu lieu, l'enchère maximum comprend l'ouverture de même que la nouvelle enchère.

Exemple
    Prenons l'exemple d'une table de Texas hold'em 1-2. Cette appellation désigne le montant des blinds. Reprenons la séquence précédente :

Action	Jetons misés	Statut
A blinde	1	reste en jeu
B surblinde	2	reste en jeu
C relance à pot	7	reste en jeu
D suit	7	reste en jeu
E passe	0	*quitte le coup*
F passe	0	*quitte le coup*
G passe	0	*quitte le coup*
H relance à pot	31	reste en jeu
I relance au double	62	reste en jeu
A passe	0	*quitte le coup*
B passe	0	*quitte le coup*
C suit	55	reste en jeu
D passe	0	*quitte le coup*
H suit à 62	31	reste en jeu

    Il existe une relance emblématique au *pot-limit*, qui est la « relance à pot ». Il s'agit de relancer au maximum que le pot permet. Deux cas se présentent :

– *le pot n'a pas encore été ouvert :* l'ouverture se fait d'office à la hauteur du pot ; donc, si le pot contient 50, le joueur ouvre à 50 ; c'est le maximum autorisé par le système *pot-limit* ;

– *le pot a été ouvert :* le relanceur calcule en deux temps ; il égalise l'ouverture, puis il relance du total ; c'est ce que fait le joueur C de l'exemple : il paie d'abord les 2 du surblind, puis il relance du tout, qui est de 5, ce qui le fait payer 7 en tout.

Le joueur H fait de même. Il paie 7, puis il relance du tout, qui est de 24 (1 + 2 + 7 + 7 + 7), soit une enchère totale de 31.

Le joueur I ne relance pas à pot mais au double. Il mise donc 62.

Quand ils complètent leur parole, les joueurs C et H paient le complémentaire à 62 pour clore le premier tour d'enchères et voir le flop. En fin de tour d'enchères, le pot est de 196 pour **trois** joueurs.

Avec le *pot-limit*, on atteint au poker des grands champions. La seule chose qui gêne dans cette version est que les enchères sont parfois longues à calculer.

Le *no-limit*

L'absence totale de limites est ce qui ressemble le plus à l'âme même du poker, qui est un jeu de liberté, d'intimidation et d'imagination.

Principe

L'enchère est comprise entre le surblind et le tapis du joueur.

Exemple

Reprenons notre exemple d'une table de Texas hold'em 1-2. Cette appellation désigne le montant des

blinds. Reprenons la séquence précédente, mais en pré-
cisant les profondeurs de tapis :
- Joueur C :   tapis   195
- Joueur D :   tapis   125
- Joueur H :   tapis   430
- Joueur I :   tapis   525.

Action	Jetons misés	Statut
A blinde	1	reste en jeu
B surblinde	2	reste en jeu
C relance à 8	8	reste en jeu
D suit	8	reste en jeu
E passe	0	*quitte le coup*
F passe	0	*quitte le coup*
G passe	0	*quitte le coup*
H relance à 25	25	reste en jeu
I relance au triple	75	reste en jeu
A passe	0	*quitte le coup*
B passe	0	*quitte le coup*
C passe	0	*quitte le coup*
D passe	0	*quitte le coup*
H suit	50	reste en jeu

Dans ce coup, contrairement aux trois cas précédents, le joueur C décide de passer au lieu de suivre en
payant les 67 supplémentaires. Pourquoi ? Parce que,
comme il reste encore un joueur à parler après lui (H),
celui-ci peut encore relancer et C estime qu'il ne
pourra pas payer. En plus, son tapis réduit par rapport
à celui de ses adversaires lui fait perdre toute capacité
d'intimidation.

Cet exemple vous montre qu'il est moins évident de suivre en *no-limit* qu'en limites fixes. Quand on s'engage dans un coup contre des tapis plus gros, on engage virtuellement la *totalité* de son tapis. Donc la prudence s'impose, et si le joueur C quitte le coup, c'est plus parce qu'il doit préserver son tapis que parce qu'il a de mauvaises cartes.

En fin de tour d'enchères, le pot est de 169 pour deux joueurs.

Le *no-limit* a été la façon historique de faire des enchères au poker, mais aussi dans tous les jeux de cartes de relance qui l'ont précédé dans l'histoire : le glic, le primero, la bouillotte, le brelan, etc. Tous avaient une option dite « va-tout » qui permettait de risquer la totalité de ses gains en une fois. Aux États-Unis, où le poker a conquis la population à partir de 1860 environ, il a fallu instaurer des limites d'enchères.

En Europe, les choses ont été différentes. La bouillotte était encore vivace au début du xxᵉ siècle et le poker l'a tout naturellement remplacée, tout en conservant les bonnes habitudes des relances illimitées. De ce fait, on a toujours joué au poker *no-limit* en Europe alors que les Américains ont dû se remettre au *no-limit* dès que ce système d'enchères est redevenu à la mode, au début du millénaire. Cela explique les bons résultats des Européens dans les compétitions américaines de haut niveau.

De nos jours, plus de 80 % des joueurs de poker du monde pratiquent le *no-limit*, dans une seule variante qui est le Texas hold'em.

David et Goliath ?

No-limit ne signifie en aucun cas que le joueur peut assommer ses adversaires sous des relances qu'ils ne peuvent pas suivre.

Grâce au système des *side-pots* (voir chapitre précédent), n'importe quel joueur peut se maintenir dans le coup quel que soit son tapis, fût-il réduit à un petit blind. Et ce tapis peut donc battre le très gros tapis, à la loyale.

12

Les critères de gain

Quand le coup va jusqu'à l'abattage, c'est la meilleure main qui gagne le pot. Mais la meilleure main
n'est pas forcément la plus haute. Sans compter les
cas où il y a partage...

Le poker *high*

Les variantes les plus courantes sont celles où les
combinaisons les plus hautes gagnent le pot. C'est toujours le cas, par exemple, en Texas hold'em ou en stud
à 5 cartes.

Les joueurs français disent aussi « jouer au gros » ou
« jouer en haut ».

Le poker *low* ou « nullot »

Cette façon de pratiquer le poker vise à former la
combinaison la plus basse possible. Cela peut vous faire
sursauter, mais cela existe, et même beaucoup de
joueurs d'expérience s'en régalent ! Pourquoi ? Parce
que cela oblige à une discipline différente du poker
normal. Les stratégies sont inversées et les débutants
sont laminés beaucoup plus vite qu'au « gros ».

Les joueurs français disent aussi « jouer au petit » ou « jouer en bas ».

Comme on n'a constitué une main basse que quand on possède au moins cinq cartes, les relances sont forcément risquées tant qu'on ne possède pas encore ces cinq cartes. En stud à sept cartes *low*, par exemple, le joueur qui relance au deuxième tour d'enchères n'a que quatre cartes et donc il ne peut pas posséder de main *low*. S'il relance, c'est parce qu'il possède un début de main basse, main basse que ses trois cartes suivantes ne vont peut-être pas confirmer.

Le stud normal, *high*, peut donner lieu à des relances justifiées dès le premier tour d'enchères, par exemple de la part d'un joueur qui possède déjà un brelan ou la main A-A-K.

D'une manière générale, une main qui contient une paire est déjà perdante. Pour avoir de bonnes chances de gagner, il faut avoir une main sans paire et qui soit au plus au dix. Les mains moins fortes sont à prohiber parce que trop faibles.

Il existe quatre formes principales de poker *low* :

Le low à la française

Cette option considère que les as valent 1 mais les quintes et les couleurs comptent. Donc cette main n'est pas un bas :

C'est une couleur, donc une main extrêmement faible en nullot, disons même une main qui sera toujours battue.

La main ci-dessus est certes la plus petite quinte mais elle reste une quinte, là encore un jeu sans espoir en poker nullot. Nous n'en dirons pas autant de cette main-ci :

C'est une main excellente – et même la meilleure main basse dans le nullot à la française. On l'appelle aussi « six-zéro ». Toutes les mains au six sont excellentes dans ce nullot :

6-4-3-2-A (« six-zéro »)
6-5-3-2-A
6-5-4-2-A
6-5-4-3-A
6-5-4-3-2.

Nous en verrons davantage plus loin.

Le *low à l'américaine ou* ace to five

Cette fois, l'as vaut 1 mais la quinte et la couleur ne comptent pas. Donc les deux premières mains ci-avant sont respectivement un dix et un cinq, encore appelé *wheel* (« roue »). Cette combinaison est même la meilleure possible en bas.

Le *nullot* eight or better

Cette version américaine stipule qu'une main n'est recevable en bas que si elle est au plus égale au huit, donc si elle formée de cinq cartes différentes inférieures ou égales au huit.

Cette main est recevable et vaut sept :

Cette main vaut neuf et n'est donc pas recevable (elle ne vaut rien dans cette version du nullot) :

Le « 7-2 » ou *deuce to seven*

Cette version américaine exclut les quintes, les couleurs et les as, lesquels ne sont retenus que comme cartes hautes. Dans ce nullot, qui est aussi le plus contraignant, cette main vaut as :

Et elle est battue par cette main-ci, au roi :

Mais la meilleure est celle-ci, encore appelée « sept-zéro » ou « sept-deux » :

Le poker *high-low*

Les Américains ne nous ont pas seulement amené le poker nullot, ils ont aussi inventé le poker *high-low*. De quoi s'agit-il ?

Les joueurs conviennent avant le coup que le pot sera partagé entre la main la plus *haute* et la main la plus *basse*. Cela augmente sensiblement la tendance à participer aux coups car à la fois les mains hautes et les mains basses sont intéressées à y entrer. Il y a deux manières de jouer ce poker particulier.

Le high-low split eight or better

Cette version est la plus courante. Cette fois, seules les mains basses au huit ou mieux peuvent prétendre à la moitié basse du pot. Prenons l'exemple du joueur qui possède cette main :

La meilleure main haute que fournit cette main est un brelan, 7-7-7-10-9.

Mais la meilleure main basse est au dix : 10-9-7-5-2. À ce titre, elle n'est pas reconnue comme basse.

Prenons maintenant l'exemple de cette main-ci :

La meilleure main haute est toujours le brelan, et la main basse est recevable puisqu'il s'agit de 8-7-6-5-2. Même si c'est une piètre main basse (pour tout dire, l'une des moins bonnes), elle remporte la moitié « basse » du pot si elle ne trouve aucune main basse en face ou une main basse pire qu'elle (comme 8-7-6-5-3).

On voit dans ce dernier exemple que des cartes qui servent pour le bas peuvent aussi servir pour le haut. Il arrive même que la *même combinaison* serve à former à la fois le haut et le bas. Prenons ces deux exemples :

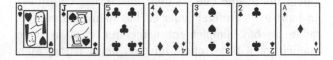

– en haut : quinte au cinq ;
– en bas : roue (meilleur jeu possible).

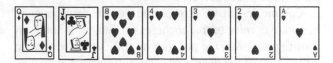

– en haut : couleur à l'as ;
– en bas : 8-4-3-2-A.

En admettant que ces deux mains se rencontrent à l'abattage, que se passe-t-il ?
– Le haut est gagné par la deuxième (car couleur est meilleure que quinte) ;

– le bas est gagné par la première (car cinq est meilleur que huit).

Le high-low contrat

Avant l'abattage, quand le dernier tour d'enchères a eu lieu, les joueurs prennent deux jetons dans une main, passent la main sous la table, repassent la main en poing au-dessus de la table et quand tous sont prêts, ils ouvrent le poing en même temps. Trois cas se présentent :
– le joueur n'a pas de jetons sur sa paume : il joue en bas ;
– le joueur a un jeton sur sa paume : il joue en haut ;
– le joueur a deux jetons sur sa paume : il joue en haut et en bas, et ne gagne le pot que s'il gagne les deux options.

Cette version du jeu est palpitante et tactique. Un joueur qui devine que ses deux adversaires vont jouer en haut peut préférer jouer en bas même s'il est très faible en bas, simplement parce que c'est la seule manière qu'il a de retirer un gain de la partie. Mais cette version s'avère gourmande en jetons.

Comment procéder en pratique ?

Comme le pot va être partagé entre deux joueurs, quand le dernier tour d'enchères est fini, le donneur en profite pour diviser le pot tout de suite en deux piles de jetons. L'abattage décide de l'attribution de chaque pile.

Si deux joueurs se partagent le pot en haut et/ou en bas, le demi-pot correspondant est à nouveau divisé en deux. On peut voir ainsi des situations curieuses, comme par exemple un joueur qui gagne le haut et qui se trouve ex-aequo avec deux adversaires en bas. Il remporte alors :

– le demi-pot réservé au haut ;
– le tiers du demi-pot réservé au bas.

> **Le jeton insécable**
> Il arrive assez souvent que le partage du pot ne tombe pas juste et qu'il reste un « jeton insécable ». Les joueurs peuvent décider de le verser au pot suivant. Mais les puristes préfèrent l'attribuer selon ces deux cas :
> – si le jeu est **high-low**, ce jeton est donné au gagnant du haut ;
> – sinon, ce jeton est donné au joueur qui est le plus loin du bouton dans le sens des aiguilles d'une montre (par exemple, UTG est donc meilleur que le joueur ayant payé le petit blind).

Quelles variantes sont concernées ?

L'imagination des joueurs des parties privées est telle que toutes les variantes se prêtent aux pires fantaisies. Mais, dans les lieux sérieux que sont les clubs, ces versions-ci sont les plus pratiquées, et nous vous recommandons de ne pas en pratiquer d'autres :

Variante	*High*	*Low*	*High-low*
Texas hold'em	toujours	jamais	jamais
Omaha	oui	jamais	oui
Stud à 7 cartes	oui	oui	oui
Stud à 5 cartes	toujours	jamais	jamais
Poker fermé	oui	oui	jamais

13

Le Texas hold'hem

Comme son nom l'indique, ce poker est né au Texas, au début du XXᵉ siècle. Il a connu un renouveau aux États-Unis dans les années 1970 à la faveur du Championnat du monde. Et, comme il a été choisi pour les grands tournois télévisés, c'est aujourd'hui le poker le plus répandu dans le monde.

Hold'em = « tenez-les »
Fold'em = « jetez-les »
Le Texas hold'em est clair dans son titre, même s'il paraît barbare de prime abord. Au départ, le jeu s'appelait *Texas hold'em or fold'em*, c'est-à-dire, en gros, « Gardez-les ou jetez-les, façon texanne ». Il s'agit bien sûr des cartes, qu'il faut choisir de garder (pour continuer le coup) ou de jeter (pour quitter le coup).

> **Déroulement en résumé**
> Chaque joueur reçoit deux cartes. Le donneur distribue cinq cartes visibles (tableau) qui servent à chaque joueur pour former sa main finale de cinq cartes en utilisant ou non ses deux cartes privatives. La constitution du tableau se fait en trois temps (trois cartes, une carte, une carte), chacun étant

précédé et suivi d'un tour d'enchères. Il y a quatre tours d'enchères.

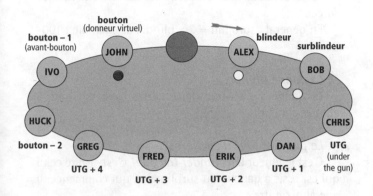

Table typique de Texas hold'em (de 2 à 10 joueurs)

Déroulement d'un coup en 12 étapes

1. Le mélange des cartes

La « soupe », puis trois mélanges à l'effeuillage suivis de trois coupes en série.

Si le donneur fait partie du jeu, la donne est généralement suivie d'une coupe, faite par le voisin de droite, qui peut d'ailleurs la refuser.

Si le donneur ne fait pas partie du jeu (croupier), il marque le donneur virtuel par un « bouton », jeton spécial qui signale aux autres joueurs où commence le tour de parole.

2. Les blinds

Le joueur placé à gauche du donneur est le blindeur. Le joueur placé à gauche du blindeur est le surblindeur.

Le blindeur mise un blind, qui est une ouverture forcée.

Le surblindeur mise un surblind, qui est une relance forcée.

En général : surblind = 2 x blind. Par exemple : 100-200.

3. La donne préflop
Le donneur distribue deux cartes, une par une, à chaque joueur.

4. Le premier tour d'enchères
C'est le joueur UTG *(under the gun)*, c'est-à-dire celui qui est assis à gauche du surblindeur, qui commence. Il a le choix entre :
– passer (quitter le coup) ;
– payer, ou suivre (payer le surblind), ce qui le maintient ;
– relancer le surblind.

À la fin du tour d'enchères, on passe à l'étape suivante s'il reste au moins deux joueurs en lice. Sinon, le pot est attribué au dernier relanceur. (Voir notre chapitre 8, sur le tour d'enchères, pour plus de détails.)

5. La donne du flop
Le donneur brûle une carte : au lieu de donner la première carte du dessus du paquet, il la met de côté. Puis il donne les trois cartes suivantes faces en l'air et les étale l'une à côté de l'autre devant lui. C'est le flop.

6. Le deuxième tour d'enchères
Le premier des joueurs encore en lice a le choix entre :
– ouvrir,
– checker.

En checkant, le joueur ne mise rien mais se maintient dans le coup.

À la fin du tour d'enchères, on passe à l'étape suivante s'il reste au moins deux joueurs en lice. Sinon, le pot est attribué au dernier relanceur.

7. *La donne de la* turn

Le donneur brûle une carte, puis donne la suivante à droite du flop.

8. *Le troisième tour d'enchères*

Il se déroule comme le précédent.

À la fin du tour d'enchères, on passe à l'étape suivante s'il reste au moins deux joueurs en lice. Sinon, le pot est attribué au dernier relanceur.

9. *La donne de la* river

Le donneur brûle une carte, puis pose la suivante à droite de la *turn*.

10. *Le quatrième tour d'enchères*

Il se déroule comme le précédent.

À la fin du tour d'enchères, on passe à l'étape suivante s'il reste au moins deux joueurs en lice. Sinon, le pot est attribué au dernier relanceur.

11. *L'abattage*

Les joueurs encore en lice abattent leurs mains respectives pour les comparer.

Le dernier relanceur doit abattre en premier, les autres joueurs abattant dans l'ordre de la parole après lui. Un joueur qui se voit battu a le droit de ne pas abattre son jeu. Il le jette et perd toute prétention au pot. On admet qu'un joueur peut abattre immédiatement s'il se pense gagnant, même s'il n'est pas dernier relanceur.

Important : en tournoi, l'abattage est obligatoire, même si le tableau est incomplet, dès qu'il n'y a plus qu'un seul joueur auquel il reste des jetons, les autres ayant fait *all-in.*

12. L'attribution du pot

Le pot est attribué au meilleur jeu abattu. En cas d'égalité, le pot est partagé.

> **Gain prématuré**
>
> Il se peut que le coup ne respecte pas les douze étapes mais se termine avant. C'est le cas quand le dernier ouvreur ou relanceur n'est suivi par aucun adversaire, donc lors de l'étape 4, 6, 8 ou 10. Il empoche alors le pot sans avoir à montrer ses cartes.

Exemple de tableau

      Donne du flop

       Donne de la *turn*

        Donne de la *river*

Exemples de combinaisons avec ce tableau

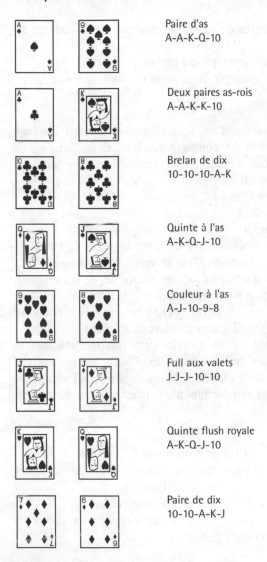

Paire d'as
A-A-K-Q-10

Deux paires as-rois
A-A-K-K-10

Brelan de dix
10-10-10-A-K

Quinte à l'as
A-K-Q-J-10

Couleur à l'as
A-J-10-9-8

Full aux valets
J-J-J-10-10

Quinte flush royale
A-K-Q-J-10

Paire de dix
10-10-A-K-J

Pour former sa combinaison finale, le joueur peut utiliser :
– deux cartes de sa main (exemple de la couleur ci-dessus) ;
– une seule (exemple du brelan ci-dessus) ;
– aucune (exemple de la paire de dix ci-dessus).

Pratiques
Le Texas hold'em se pratique seulement en *high* (voir chapitre 12, consacré aux critères de gain).
On y joue dans toutes les limitations d'enchères :
– en limites fixes,
– en *spread limit*,
– en *pot-limit*,
– en *no-limit*.
Le Texas hold'em *no-limit* est le poker de compétition par excellence. C'est la variante qui exige le plus de travail d'intimidation, de discipline, de jeu offensif. C'est aussi celle où le hasard pur a le moins de place. Cette forme de poker mérite vraiment les noms de « sport cérébral », de « combat stratégique ».
En 2006, 60 % des joueurs ont déclaré que le Texas hold'em *no-limit* est leur poker préféré (source : *Card Player*). Et plus de 80 % des joueurs le pratiquent régulièrement, toutes régions du monde confondues.

Pourquoi un tel engouement ?
Nous voyons quatre raisons principales à cet engouement pour le Texas hold'em :
– c'est le poker qu'on voit à la télévision ;
– c'est un poker facile à apprendre (**deux** cartes en main seulement) ;

– c'est un poker déjà répandu, les adversaires sont faciles à trouver ;

– c'est le poker le moins aléatoire.

Les 10 principales stratégies en Texas hold'em

1. Les mains de départ

Il existe trois types de mains de départ :

– les *mains fortes* (de A-A à J-J, A-K à A-J, deux figures) : relancer pour protéger ;

– les *paires moyennes et faibles* (de 10-10 à 2-2) : jouer à petit prix pour tenter le brelan au flop (flop du brelan : une fois sur 9) ;

– les *A-x assortis* : jouer à petit prix pour tenter le tirage à couleur ou la paire d'as ;

– les *consécutives assorties* (comme 10-9 à pique) : jouer à petit prix pour tenter le tirage à quinte ou couleur.

2. Les flops

Une fois sur deux, la plus haute carte du flop est as, roi ou dame. Si vous possédez Q-J et si le flop est K-Q-4, *attention* : un joueur peut avoir un roi et vous avoir déjà battu. Le meilleur moyen de le savoir est de relancer : s'il passe, ce n'est pas le cas, mais s'il relance vous devez envisager de passer.

3. Le continuation bet

Si vous ouvrez ou relancez préflop, il est « légitime » de continuer l'attaque au flop, même s'il n'améliore pas votre main. Ainsi, si l'adversaire n'a rien, il ne pourra pas suivre.

> **Paire au flop**
> Si vous avez deux cartes différentes en main, vous
> floperez une paire ou mieux une fois sur trois.

4. *Le* gap concept

Ce concept peut se formuler de plusieurs manières. Il a trait à la *position*. Si un joueur ouvre avant vous, il vous faudra une meilleure main pour suivre que si vous deviez ouvrir vous-même. Pourquoi ? Parce que quelqu'un vient de relancer avant vous et ajoute de la menace. Ce concept met en avant la notion d'*attaque*. Au Texas hold'em, surtout en *no-limit*, c'est souvent le premier attaquant qui a l'avantage parce qu'il met la pression sur les joueurs suivants.

5. *Variez le jeu et intimidez*

Pour devenir un joueur respecté, *variez* votre jeu. Ne jouez pas toujours de la même façon quand les circonstances de jeu sont les mêmes. C'est le meilleur moyen d'entretenir le mystère quant à votre manière de jouer, ce qui fera hésiter vos adversaires quand vous relancerez (respect).

6. *La décision*

Ne prenez pas une décision « au petit bonheur la chance ». Soyez tranchant. Préférez passer ou relancer à suivre, suivre et encore suivre. Triptyque de Ferguson :
– si vous hésitez entre suivre et passer, *passez* ;
– si vous hésitez entre suivre et relancer, *relancez* ;
– si vous hésitez entre passer et relancer, *réfléchissez.*

7. Quittez le coup

Dès que vous ne vous sentez plus favori, quittez le coup. Inversement, si vous vous sentez encore favori, relancez.

8. Ne laissez pas les autres tenter leurs tirages

Si le tableau permet des tirages (à quinte, couleur), ne donnez pas de carte gratuite à l'adversaire. Ouvrez, relancez. S'il veut tenter son tirage, il doit payer pour cela.

9. Plus vous êtes en position tardive, plus vous pouvez entrer avec une main faible

Cette tactique est commune à tous les pokers mais elle est encore plus sensible au Texas hold'em. L'attaque de début de coup est réservée aux grosses mains. L'attaque de fin de parole, quand personne n'a encore attaqué, peut être faite avec des mains moyennes, comme Q-J ou A-10.

10. Apprenez à « lire » vos adversaires

Cette lecture se fait à trois niveaux :
– ce qu'*est* votre adversaire : timoré, réfléchi, hystérique, etc. ;
– comment *joue* votre adversaire : plutôt serré, plutôt sélectif, etc. ;
– comment *se comporte* votre adversaire : il se touche souvent le nez, il lui arrive de jeter ses jetons à certains moments et de les pousser doucement à d'autres etc.

Ces points de lecture adverse sont développés plus loin.

Les probabilités du Texas hold'em

Nombre de mains de départ différentes : 1 326.

Main de départ	Probabilité
Paire	6 %
Main forte (paire > 10 et deux figures dont as)	9 %
Deux cartes assorties	24 %
A-x (quel que soit x)	5 %
A-x ou K-x assortis (avec x < J)	6 %
Deux consécutives assorties (entre 6-5 et J-10)	2 %

Amélioration au flop	Probabilité
Paire fait brelan ou mieux	12 %
Deux cartes consécutives font tirage quinte	6 %
Deux cartes consécutives font quinte	1 %
Deux cartes assorties font tirage couleur	11 %
Deux cartes assorties font couleur	1 %
Deux cartes font deux paires splittées	2 %
Deux cartes font au moins une paire splittée	32 %
Deux cartes font paire splittée	28 %

Le « nombre d'outs » est le nombre de cartes qui améliorent votre main.

Exemple : vous partez avec 10-9 et le flop est J-8-4. Vous avez donc un tirage à quinte. Vous touchez la quinte si la *turn* ou la *river* est un sept ou une dame. Comme il y a quatre sept et quatre dames dans le jeu, vous avez en tout huit outs. D'après le tableau, votre probabilité de finir avec quinte est de :

Amélioration	Probabilité ... river	Probabilité *turn* ou *river*
	%	45 %
	%	43 %
	%	40 %
	%	38 %
	%	36 %
	%	34 %
	%	32 %
	%	30 %
	%	28 %
	%	26 %
	%	24 %
	%	22 %
	%	20 %
		17 %
		15 %
		13 %
		11 %
		9 %
		7 %
		4 %
		2 %

turn et la *river* ;

turn seule, ou la *river* seule.

Pour simplifier les calculs :

– multipliez le nombre d'outs par 2 pour obtenir le pourcentage d'amélioration à la *turn* ;

– multipliez le nombre d'outs par 4 pour obtenir le pourcentage d'amélioration sur *turn* + *river* (et réduisez légèrement la probabilité obtenue pour avoir la probabilité réelle).

Le meilleur potentiel : 21 outs

Il est obtenu quand vous possédez un double tirage quinte et couleur + deux *overcards* (une *overcard* étant une carte supérieure au flop).

Exemple :

Donne du flop

Votre main

Vous possédez bien deux cartes supérieures au flop (deux *overcards*), un tirage à quinte (9-10-J-Q) et un tirage à couleur (Q-J-10-5 à trèfle). Vos outs :
- 9 trèfles
- 3 huits et 3 rois
- 3 dames et 3 valets.

Soit au total : 9 + 3 + 3 + 3 + 3 = 21 outs. Si une de ces cartes arrive à la *turn* ou à la *river*, vous transformez votre jeu *potentiel* actuel en un jeu « *fait* », avec une vraie combinaison qui peut gagner.

14

L'Omaha

Ce poker serait né dans les années 1980. C'est un dérivé du Texas hold'em, qui plaît davantage aux joueurs désireux de trancher avec l'austérité apparente de ce dernier. Il fournit tellement de combinaisons différentes qu'il convient mieux aux « flambeurs ».

Déroulement résumé

L'Omaha est un « super-Texas hold'em. Au lieu de deux cartes, les joueurs possèdent quatre cartes privatives et doivent en utiliser deux pour former leur main finale.

Chaque joueur reçoit quatre cartes. Le donneur distribue cinq cartes visibles (tableau). Chaque joueur forme sa main finale de cinq cartes en utilisant obligatoirement deux cartes privatives et trois cartes du tableau. La constitution du tableau se fait en trois temps (trois cartes, une carte, une carte), chacun étant précédé et suivi d'un tour d'enchères. Il y a quatre tours d'enchères.

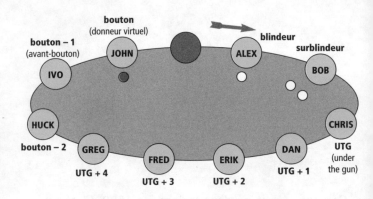

Table typique d'Omaha (de 2 à 10 joueurs)

Le coup d'Omaha en 12 étapes

1. Le mélange des cartes

La « soupe », puis trois mélanges à l'effeuillage suivis de trois coupes en série.

Si le donneur fait partie du jeu, la donne est généralement suivie d'une coupe, faite par le voisin de droite, qui peut d'ailleurs la refuser.

Si le donneur ne fait pas partie du jeu (croupier), il marque le donneur virtuel par un « bouton », jeton spécial qui signale aux autres joueurs où commence le tour de parole.

2. Les blinds

Le joueur placé à gauche du donneur est le blindeur. Le joueur placé à gauche du blindeur est le surblindeur.

Le blindeur mise un blind, qui est une ouverture forcée.

Le surblindeur mise un surblind, qui est une relance forcée.

En général : surblind = 2 x blind. Par exemple : 100-200.

3. La donne préflop

Le donneur distribue quatre cartes, une par une, à chaque joueur.

4. Le premier tour d'enchères

C'est le joueur UTG *(under the gun)*, c'est-à-dire celui qui est assis à gauche du surblindeur, qui commence. Il a le choix entre :
– passer (quitter le coup) ;
– payer, ou suivre (payer le surblind), ce qui le maintient ;
– relancer le surblind.

À la fin du tour d'enchères, on passe à l'étape suivante s'il reste au moins deux joueurs en lice. Sinon, le pot est attribué au dernier relanceur. (Voir notre chapitre 8 sur le tour d'enchères pour plus de détails.)

5. La donne du flop

Le donneur brûle une carte : au lieu de donner la première carte du dessus du paquet, il la met de côté.

Puis il donne les trois cartes suivantes faces en l'air, et les étale l'une à côté de l'autre devant lui. C'est le flop.

6. Le deuxième tour d'enchères

Le premier des joueurs encore en lice a le choix entre :
– ouvrir,
– checker.

En checkant, le joueur ne mise rien mais se maintient dans le coup.

À la fin du tour d'enchères, on passe à l'étape suivante s'il reste au moins deux joueurs en lice. Sinon, le pot est attribué au dernier relanceur.

7. La donne de la turn

Le donneur brûle une carte, puis donne la suivante à droite du flop.

8. Le troisième tour d'enchères

Il se déroule comme le précédent.

À la fin du tour d'enchères, on passe à l'étape suivante s'il reste au moins deux joueurs en lice. Sinon, le pot est attribué au dernier relanceur.

9. La donne de la river

Le donneur brûle une carte, puis pose la suivante à droite de la *turn*.

10. Le quatrième tour d'enchères

Il se déroule comme le précédent.

À la fin du tour d'enchères, on passe à l'étape suivante s'il reste au moins deux joueurs en lice. Sinon, le pot est attribué au dernier relanceur.

11. L'abattage

Les joueurs encore en lice abattent leurs mains respectives pour les comparer.

Une main est toujours formée de deux cartes privatives et de trois cartes du tableau.

Le dernier relanceur doit abattre en premier, les autres joueurs abattant dans l'ordre de la parole après lui. Un joueur qui se voit battu a le droit de ne pas abattre son jeu. Il le jette et perd toute prétention au pot. On admet qu'un joueur peut abattre immédiatement s'il se pense gagnant, même s'il n'est pas dernier relanceur.

Important : en tournoi, l'abattage est obligatoire, même si le tableau est incomplet, dès qu'il n'y a plus qu'un seul joueur auquel il reste des jetons, les autres ayant fait *all-in*.

12. L'attribution du pot

– <u>En Omaha *high*</u> :

Le pot est attribué au meilleur jeu abattu. En cas d'égalité, le pot est partagé.

– <u>En Omaha *high-low*</u> :

Le pot est partagé entre le jeu le plus haut et le jeu le plus bas. Une main est basse quand elle vaut huit ou moins. Si le tableau ne permet pas de bas ou s'il n'y a aucune main basse, le jeu le plus haut prend tout le pot. Quand un joueur gagne le pot complet, on dit qu'il fait un *scoop*.

> **Gain prématuré**
>
> Il se peut que le coup ne respecte pas les douze étapes mais se termine avant. C'est le cas quand le dernier ouvreur ou relanceur n'est suivi par aucun adversaire, donc lors de l'étape 4, 6, 8 ou 10. Il empoche alors le pot sans avoir à montrer ses cartes.

Pratiques

L'Omaha se joue en *high only* (le but est de constituer la main la plus élevée) et en *high-low* (le pot est partagé entre la main la plus haute et la main la plus basse).

On joue à l'Omaha dans ces limitations d'enchères :
– en limites fixes,
– en *spread limit*,
– en *pot-limit*.

> **Omaha : choisissez les bonnes enchères**
> En Omaha, le *no-limit* n'est pas conseillé car trop violent. En effet, les tirages étant tellement nombreux à ce jeu, les joueurs qui en auraient au flop seraient tentés de faire *all-in* systématiquement, ce qui n'est pas stratégique.
> Le *pot-limit* est sans doute la limite d'enchères la plus adaptée à l'Omaha. C'est d'ailleurs la plus répandue en tournoi. Ces compétitions réunissent des joueurs avec *buy-ins* chers, le plus souvent avec *rebuys*. La version *high-low pot-limit* est également courue car, comme le pot est le plus souvent partagé en fin de coup, les joueurs comptent récupérer leurs billes, plus un bénéfice.
> Évitez l'Omaha en *cash-game* : il est dangereux car il fait des différences violentes en fin de session.

Note : l'expression « poter » signifie que le joueur ouvre ou relance à la hauteur du pot.

Cartes basses (*low*)	Cartes hautes (*high*)
as-2-3-4 5-6-7-8	9-10-J-Q-K-as

(L'as est à la fois la meilleure carte haute et la meilleure carte basse.)

Le tableau trompeur en Omaha *high*
Si vous avez l'habitude de jouer au Texas hold'em, attention ! En Omaha, votre combinaison finale

contient impérativement deux cartes de votre main et trois cartes du tableau.

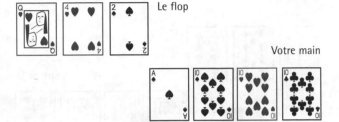

Le flop

Votre main

Votre combinaison n'est pas un brelan mais une paire de dix. Quand vous recevez un brelan en main, jetez-le car vous floperez votre brelan seulement... une fois sur 14 !

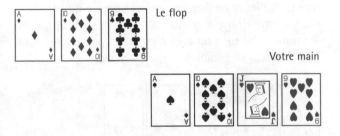

Le flop

Votre main

Vous avez trois paires (as, dix et neuf)... Mais en réalité vous avez deux paires as-dix, ce qui n'est déjà pas si mal.

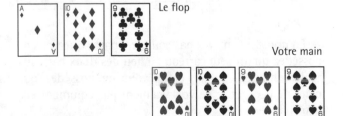

Le flop

Votre main

Non, vous n'avez pas full ! Vous avez deux brelans (dix et neuf)... Mais votre combinaison réelle est le brelan de dix.

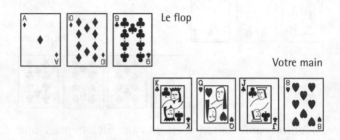

Le flop

Votre main

Eh non, vous n'avez pas quinte, malgré les apparences... Votre combinaison réelle est... un as, tout simplement. D'ailleurs ce flop ne permet aucune quinte. Cela étant, votre tirage à quinte est bon car, si K, Q, J, 8 ou 7 tombe à la *turn* ou à la *river*, vous posséderez bien une quinte... et toujours la quinte max.

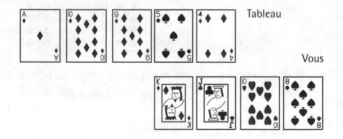

Tableau

Vous

Eh non, vous n'avez pas couleur... parce que vous ne possédez qu'un seul carreau au lieu des deux carreaux réglementaires. Sur ce coup, vous ne possédez que paire de dix... et je ne vois vraiment pas comment elle peut gagner.

Tableau

Vous

Eh non, vous n'avez pas couleur... et pas quinte non plus... Votre combinaison est as-roi, et là aussi, je ne vois vraiment pas comment elle peut gagner.

Exemple

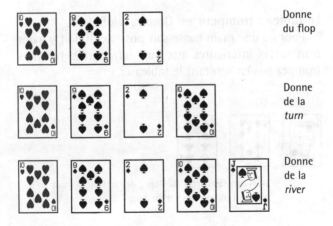

Donne du flop

Donne de la *turn*

Donne de la *river*

Exemples de combinaisons avec ce tableau

À la *turn* : couleur au roi
À la *river* : full aux dix
par les deux
10-10-10-2-2

Quinte au roi
K-Q-J-10-9

Cette main-là ne forme pas couleur. Comme l'Omaha *oblige* à utiliser deux cartes de sa main, il faut bien deux piques en main pour faire sa combinaison.

Notez que si le jeu était *high-low*, ce tableau ne permettrait pas de combinaison basse. Seuls les tableaux qui contiennent au moins trois petites cartes (8 et moins) permettent l'apparition d'une main basse.

Le tableau trompeur en Omaha *high-low*

Pour qu'une main basse soit possible, il doit y avoir trois cartes inférieures aux huit *différentes*. Ne vous trompez pas en scrutant le tableau...

Trois grosses cartes au flop : dès le flop, on sait qu'il n'y aura pas de bas sur ce coup.

Ce tableau de quatre cartes n'a qu'une seule petite : là aussi on sait qu'il n'y aura pas de bas sur ce coup.

Le tableau contient seulement deux petites cartes différentes. Aucune main basse possible.

Le tableau contient seulement deux petites cartes différentes. Aucune main basse possible.

Exemples en Omaha high-low

Donne du flop

Donne de la *turn*

Donne de la *river*

Exemples de combinaisons avec ce tableau

En haut :
brelan d'as
En bas : sept
7-4-3-2-A

En haut :
quinte au cinq
En bas : max
5-4-3-2-A

En haut :
couleur
à l'as (max)
En bas : rien

> **Baby**
> On appelle *baby* une carte de la « roue », donc qui
> appartient à ce groupe : A-2-3-4-5.

Les 10 principales stratégies en Omaha *high*

1. La caractéristique multiple d'une main d'Omaha
Une main d'Omaha est composée de six cartes. Et
comme vous en utiliserez seulement deux pour former
votre main définitive, cette main est composée en fait
de toutes les combinaisons de deux cartes possibles.

Prenons
l'exemple
de cette main.

Voici les **six** mains possibles :

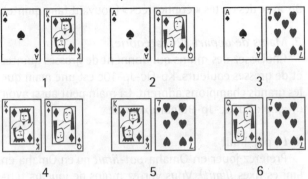

Quand vous recevez une main d'Omaha, votre première pensée consiste à passer en revue les six mains de
deux cartes qu'elle représente. Ici, les mains 1, 2 et 4
sont clairement bonnes à jouer. On n'en dira pas autant
des 5 et 6, qui n'ont aucun intérêt. La main 3 est miti-
gée. On va donc attribuer une note de 3,5 sur 6 à cette
main d'Omaha.

D'une manière générale, ne jouez jamais les mains
d'Omaha qui ont une note inférieure ou égale à 3.

Or, si une seule des six cartes de départ ne se
connecte avec aucune autre, la note de la main complète passe d'office à 3. Dans l'exemple, c'est le cas
du sept. Il condamne les couples 3, 5 et 6, le n° 3 étant
vaguement jouable.

2. Mains de départ (1ʳᵉ catégorie)

Choisissez des mains avec des cartes hautes, avec paires et *bicolores*. Ap-Ac-Kp-Kc est la meilleure des mains
de départ. Mais Kp-Kc-Jp-Jc est aussi une main excellente. Dans les mains nettement moins bonnes mais

jouables, on trouve aussi des mains comme Ac-Ap-10c-9p, avec des cartes « connectées » (pouvant faire quinte).

3. Mains de départ (2ᵉ catégorie)

Choisissez des mains qui donnent de grosses quintes et de grosses couleurs. Kp-Qc-Jp-10c est une main que les grands champions adorent. La main peut aussi avoir un *gap* : Kp-Qc-Jp-9c par exemple.

4. Le pot-limit

Préférez jouer en Omaha *pot-limit* qu'en Omaha en limites fixes *(limit)*. Vous verrez moins de joueurs tenter leurs tirages.

5. Le tableau avec trois cartes assorties et la paire au tableau

Dès que le tableau comporte trois cartes assorties, il permet à un joueur d'avoir la couleur. Et en cette matière, c'est comme dans les « lois de Murphy » : si le tableau permet d'avoir une couleur, quelqu'un possède déjà la couleur !

Et de même, dès que le tableau comporte **une** paire, considérez que quelqu'un possède déjà le full !

Conclusion : quand apparaît la « doublette », ne comptez plus sur votre tirage à couleur... et si vous possédez une couleur et rien d'autre, envisagez sérieusement de la jeter.

6. La quinte au flop

La quinte au flop est excellente, mais est-ce la meilleure quinte ? Si oui, un tirage à couleur est-il possible ? Si oui, vous devez « poter » immédiatement pour que ce tirage coûte le plus cher possible à celui qui le détient... et éventuellement pour lui faire quitter le coup. C'est ce qu'on appelle une enchère de protection.

7. Les deux paires au flop

Méfiez-vous si vous possédez deux paires splittées au flop. Par exemple, vous avez A-J-10-8 et le flop est A-10-5. Il est rare qu'un joueur n'ait pas déjà brelan. Et si vous considérez que vous avez un excellent jeu parce que vous avez deux paires aux as qui feront un gros full, sachez que ce full ne va rentrer que dans... 8 % des cas à la prochaine carte, et 16 % des cas si vous tentez les deux.

8. La relance à pot

En *pot-limit*, considérez que la seule et unique ouverture ou relance est au pot, donc la relance maximum. Ce qu'on appelle « poter ». La seule exception est quand vous touchez une combinaison énorme, comme carré ou full max au flop. *Attention* : la couleur max au flop ou à la *turn* ne justifie pas une absence d'enchère ou une enchère faible car un joueur peut déjà posséder brelan et vous battre à la sortie avec full grâce à une doublette à la *river*.

9. Le jeu max

À tout moment, situez votre jeu par rapport au jeu max que le tableau permet. Il serait illusoire de ne jouer qu'avec la main max car il faudrait alors abandonner 95 % des coups et vous seriez ultra-bluffable. Mais méfiez-vous à chaque fois que vous avez le deuxième full, la deuxième couleur ou la deuxième quinte.

Vous ne gagnerez en Omaha que si vous savez jeter des mains fortes mais que vous sentez déjà battues. Personnellement, il m'est arrivé de jeter un full aux as parce que j'étais persuadé que l'adversaire avait un full aux as supérieur... et il l'avait !

10. L'argent

L'Omaha *pot-limit* est tel que les relances augmentent d'une manière exponentielle pendant le coup.
– Si les blinds sont de 1-2, si le premier à parler pote et si les deux blindeurs le suivent, le pot contient 21 avant le flop.
– Au flop, si un joueur pote et si un seul joueur suit, le pot contient 63.
– À la *turn*, si un joueur pote et si l'adversaire re-pote, le pot contient... 378 !

Une partie en *pot-limit* pratiquée par de bons joueurs donne lieu à des pots plus élevés que des parties en *no-limit*... Cela signifie que vous n'avez droit qu'à un seul gros pot avant d'être à zéro jeton, ou deux gros pots maximum. En tournoi d'Omaha *pot-limit*, comme en Texas hold'em *no-limit*, vous n'êtes jamais loin de l'élimination.

La meilleure manière de limiter les dérapages est d'être ultra-sélectif sur vos mains de départ. Vous devrez n'en jouer qu'une sur cinq environ. Ensuite, d'enchérir durement celles que vous jouez. Enfin, quittez le coup dès que vous ne vous sentez plus favori, sur un tableau dangereux.

Les 10 principales stratégies en Omaha *high-low*
(Lisez d'abord les 10 principales stratégies en Omaha high.)

1. Le scoop

Votre objectif premier consiste à « faire le scoop », c'est-à-dire à gagner à la fois en haut *et* en bas. Donc votre main doit être de nature à atteindre cet objectif, et non seulement l'un *ou* l'autre.

La meilleure main en Omaha *high-low* est probablement Ap-Ac-2p-3c parce qu'elle répond à votre objectif de scoop :
– un gros potentiel en haut (les as, deux couleurs max potentielles, la quinte) ;
– un gros potentiel aussi en bas (trois *babies*).

2. Le piège du A-2

Certains joueurs considèrent que toutes les mains contenant A-2 *doivent* être jouées. Je ne suis pas de cet avis. La main Ap-9c-8p-2c, par exemple, n'est pas jouable. Donc Ap-Jc-7p-2c n'est pas jouable non plus, et Ap-Qc-8p-2t non plus.

3. Les trois babies *dont l'as*

Quitte à me donner une ligne de conduite rigide, je préfère m'imposer comme jouables « toutes les mains qui comportent trois *babies* dont un as, sauf A-5-4 ». Et donc même la main A-9-4-3 est jouable d'après moi, même quadricolore. Elle est à la limite de cette catégorie évidemment. La main A-K-4-2 est autrement meilleure.

Pourquoi un troisième *baby* dans la main ? Simplement pour éviter le « forfait ». Par exemple, supposons que vous partiez avec A-2-K-K, qui reste une bonne main. Voici le tableau : 10-6-3-2-8. En haut, vous gardez votre paire de rois, mais en bas vous n'êtes plus max car un deux est arrivé au tableau. Dès lors, le meilleur bas ici revient à celui qui possède A-4 (A-2-3-4-6). Pour votre part, vous n'avez qu'un huit (A-2-3-6-8).

Si vous étiez parti avec une main de type A-2-4-K, le deux aurait été doublé comme dans le cas précédent, mais le quatre aurait permis de sauvegarder le max en bas.

4. As-baby + grosse paire

Pour clore le recensement des mains jouables, sont également bonnes les mains qui contiennent as-*baby* et une grosse paire. Par exemple, A-3-Q-Q est vraiment bonne, même quadricolore. À l'inverse, A-3-8-8 est typiquement une main-piège qu'il vaut mieux éviter.

5. Un tiers de flops injouables en bas

Un tableau sur quatre (22 %) comporte moins de trois cartes basses différentes... et donc pour qu'il y ait partage du pot.

En plus, comme vous le voyez ci-après, 32 % des flops sont injouables pour les bas potentiels.

Moralité : il est crucial de posséder une main de départ qui ait un fort potentiel en haut. Si le bas n'est pas qualifié, au moins votre haut a de bonnes chances d'être favori pour gagner le pot en entier.

6. Analysez correctement le flop

Pour poursuivre le jeu en bas, le flop doit contenir au moins deux cartes basses. Une seule ne suffit pas car il faut impérativement que la *turn* et la *river* soient des petites pour permettre l'apparition d'une main basse, ce qui représente une trop faible probabilité pour que cela soit intéressant d'un point de vue financier.

Voici la typologie des quatre types de flops possibles, qui incluent d'ailleurs les flops avec paire et même brelan (H = *high* et L = *low*) :

H-H-H : 5 % des flops. Ce flop condamne toute possibilité de bas... et tue les espoirs du joueur qui est parti avec 2-3-4-6 par exemple.

H-H-L : 27 % des flops. Ce flop fera un bas dans 38 % des cas environ... Le tireur en bas ne peut décemment compter sur si peu.

H-L-L : 44 % des flops. Ce flop est le type même de ce que vous verrez le plus souvent : avec deux cartes basses. Le tirage bas max est 1-2.

L-L-L : 24 % des flops. Ce flop permet un bas d'entrée de jeu. Ici, le bas max est A-3.

Il apparaît clairement que les deux premiers types de flops ne permettent pas de poursuivre quand on est sur un bas, ce qui représente 32 % des flops possibles, soit un flop sur trois environ.

7. Les mains pièges

Si vous trouvez que l'Omaha *high* est trompeur, la mauvaise nouvelle c'est que l'Omaha *high-low* l'est plus encore ! Comme votre objectif est de scooper le pot, vous devez viser à la fois le meilleur haut et le meilleur bas. Donc méfiez-vous des mains qui sont :
– très bonnes en haut et nulles en bas ;
– et plus encore de celles qui sont très bonnes en bas et nulles en haut.

8. Condamnez les huit et les neuf

Les pires cartes que vous puissiez trouver dans votre main sont les huit et les neuf. Le huit parce qu'il ouvre au plus médiocre des bas. Le neuf parce qu'il est la plus petite carte haute. Même la main J-10-9-8 est médiocre en Omaha *high-low* parce qu'elle permet un haut faible en haut (quinte moyenne, cartes moyennes) et interdit le bas. Alors qu'en Omaha *high*, c'est une main de choix, surtout si elle est bicolore.

9. Intimidez les timorés

Il existe deux erreurs typiques en Omaha *high-low* :
– surévaluer la force de sa main,
– privilégier le tirage en bas.

Ces erreurs sont récurrentes chez les joueurs qui n'ont pas beaucoup d'expérience en Omaha *high-low* ou qui n'ont pas compris comment fonctionnait ce jeu.

Pour en tirer parti, voici une technique : si le flop contient deux cartes basses et si la *turn* est une carte haute, *potez à la turn*. Devant une telle enchère, les tireurs en bas passent. Et même si un inconscient paie, il n'a qu'une probabilité de *30 % au mieux* de toucher son bas à la *river* donc de partager. Le reste du temps, il perd tout.

10. Le cauchemar du quart du pot

La situation est courante en Omaha *high-low* : deux joueurs sont à égalité pour la main basse, donc ils se partagent la moitié de la moitié basse du pot, soit le quart du pot chacun. Donc :
– avec au moins cinq joueurs dans le pot, il y a gain net ;
– avec quatre joueurs, c'est une opération blanche ;
– avec deux ou trois joueurs, c'est une perte sèche.

Il y aura ainsi des situations où vous devrez accepter de payer un peu plus pour récupérer seulement le quart des jetons, donc pour sortir du coup financièrement perdant, mais en limitant votre perte.

Exemple : vous avez A-2-3-4 et le tableau est A-2-10-J-6. Quand le valet est apparu, un joueur a relancé (brelan ou **deux** paires A-J). Vous avez tirage max en bas, tirage quinte, tirage full, donc vous continuez. Un autre joueur aussi. La dernière carte, le six, vous donne max en bas. Mais vous vous voyez perdant en haut, donc vous n'aurez que le bas du pot.

Hélas le troisième joueur paie lui aussi – mais ne relance pas, bien qu'étant max (vous savez qu'il joue toujours le jeu max). Il sait qu'à cet instant toute relance est une erreur de sa part. En effet, il sent qu'il va récupérer le quart du pot lui aussi. S'il relance, il sait que les jetons supplémentaires des trois joueurs vont revenir pour moitié au gagnant du haut et pour quart à chaque gagnant du bas, ce qui est une mauvaise affaire financière pour lui.

Les probabilités de l'Omaha

Nombre de mains de départ différentes : 270 725.

Main de départ	Probabilité
Brelan ou carré (mains injouables)	1 %
Deux paires	1 %
Paire	30 %
Quelconque	68 %
Une couleur	1 %
Deux couleurs type A-A-A-B (médiocre)	16 %
Deux couleurs type A-A-B-B (bon)	14 %
Trois couleurs	58 %
Quatre couleurs	11 %
Aucune petite carte*	19 %
Deux petites cartes	42 %
Trois petites cartes	32 %
Quatre petites cartes	7 %

Une « petite carte » vaut huit ou moins, y compris as.

Le « nombre d'outs » est le nombre de cartes qui améliorent votre main.

Exemple : vous partez avec 10-9-3-2 et le flop est J-8-4. Vous avez donc un tirage à quinte. Vous touchez la quinte si la *turn* ou la *river* est un sept ou une dame. Comme il y a quatre sept et quatre dames dans le jeu, vous avez en tout huit outs. D'après le tableau, votre probabilité de finir avec quinte est :

Amélioration après le flop	Probabilité *turn* et *river*	Probabilité *turn* ou *river*
24 outs	79 %	55 %
23 outs	77 %	52 %
22 outs	74 %	50 %
21 outs	72 %	48 %
20 outs	70 %	46 %
19 outs	67 %	43 %
18 outs	65 %	41 %
17 outs	62 %	39 %
16 outs	59 %	36 %
15 outs	56 %	34 %
14 outs	53 %	32 %
13 outs	50 %	30 %
12 outs	47 %	27 %
11 outs	43 %	25 %
10 outs	40 %	23 %
9 outs	36 %	21 %
8 outs	33 %	18 %
7 outs	29 %	16 %
6 outs	25 %	14 %
5 outs	21 %	11 %
4 outs	17 %	9 %
3 outs	13 %	7 %
2 outs	9 %	5 %
1 out	4 %	2 %

– de 33 % si vous touchez la *turn* et la *river* ;
– de 18 % si vous touchez la *turn* seule, ou la *river* seule.

Pour simplifier les calculs :
– multipliez le nombre d'outs par 2 pour obtenir le pourcentage d'amélioration à la *turn* (et augmentez légèrement la probabilité obtenue pour avoir la probabilité réelle) ;
– multipliez le nombre d'outs par 4 pour obtenir le pourcentage d'amélioration sur *turn* + *river* (et réduisez la probabilité obtenue pour avoir la probabilité réelle).

15

Le stud à 7 cartes *(seven stud)*

Ce jeu exige observation et mémoire. Il donne lieu à des compétitions tenaces au plus haut niveau mais demeure en perte de vitesse par rapport au Texas hold'em.

> **Déroulement résumé**
>
> Chaque joueur reçoit deux cartes fermées et une carte ouverte. Puis il reçoit trois cartes ouvertes une à une et enfin une carte fermée. Chacune de ces donnes est suivie d'un tour d'enchères. Il y a donc cinq tours d'enchères. La main finale du joueur est constituée de la meilleure main de cinq cartes parmi les sept cartes qu'il a devant lui.

Le coup de stud à 7 cartes en 15 étapes

1. Le mélange des cartes

La « soupe », puis trois mélanges à l'effeuillage suivis de trois coupes en série.

Si le donneur fait partie du jeu, la donne est généralement suivie d'une coupe, faite par le voisin de droite, qui peut d'ailleurs la refuser.

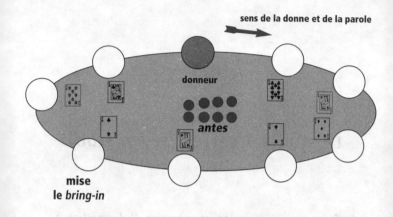

Table typique de stud à 7 cartes (de 2 à 8 joueurs)

En stud à 7 cartes, il n'y a pas de « bouton » car le joueur qui entame est désigné par sa carte ouverte.

2. Les antes
Chaque joueur paie un *ante* au pot.

3. La première donne
Le donneur distribue trois cartes, une par une, à chaque joueur, à raison de deux cartes fermées et d'une carte ouverte.

4. Le bring-in
Le joueur qui possède la carte la plus basse paie d'emblée le *bring-in*, qui vaut en général la moitié de la limite basse.

Si plusieurs joueurs possèdent la même carte qui se trouve être aussi la carte la plus basse du tour, le *bring-in* sera payé par le joueur dont la famille de la carte est la plus basse, sachant que les familles sont classées dans l'ordre décroissant du bridge : pique, cœur, carreau, trèfle. Celui possède le deux de trèfle ouvert va donc forcément payer le *bring-in*. C'est ce qui se passe dans notre table exemple.

5. *Le premier tour d'enchères*

Quand le *bring-in* a été posé, le joueur assis immédiatement à sa gauche doit se prononcer. Il peut :
- passer (quitter le coup),
- suivre le *bring-in*,
- « compléter », donc miser la partie manquante pour atteindre la petite limite.

S'il suit le *bring-in*, le joueur suivant est soumis au même choix.

S'il complète, le joueur suivant peut alors :
- passer,
- suivre,
- relancer.

À la fin du tour d'enchères, on passe à l'étape suivante s'il reste au moins deux joueurs en lice. Sinon, le pot est attribué au dernier relanceur. (Voir notre chapitre 8 sur le tour d'enchères pour plus de détails.)

6. *La deuxième donne*

Le donneur distribue une quatrième carte à chaque joueur, face visible.

7. *Le deuxième tour d'enchères*

Le joueur qui possède la plus haute main ouverte a le choix entre :
- ouvrir,
- checker.

En checkant, le joueur ne mise rien mais se maintient dans le coup.

À la fin du tour d'enchères, on passe à l'étape suivante s'il reste au moins deux joueurs en lice. Sinon, le pot est attribué au dernier relanceur.

8. La troisième donne

Le donneur distribue une cinquième carte à chaque joueur, face visible.

9. Le troisième tour d'enchères

À partir de ce stade, les enchères s'incrémentent selon la limite haute. Donc elles doublent par rapport aux deux premiers tours d'enchères.

Le joueur qui possède la plus haute main ouverte a le choix entre :
– ouvrir,
– checker.

En checkant, le joueur ne mise rien mais se maintient dans le coup.

À la fin du tour d'enchères, on passe à l'étape suivante s'il reste au moins deux joueurs en lice. Sinon, le pot est attribué au dernier relanceur.

10. La quatrième donne

Le donneur distribue une sixième carte à chaque joueur, face visible.

11. Le quatrième tour d'enchères

Le joueur qui possède la plus haute main ouverte a le choix entre :
– ouvrir,
– checker.

En checkant, le joueur ne mise rien mais se maintient dans le coup.

À la fin du tour d'enchères, on passe à l'étape suivante s'il reste au moins deux joueurs en lice. Sinon, le pot est attribué au dernier relanceur.

12. La cinquième et dernière donne

Le donneur distribue une septième carte à chaque joueur, face cachée.

13. Le cinquième et dernier tour d'enchères

Le joueur qui possède la plus haute main ouverte a le choix entre :
– ouvrir,
– checker.

En checkant, le joueur ne mise rien mais se maintient dans le coup.

À la fin du tour d'enchères, on passe à l'étape suivante s'il reste au moins deux joueurs en lice. Sinon, le pot est attribué au dernier relanceur.

14. L'abattage

L'abattage a lieu seulement si au moins deux joueurs sont encore en lice et s'ils ont tous misé à même hauteur... ou tous checké.

Le dernier relanceur doit abattre en premier, les autres joueurs abattant dans l'ordre de la parole après lui. Un joueur qui se voit battu a le droit de ne pas abattre son jeu. Il le jette et perd toute prétention au pot. On admet qu'un joueur peut abattre immédiatement s'il se pense gagnant, même s'il n'est pas dernier relanceur.

Important : en tournoi, l'abattage est obligatoire, même si les mains sont incomplètes, dès qu'il n'y a plus qu'un seul joueur auquel il reste des jetons, les autres ayant fait *all-in*.

15. L'attribution du pot

– <u>En stud à 7 cartes *high*</u> :

Le pot est attribué à la main la plus haute. En cas d'égalité, le pot est partagé.

– <u>En stud à 7 cartes *low* (razz)</u> :

Le pot est attribué à la main la plus basse. En cas d'égalité, le pot est partagé.

– <u>En stud à 7 cartes *high-low*</u> :

Le pot est partagé entre le jeu le plus haut et le jeu le plus bas. S'il n'y a aucune main basse, le jeu le plus haut prend tout le pot. Quand un joueur gagne le pot complet, on dit qu'il fait un *scoop*.

> **Gain prématuré**
> Il se peut que le coup ne respecte pas les quinze étapes mais se termine avant. C'est le cas quand le dernier ouvreur ou relanceur n'est suivi par aucun adversaire, donc lors de l'étape 5, 7, 9, 11 ou 13. Il empoche donc le pot sans avoir à montrer ses cartes.

Pratiques

Le stud à 7 cartes se pratique en *high*, en *high-low* et en *low* (voir le chapitre 12 consacré aux critères de gain). Le stud à 7 cartes *high-low* s'appelle aussi razz.

On joue au stud à 7 cartes et à ses deux variantes dans deux limitations d'enchères :
– en limites fixes,
– en *spread limit*.

Vous le rencontrerez parfois en *pot-limit*, surtout en Europe, mais ce jeu perd alors de sa substance au profit d'une agressivité qui n'a pas lieu d'être. N'oublions pas qu'il comporte cinq tours d'enchères, contre quatre pour le Texas hold'em.

En limites fixes, les enchères vont se faire :

– selon une incrémentation égale à la *petite limite* lors de deux premiers tours d'enchères ;
– selon une incrémentation égale à la *grosse limite* lors de trois derniers tours d'enchères.

Jeu	Ante	Bring-in	Limite basse	Limite haute
2-4	0,5	1	2	4
3-6	1	2	3	6
4-8	1	2	4	8
8-16	2	4	8	16

En stud à 7 cartes *high*, le joueur qui affiche une paire à la deuxième donne a le droit de miser tout de suite la limite haute. Si quelqu'un le relance, il doit aussi relancer à la grosse limite.

> **Quel joueur doit payer le *bring-in* ?**
> – en *high* et *high-low* : celui qui affiche la carte la plus *basse* ;
> – en *low* : celui qui affiche la carte la plus *haute*.
> Ce joueur peut choisir de payer tout de suite la petite limite au lieu de payer seulement le *bring-in*.

Exemple de main en stud à 7 cartes *high*
(En grisé : les cartes faces en bas.)

Première donne :
paire de dix
10-10-K

Deuxième donne .
paire de dix
10-10-K-J

Troisième donne :
deux paires valets-dix
J-J-10-10-K

Quatrième donne :
deux paires valets-dix
J-J-10-10-K

Cinquième donne :
full aux dix
10-10-10-J-J

Si la dernière carte avait été :

– un cœur, le joueur aurait fini avec couleur ;

– l'as de cœur, le joueur aurait fini avec quinte flush ;

– un as autre que l'as de cœur, le joueur aurait fini avec quinte à l'as ;

– une dame, le joueur aurait fini avec deux paires aux dames par les valets ;

– un valet, le joueur aurait fini avec un full aux valets par les dix.

Il en va souvent ainsi au stud à 7 cartes. La dernière est souvent décisive.

Exemple de main en stud à 7 cartes *low* (razz)
(En grisé : les cartes faces en bas.)

Première donne :
le valet fait désordre

Deuxième donne :
un bas correct se profile

Troisième donne :
tirage au sept confirmé

Quatrième donne :
la combinaison au sept est acquise...

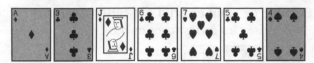

Cinquième donne :
obtention d'une combinaison au six – la quinte est inutile

Après un mauvais départ qui justifie généralement de devoir payer le *bring-in*, la main s'améliore de carte en carte. Le sept est acquis à la **sixième** carte, et même amélioré au six à la dernière. Cette main serait excellente en *high-low* avec sa quinte au sept. En razz, elle l'est aussi.

> **Les cartes *live***
> Une carte est dite *live* quand elle n'est pas visible chez les adversaires.
> Par exemple, si vous recevez au départ J-10-9, vous cherchez la quinte et il vous faut alors un huit, une dame, mais aussi sept ou roi. Si aucune de ces quatre cartes n'est visible, votre tirage est *live* car il a de bonnes chances de s'améliorer. Mais, si plusieurs des cartes améliorantes sont visibles chez les adversaires, vos chances de toucher votre quinte sont réduites et vous devez alors envisager de jeter votre main.

Exemple de main en stud à 7 cartes *high-low*
(En grisé : les cartes faces en bas.)

Première donne :
bonne main de départ en haut

Deuxième donne :
les piques se dessinent

Troisième donne :
vague tirage en bas et à pique *backdoor*

Quatrième donne :
tirage bas et à pique... mais rien d'autre !

Cinquième donne :
couleur à l'as et sept en bas

Là encore, c'est la dernière carte qui a servi de pivot. Le trois de pique de la quatrième donne vous ouvre la route à la fois vers la couleur et vers le sept nullot. Dès lors :
– si la dernière est un pique, vous obtenez la couleur à l'as ;
– si la dernière est une « petite » qui ne double pas (4, 5, 6 ou 8), vous obtenez un bas qualifié.

La carte finale est à la fois un pique et une petite carte qui ne double pas. Elle vous donne ainsi deux mains défendables.

> **Les outs**
> Un out est une carte améliorante convenant pour votre main.
> Par exemple, si vous recevez au départ trois piques, vous souhaitez bien sûr terminer avec une couleur à pique. Comme il existe treize piques et que vous en possédez déjà trois, il en reste dix.
> Le nombre d'outs théoriques est diminué des outs que vous voyez chez les adversaires, qui sont autant de cartes qui ne viendront jamais dans votre main.

Les 10 principales stratégies en stud à 7 cartes *high*

1. Soyez sélectif sur vos mains de départ

Un brelan mérite le plus de relances possible (tant que vous avez un droit à la relance, utilisez-le). Mais sachez que vous ne le recevrez qu'une fois sur 425... Une paire aussi, mais ne les surestimez pas.

Entre ces deux mains égales, la deuxième est la meilleure car la paire d'as est cachée. Dans la première main, elle est dite « splittée » et peut faire fuir des opposants.

Trois grosses cartes : très bonne main de départ.

Trois grosses cartes assorties : excellente main de départ.

Petite paire avec petit *kicker* : main vulnérable. Il faut faire brelan rapidement pour poursuivre, sinon passer.

Petite paire avec gros *kicker* : main encourageante, mais le *kicker* doit être *live* et la paire aussi.

Tirage à couleur sans grosse carte : il faut impérativement une quatrième carte assortie pour continuer le coup.

Tirage à quinte flush moyenne : très encourageant si les outs à quinte et couleur sont *live*.

Tirage à quinte moyenne : encourageant si les outs sont *live*.

2. Observez bien les cartes adverses

Les cartes adverses, ce sont autant de cartes que vous n'aurez jamais. C'est l'indicateur par excellence qui sert à savoir si votre jeu possède un potentiel d'amélioration intact ou si ce potentiel est déjà entamé par les adversaires. C'est la notion de « cartes *live* ».

Commencer avec une paire de rois, c'est bien. Mais si les autres rois sont visibles chez les adversaires, l'essentiel de votre amélioration repose sur votre *kicker*, qui doit donc être *live* lui aussi et élevé. S'il n'est ni l'un ni l'autre, vous devez envisager de jeter votre paire dès que vous sentez qu'elle n'est plus favorite.

3. Privilégiez les cartes hautes

Il vaut mieux commencer avec trois cartes hautes qu'avec une petite paire et un petit *kicker*. Pourquoi ? Parce que si les trois cartes hautes n'améliorent pas, vous les jetterez sans regret. Si elles améliorent, elles battent les petites paires, et en plus elles ont un gros *kicker*.

4. Attention à l'adversaire qui double sa première carte

L'adversaire qui s'est maintenu dans le coup au départ, ou, mieux, qui a relancé, doit être surveillé de près. S'il reçoit, plus tard dans le coup, une carte ouverte qui double sa première carte ouverte, il possède la plupart du temps un brelan, ou au moins deux paires. Exemple :

Une doublette de la première carte ouverte signale un brelan ou deux paires.

5. Les coups sont gagnés majoritairement par des doubles paires

Même si chaque joueur reçoit sept cartes, il n'en reste pas moins que les coups sont gagnés plus d'une fois sur deux par des doubles paires. Cela signifie que si vous possédez une forte double paire (A-A-3-3 par exemple), vous avez de bonnes raisons de combattre tant que les affichages adverses ne sont pas trop menaçants.

6. Relancez avec une grosse carte ouverte

La relance au premier tour d'enchères avec la plus haute carte ouverte du coup (as ou roi) est une excellente tactique d'intimidation. Il faut que vous soyez le seul à posséder cette carte visible. L'adversaire sera tenté de croire que vous possédez la grosse paire. Ceux qui resteront sont ceux qui auront un double de cette même carte ou ceux qui auront vraiment un bon jeu.

Cette relance de début de coup vous donne beaucoup d'informations et vous aide à surveiller les dangereux.

7. Misez double avec une paire ouverte

Au deuxième tour d'enchères, si vous possédez une paire ouverte, vous avez le droit d'ouvrir au double de la hauteur normale. *Faites-le systématiquement.* C'est une des rares occasions que vous avez d'intimider vos adversaires au stud à 7 cartes.

8. Relancez la paire ouverte

Cette tactique est un corollaire de la précédente. Si un adversaire a une paire ouverte au deuxième tour d'enchères, s'il ouvre au double et si vous possédez deux cartes supérieures à sa paire, relancez-le. Vous saurez alors tout de suite s'il possède juste cette paire (il devrait passer) ou s'il a brelan ou deux paires (il devrait relancer).

9. Ne vous éternisez pas dans un coup

Quand vous sentez que vous n'êtes plus favori, que votre tirage peut être battu même en étant amélioré, que votre paire est déjà battue... *quittez le coup*, jetez vos cartes. Le stud à 7 cartes est un jeu d'opportunités et vous en aurez encore de nombreuses dans les coups suivants.

10. Pratiquez le value bet *en fin de coup*

Quand votre main est forte mais pas dominante (par exemple, **deux** paires aux valets, avec **un** as visible chez l'adversaire), donc quand votre main a une chance de l'emporter à l'abattage, ne craignez pas de payer la dernière ouverture adverse. À cet instant, le pot contiendra la plupart du temps entre dix et vingt enchères hautes, donc en rajouter une à la fin pour vérifier l'abattage n'est pas une perte financière sur le long terme.

En plus, les joueurs qui vous sauront capable de cela se limiteront la prochaine fois à checker la dernière carte, ce qui rendra les abattages encore moins onéreux.

Les 5 principales stratégies en stud à 7 cartes *low* (razz)

1. Attention aux mains de départ

La main de départ doit être dirigée *rigoureusement* vers le bas. Donc ne commencez pas avec une main comme A-6-K ou 3-7-Q, sauf éventuellement quand elles sont totalement *live*. La main A-2-x est toujours jouable quand elle est *live*.

La main 8-7-6, qui serait à jeter en Omaha *high-low*, l'est moins en razz, simplement parce que nous ne sommes pas contraints de faire une main au huit au mieux. Au razz, même une main au neuf ou au dix peut gagner des coups. La « roue » est très rare.

Indéniablement, c'est la main A-2-3 qui est la meilleure... encore une fois, toutes cartes *live* égales par ailleurs. En fait, tous les trios de *babies* sans paire sont jouables, *y compris 5-4-3*, pour la raison invoquée dans le paragraphe précédent.

2. La notion de live

En razz, la notion de *live* est inverse du stud à 7 cartes *high*. Ici, comme il s'agit de réunir des cartes basses *différentes entre elles*, une main est *live* quand elle a le maximum de doublettes chez les adversaires.

Par exemple, si vous commencez avec A-3-5, voir ces cartes-là chez les adversaires n'est pas un problème car ce seront autant de paires que vous n'aurez pas vous-même... des paires qui sont une calamité pour vous. Vos vraies cartes *live* sont 2, 4, 6, à la rigueur 7 et 8 : moins vous en voyez chez l'adversaire et plus votre tirage est *live*.

3. L'affichage est essentiel

Si vous affichez des petites cartes, attaquez constamment, surtout si les cartes adverses n'améliorent pas l'opposant. Même si vos cartes cachées sont médiocres, cet effet d'affichage est une aubaine pour les attaquants.

4. Vous ne toucherez votre main qu'à la cinquième carte

La grande différence entre le razz et le stud à 7 cartes *high* est que la main est pleine seulement à la cinquième carte, quand les limites d'enchères doublent. En stud *high*, vous pouvez avoir un brelan ou une grosse paire dès le départ, ce qui vous rend gros favori pour gagner le coup dès le premier tour d'enchères. Ce n'est jamais le cas en razz.

En razz, vous pouvez commencer le coup avec A-2-3, la meilleure main de départ, mais ne toucher ensuite que des paires et des grosses cartes, ce qui tue votre main. Tant que vous ne possédez pas vos cinq petites cartes, vous ne pouvez pas savoir si vous aurez un abattage compétitif ou non. C'est pourquoi vous devez bluffer, donc utiliser votre affichage pour faire croire que vous avez une bonne main.

5. Pratiquez le value bet *en fin de coup*

Plus encore qu'en stud *high*, dès que votre main vaut dix ou moins – sauf tableau très menaçant chez l'adversaire –, ne craignez pas de payer la dernière ouverture adverse. À cet instant, le pot contiendra la plupart du temps entre dix et vingt enchères hautes, donc en rajouter une à la fin pour vérifier l'abattage n'est pas une perte financière sur le long terme.

En plus, les joueurs qui vous sauront capable de cela se limiteront la prochaine fois à checker la dernière carte, ce qui rendra les abattages encore moins onéreux.

Les 5 principales stratégies en stud à 7 cartes *high-low*

1. *Avantage au* high

Comme en Omaha *high-low*, il arrivera environ une fois sur trois qu'aucun joueur ne parvienne à former une main *low*. Et même si vous partez avec trois cartes basses, vous ne ferez en moyenne qu'une fois sur deux votre main basse finale. Autant de pots sur lesquels la main haute adverse a de fortes options de *scoop*.

2. Des mains de départ spéciales

La meilleure main de départ : permet à A, 2, 6 et 7 de compléter un bas encore valable tout en créant un haut valable aussi, vers la quinte, la couleur ou même la quinte flush.

Une autre main excellente.

Une fausse bonne main. Faible en haut et faible en bas. La prochaine carte doit être favorable (*baby*, 7, 8) pour poursuivre le coup.

Une bonne main car elle va droit vers le haut, puissamment, sans ambiguïté. Et en plus elle confisque un as à l'adversaire qui tente le bas.

Là encore, une bonne main mais qui doit s'améliorer en haut. Elle confisque un as à l'adversaire qui tente le bas.

La main-piège par excellence : projet de quinte moyenne, bas quasi impossible et médiocre de toute façon, paire moyenne et *kicker* moyen. Main à jeter.

3. La surpuissance de l'as

Posséder un as, surtout s'il est caché, est un atout énorme car c'est comme posséder les deux meilleures cartes à la fois : la meilleure en bas et la meilleure en haut ! L'as peut doubler ensuite et nous donner paire max, qui a vite fait de se transformer en double paire gagnante à l'abattage. Et naturellement, il peut favoriser l'apparition d'un bas.

4. Gérez l'antinomie high et low

On l'a vu précédemment, le mot *live* signifie le contraire selon qu'on parle de *high* ou de *low*. En stud à 7 cartes *high-low*, vous devrez gérer aussi cette schizophrénie, en privilégiant :
– les petites cartes doublées chez les adversaires (c'est bon signe) ;
– les grosses cartes non visibles chez les adversaires (c'est bon signe aussi).

Par exemple, si vous possédez cette main :

Vous ne souhaitez pas avoir vu chez vos adversaires un roi, pour pouvoir faire brelan. Votre bas est assez mal parti car il vous faut impérativement A, 4, 6 ou 7 ensuite, *en deux cartes différentes*. Si vous avez déjà vu plusieurs de ces cartes-là chez vos adversaires, n'y comptez pas trop. D'un autre côté, si vous avez vu peu de 2, 3 ou 5, cela est à la fois bon et mauvais :
– bon parce que cela augmente votre probabilité de doubler, donc de faire **deux** paires aux rois ;
– mauvais parce que du même coup cela réduit la probabilité de terminer en bas.

5. Haut contre bas

Si vous touchez dès le départ une main qui tire résolument en haut, n'y allez pas doucement dans les relances. Au contraire, vous devez maintenir en face de vous quelqu'un qui tire en bas et qui aura de toute façon peu de chances de réaliser son bas à la cinquième carte.

Je ne compte plus les pots gagnés de cette manière contre un joueur qui était uniquement en bas et faible en haut, et qui n'a pas été qualifié à la dernière carte. Ou un joueur qui a tiré in extremis un haut à peine valable, que j'ai battu à l'abattage. Dans les deux cas, j'enlève le pot en entier.

Probabilités du stud à 7 cartes

Nombre de mains de départ différentes : 22 100.

Main de départ	Probabilité
Brelan	0,2 % (= 1/425)
Paire	17 %
Quelconque	83 %
Trois cartes consécutives	3 %
Trois cartes assorties	4 %
Low au 8	6 %
Low au 7	4 %
Low au 6	3 %
Low au 5	2 %
Low au 4	1 %
A-2-3	0,3 % (=1/344)

Amélioration finale en possédant 3 cartes	Probabilité
Tirage à quinte fait quinte	17 %
Tirage à quinte fait full	2 %
Tirage à quinte fait brelan	3 %
Tirage à quinte fait double paire	17 %
Tirage à couleur fait couleur	15 %
Tirage à couleur fait full	2 %
Tirage à couleur fait brelan	3 %
Tirage à couleur fait double paire	17 %
Paire fait au moins deux paires	61 %
Brelan fait full ou carré	41 %

Amélioration finale en possédant...	4 cartes	5 cartes	6 cartes
Tirage à couleur fait couleur	47 %	35 %	20 %
Tirage à quinte fait quinte	43 %	31 %	17 %
Paire fait au moins deux paires	53 %	37 %	30 %
Deux paires font full ou carré	24 %	17 %	9 %
Trois paires font full	–	–	13 %
Brelan fait full ou carré	39 %	33 %	22 %

Amélioration basse finale en possédant A–2–3	Probabilité
5	7 %
6 ou mieux	19 %
7 ou mieux	33 %
8 ou mieux	48 %
9 et plus haut	52 %

Amélioration basse finale en possédant A-2-K3	Probabilité
5	1 %
6 ou mieux	5 %
7 ou mieux	11 %
8 ou mieux	20 %
9 et plus haut	80 %

16

Le stud à 5 cartes *(five stud)*

C'est le poker qui a eu le plus de succès aux États-Unis entre 1920 et 1950. Le cinéma lui a rendu un vibrant hommage à travers l'un des plus beaux films jamais tournés sur le sujet, *Le Kid de Cincinatti,* avec Steve McQueen. L'autre nom du stud à 5 cartes est d'ailleurs « kid ».

> **Déroulement résumé**
> Chaque joueur reçoit deux cartes, une fermée et une ouverte. Puis il reçoit trois cartes ouvertes une à une. Chacune de ces donnes est suivie d'un tour d'enchères. Il y a donc quatre tours d'enchères.

Le coup de stud à 5 cartes en 13 étapes

1. Le mélange des cartes

La « soupe », puis trois mélanges à l'effeuillage suivis de trois coupes en série.

Si le donneur fait partie du jeu, la donne est généralement suivie d'une coupe, faite par le voisin de droite, qui peut d'ailleurs la refuser.

En stud à 5 cartes, il n'y a pas de « bouton » car le joueur qui entame est désigné par sa carte ouverte.

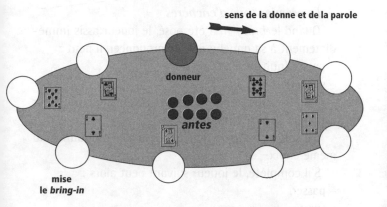

Table typique de stud à 5 cartes (de 2 à 10 joueurs)

2. Les antes

Chaque joueur paie un *ante* au pot.

3. La première donne

Le donneur distribue deux cartes, une par une, à chaque joueur, à raison d'une carte fermée et d'une carte ouverte.

4. Le bring-in

Le joueur qui possède la carte la plus basse paie d'emblée le *bring-in*, qui vaut en général la moitié de la limite basse.

Si plusieurs joueurs possèdent la même carte qui se trouve être aussi la carte la plus basse du tour, le *bring-in* sera payé par le joueur dont la famille de la carte est la plus basse, sachant que les familles sont classées dans l'ordre décroissant du bridge : pique, cœur, carreau, trèfle. Celui qui possède le deux de trèfle ouvert va donc forcément payer le *bring-in*. C'est ce qui se passe dans notre table exemple.

5. Le premier tour d'enchères

Quand le *bring-in* a été posé, le joueur assis immédiatement à sa gauche doit se prononcer. Il peut :
– passer (quitter le coup),
– suivre le *bring-in*,
– « compléter », donc miser la partie manquante pour atteindre la petite limite.

S'il suit le *bring-in*, le joueur suivant est soumis au même choix.

S'il complète, le joueur suivant peut alors :
– passer,
– suivre,
– relancer.

À la fin du tour d'enchères, on passe à l'étape suivante s'il reste au moins deux joueurs en lice. Sinon, le pot est attribué au dernier relanceur. (Voir notre chapitre 8 sur le tour d'enchères pour plus de détails.)

6. La deuxième donne

Le donneur distribue une troisième carte à chaque joueur, face visible.

7. Le deuxième tour d'enchères

Le joueur qui possède la plus haute main ouverte a le choix entre :
– ouvrir,
– checker.

En checkant, le joueur ne mise rien mais se maintient dans le coup.

À la fin du tour d'enchères, on passe à l'étape suivante s'il reste au moins deux joueurs en lice. Sinon, le pot est attribué au dernier relanceur.

8. La troisième donne

Le donneur distribue une quatrième carte à chaque joueur, face visible.

9. Le troisième tour d'enchères

À partir de ce stade, en limites fixes, les enchères s'incrémentent selon la limite haute. Donc elles doublent par rapport aux deux premiers tours d'enchères.

Le joueur qui possède la plus haute main ouverte a le choix entre :
– ouvrir,
– checker.

En checkant, le joueur ne mise rien mais se maintient dans le coup.

À la fin du tour d'enchères, on passe à l'étape suivante s'il reste au moins deux joueurs en lice. Sinon, le pot est attribué au dernier relanceur.

10. La quatrième donne

Le donneur distribue la cinquième et dernière carte à chaque joueur, face visible.

11. Le quatrième tour d'enchères

Le joueur qui possède la plus haute main ouverte a le choix entre :
– ouvrir,
– checker.

En checkant, le joueur ne mise rien mais se maintient dans le coup.

À la fin du tour d'enchères, on passe à l'étape suivante s'il reste au moins deux joueurs en lice. Sinon, le pot est attribué au dernier relanceur.

12. L'abattage

L'abattage a lieu seulement si au moins deux joueurs sont encore en lice et s'ils ont tous misé à même hauteur... ou tous checké.

Le dernier relanceur doit abattre en premier, les autres joueurs abattant dans l'ordre de la parole après lui. Un joueur qui se voit battu a le droit de ne pas abattre son jeu. Il le jette et perd toute prétention au pot. On admet qu'un joueur peut abattre immédiatement s'il se pense gagnant, même s'il n'est pas dernier relanceur.

Important : en tournoi, l'abattage est obligatoire, même si les mains sont incomplètes, dès qu'il n'y a plus qu'un seul joueur auquel il reste des jetons, les autres ayant fait *all-in*.

13. L'attribution du pot

Le pot est attribué à la main la plus haute. En cas d'égalité, le pot est partagé.

> **Gain prématuré**
> Il se peut que le coup ne respecte pas les treize étapes mais se termine avant. C'est le cas quand le dernier ouvreur ou relanceur n'est pas suivi par aucun adversaire, donc lors de l'étape 5, 7, 9 ou 11. Il empoche donc le pot sans avoir à montrer ses cartes.

Pratiques

Le stud à 5 cartes se pratique en *high*, plus rarement en *low* (voir le chapitre 12 consacré aux critères de gain).

On joue au stud à 5 cartes dans les quatre limitations d'enchères :

– en limites fixes,
– en *spread limit*,

– en *pot-limit*,
– en *no-limit*.

En limites fixes, les enchères vont se faire :
– selon une incrémentation égale à la *petite limite* lors de deux premiers tours d'enchères ;
– selon une incrémentation égale à la *grosse limite* lors de trois derniers tours d'enchères.

Soit, suivant les hauteurs de mise :

Jeu	Ante	Bring-in	Limite basse	Limite haute
2–4	0,5	1	2	4
3–6	1	2	3	6
4–8	1	2	4	8
8–16	2	4	8	16

Quel joueur doit payer le *bring-in* ?
– en *high* : celui qui montre la carte la plus basse ;
– en *low* : celui qui montre la carte la plus haute.
Ce joueur peut choisir de payer tout de suite la petite limite au lieu de payer seulement le *bring-in*.

Le stud à 5 cartes est un jeu qui tombe en désuétude, au même titre que le poker fermé. On y a énormément joué au XXᵉ siècle, mais ce n'est vraiment pas le poker du XXIᵉ siècle. C'est pourtant un excellent jeu pour apprendre le bluff, la rigueur de la prise de décision et la « lecture » de l'adversaire.

Une variante répandue
Une variante répandue consiste à distribuer deux cartes fermées par joueur. Puis, chacun à son tour, chaque joueur retourne une de ses cartes et parle.

Le reste du coup se déroule sans changement. Cette variante laisse plus de place pour le bluff et nous la recommandons.

Exemple de main en stud à 5 cartes *high*
(En grisé : les cartes faces en bas.)

Première donne : roi-valet, assez bon départ

Deuxième donne : K-J-4, la main se réduit

Troisième donne : paire de rois, c'est nettement mieux

Quatrième donne : deux paires rois-valets, main excellente

Attention : quand j'écris « main excellente », tout est relatif. Elle ne peut être excellente que par rapport à une ou plusieurs mains adverses. Elle est battue par deux paires supérieures ou par le plus petit brelan.

Rien une fois sur deux
Une fois sur deux, une main de cinq cartes ne fait pas mieux qu'une carte isolée au final.

Exemple de main en stud à 5 cartes *low*
(En grisé : les cartes faces en bas.)

Première donne :
as-huit. Vous finirez au mieux au huit... mais au stud à 5 cartes ce n'est pas si mal...

Deuxième donne :
8-3 A, c'est un bon départ mais il faut encore deux « petites » ensuite...

Troisième donne :
Excellente carte qui nous donne le meilleur tirage au huit possible...

Quatrième donne :
8-6, c'est une bonne main en stud à 5 cartes *low*...

Attention : là encore, quand j'écris « bonne main », il faut la comparer avec celle des adversaires. Ne vous frottez pas trop au stud à 5 cartes *low*, c'est un jeu d'une haute valeur tactique qui nécessite de savoir reprendre ses billes même en fin de coup. Il arrive souvent que le coup soit gagné par une petite paire contre une paire supérieure...

10 stratégies de base en stud à 5 cartes

Les probabilités nous apprennent que dans une main de cinq cartes 50 % des mains ne contiennent pas mieux qu'une carte isolée. *Ne comptez pas sortir des quintes ni des couleurs à ce jeu.* Si les doubles paires et le brelan arrivent parfois, ce sont les paires surtout qui se dévoilent à l'abattage. D'où l'obligation d'avoir la paire la plus haute possible.

Au stud à 5 cartes, 82 % des mains sont au mieux une paire.

1. Bonnes mains de départ

La meilleure main de départ est bien sûr A-A. Elle est tellement puissante que, contre sept joueurs, elle gagne le coup plus d'une fois sur deux. À part cela, n'importe quelle paire est une bonne main de départ. Viennent en deuxième lieu les deux cartes hautes. Le fait qu'elles soient assorties n'a aucune importance.

L'important est la hauteur de cette main par rapport aux mains adverses.

Admettons que vous partiez avec 9-9.

Si vous voyez chez vos adversaires les cartes suivantes : A, K, Q, J, 9, 6, 5, faites bien attention car il va y avoir de l'*overpair* dans l'air – peut-être pas tout de suite, mais dans les cartes à venir. Vous êtes peut-être déjà battu, et en plus le neuf adverse réduit de moitié vos chances de terminer brelan. Pire : si vous faites deux paires, vu le nombre de grosses cartes adverses, la deuxième paire a peu de chances d'être grosse, donc attendez-vous à être battu.

Si cette fois vous voyez chez vos adversaires les cartes suivantes : A, 8, 7, 5, 5, 4, 2, vous êtes en bien meilleure posture :
– votre capacité à faire brelan est entière ;
– la probabilité d'être battu à cet instant est très faible (seul l'as le peut) ;
– les paires adverses seront battues la plupart du temps par la vôtre ;
– les deux cinq se font la guerre.

2. Passez sans paire

Si vous n'avez pas au moins une paire dans les trois premières cartes, passez, sauf à avoir un tableau très puissant par rapport aux adversaires.

3. Attention au bluff

L'avantage de ce jeu est que toute l'ignorance des joueurs repose sur *une seule carte*, la carte cachée de chacun. Mais c'est aussi une faiblesse, car si votre tableau n'a aucune paire visible, votre jeu max est donc **une** paire.

4. Souvenez-vous des cartes vues chez les adversaires

Même principe qu'en stud à 7 cartes : cela vous permet de savoir si votre combinaison est encore *live* ou non.

5. La petite carte qui relance

Quand un adversaire a une petite carte ou de petites cartes visibles et relance, c'est parce qu'il a déjà une paire... ou qu'il bluffe totalement. À vous de savoir ce qu'il en est pour connaître le comportement de chacun.

6. Ne jouez pas les tirages...

Sauf si vos trois premières cartes appartiennent à une quinte flush.

Une main jouable si elle est *live*.

Cette main est autrement plus forte car elle peut accrocher une paire gagnante.

7. Ne vous mariez pas avec votre as caché !

Même s'il est *live*, cela ne signifie en aucun cas que vous allez toucher votre paire d'as. Donc ne payez pas aveuglément l'adversaire qui relance, d'autant que ce même adversaire a probablement déjà une paire.

8. Attention à l'adversaire qui double sa première carte

C'est le même conseil qu'en stud à 7 cartes *high*. C'est encore plus vrai si le joueur en question a relancé dès le départ avec une petite carte ouverte, qui signale d'abord une petite paire, mais plus rarement un *kicker* as ou roi. Exemple :

Une doublette de la première carte ouverte signale toujours un brelan, ou au moins un kicker as ou roi.

9. Bluffez de temps en temps et montrez votre bluff s'il fonctionne

Cela vous donnera une image de joueur imprévisible et intrépide. Vos relances hors bluff n'en seront que mieux payées ensuite.

10. N'essayez pas de bluffer en fin de coup un joueur qui a manifestement un meilleur jeu que vous

Pourquoi ? Parce qu'il peut détenir ce brelan ou cette double paire que vous craignez chez lui, et il vous relancera.

Un coup mémorable de stud à 5 cartes

Les deux grands joueurs américains Johnny Moss et « Nick the Greek » Dandolos *auraient* disputé une partie marathon en 1949 à Las Vegas, qui *aurait* duré cinq mois. Voici un des coups les plus fameux de la confrontation :

Moss   Dandolos

Première donne : Moss possède 9-6 et Dandolos, 7-x. Moss mise le *bring-in* de 200 dollars, Dandolos relance à 500 ou 2 000, Moss paie.

Moss   Dandolos

Deuxième donne : Moss possède 9-6-9 (paire de neuf) et Dandolos, 7-6-x. Moss Moss ouvre à 5 000, Dandolos relance à 25 000. Moss se contente de payer

car il veut essayer de prendre tout l'argent de son adversaire. Moss est forcément gagnant ici mais il tente une manœuvre tactique.

Moss

Dandolos

Troisième donne : Moss possède 9-6-9-2 et Dandolos, 7-6-3-x. Moss est toujours le meilleur en cartes, quelle que soit la carte cachée de Dandolos. Moss checke pour piéger, Dandolos ouvre, Moss relance, Dandolos paie. Le pot est gros maintenant d'une bonne centaine de milliers de dollars et Moss détient à coup sûr la meilleure main. Mais il reste encore une carte.

Moss

Dandolos

Quatrième donne (dernière) : Moss possède 9-6-9-2-3 et Dandolos, 7-6-3-J-x. Comme c'est le Grec qui possède maintenant le plus gros jeu dehors, il doit parler en premier. Il ouvre à 50 000. Moss réfléchit : il ne perd ce coup que si Dandolos possède un valet comme carte cachée. Or, pourquoi le Grec aurait-il suivi et relancé jusque-là avec un seul valet comme carte gagnante ? Moss ne peut imaginer une seconde qu'il possède ce valet. Alors il relance *all-in*, c'est-à-dire qu'il mise tous ses jetons, soit un quart de million de dollars (une fortune colossale en 1949).

Dandolos l'a regardé et a murmuré : « Mr. Moss, je crains d'avoir un valet dessous. » Moss a répondu : « Grec, si vous avez un valet dessous, ce joli pot vous revient de droit. » Nick le Grec avait trop de classe pour faire des annonces mensongères. Il a avancé ses jetons pour se mettre à hauteur puis il a lentement retourné sa carte cachée : le valet de carreau.

Un gros coup de gagné pour Dandolos et un gros coup au moral pour Moss. Mais il en fallait plus pour déstabiliser le Texan à l'accent rocailleux. La suite du marathon s'est jouée en alternant les variantes : stud à 7 cartes, poker fermé, stud à 7 cartes *high-low*, nullot fermé A-5 et nullot fermé 7-2. Moss, plus jeune mais plus rompu aux arcanes des différentes variantes du poker que son adversaire, accentuait inexorablement son avance, semaine après semaine, puis a fini par s'adjuger le marathon. Il y aurait gagné quatre millions de dollars.

Probabilités au stud à 5 cartes

Nombre de mains de départ différentes : 1 326.
Nombre de mains finales différentes : 2 598 960.

Main de départ	Probabilité
Paire	6 %
Quelconque	94 %
A-x	15 %
Deux grosses cartes (valet à as)	9 %

Améliorations	Probabilité
Paire termine brelan	11 %
Deux cartes quelconques font paire à la prochaine	12 %
Deux cartes quelconques font paire invisible à la prochaine	6 %
Deux cartes quelconques terminent paire	28 %
Deux cartes quelconques terminent au moins paire	32 %

17

Le poker fermé

C'est le poker historique par excellence, celui qui était pratiqué aux débuts du jeu, sur le Mississippi vers 1840. Étant inadapté à la compétition, il tombe progressivement en désuétude.

> **Déroulement résumé**
> Chaque joueur reçoit cinq cartes fermées. Suit un tour d'enchères. Puis chacun change entre une et quatre cartes de sa main. Suit un deuxième et dernier tour d'enchères.

Le coup de poker fermé en 8 étapes

1. Le mélange des cartes

La « soupe », puis trois mélanges à l'effeuillage suivis de trois coupes en série.

Si le donneur fait partie du jeu, la donne est généralement suivie d'une coupe, faite par le voisin de droite, qui peut d'ailleurs la refuser.

Si le donneur ne fait pas partie du jeu (croupier), il marque le donneur virtuel par un « bouton », jeton spécial qui signale aux autres joueurs où commence le tour de parole.

2. Les blinds

Le joueur placé à gauche du donneur est le blindeur. Le joueur placé à gauche du blindeur est le surblindeur.

Le blindeur mise un blind, qui est une ouverture forcée.

Le surblindeur mise un surblind, qui est une relance forcée.

En général : surblind = 2 x blind. Par exemple : 100-200.

3. La donne préflop

Le donneur distribue cinq cartes, une par une, à chaque joueur.

4. Le premier tour d'enchères

C'est le joueur UTG (*under the gun*), c'est-à-dire celui qui est assis à gauche du surblindeur, qui commence. Il a le choix entre :
- passer (quitter le coup) ;
- payer, ou suivre (payer le surblind), ce qui le maintient ;
- relancer le surblind.

À la fin du tour d'enchères, on passe à l'étape suivante s'il reste au moins deux joueurs en lice. Sinon, le pot est attribué au dernier relanceur. (Voir notre chapitre 8 sur le tour d'enchères pour plus de détails.)

5. L'écart

Dans l'ordre du jeu, donc en commençant par le petit blind, les joueurs se défont d'un certain nombre de cartes de leur jeu dans le but de l'améliorer. Le donneur leur en donne autant en échange.

Si un joueur ne veut se défaire d'aucune carte, il se déclare « servi ».

6. Le deuxième tour d'enchères

Le premier des joueurs encore en lice a le choix entre :
– ouvrir,
– checker.

En checkant, le joueur ne mise rien mais se maintient dans le coup.

À la fin du tour d'enchères, on passe à l'étape suivante s'il reste au moins deux joueurs en lice. Sinon, le pot est attribué au dernier relanceur.

7. L'abattage

Les joueurs encore en lice abattent leurs mains respectives pour les comparer.

Le dernier relanceur doit abattre en premier, les autres joueurs abattant dans l'ordre de la parole après lui. Un joueur qui se voit battu a le droit de ne pas abattre son jeu. Il le jette et perd toute prétention au pot. On admet qu'un joueur peut abattre immédiatement s'il se pense gagnant, même s'il n'est pas dernier relanceur.

8. L'attribution du pot

Le pot est attribué au meilleur jeu abattu.

En cas d'égalité, le pot est partagé.

Gain prématuré

Il se peut que le coup ne respecte pas les huit étapes mais se termine avant. C'est le cas quand le dernier ouvreur ou relanceur n'est suivi par aucun adversaire, donc lors de l'étape 4 ou 6. Il empoche donc le pot sans avoir à montrer ses cartes.

Pratiques

Le poker fermé se pratique en *high* ou en *low*. Il porte alors le nom de « nullot ». (Voir le chapitre 12 consacré aux critères de gain.)

On joue au poker fermé dans deux limitations d'enchères :
– en *pot-limit*,
– en *no-limit*.

La pratique européenne se fait même essentiellement en *no-limit*, du fait qu'il n'y a qu'un seul tour d'enchères. Ce poker-là est celui qui est entré en France à la fin du xxᵉ siècle et qui a remplacé la bouillotte, qui était elle aussi jouée en *no-limit*.

Nos amis américains, eux, ont en plus une certaine pratique du poker fermé en limites fixes, surtout remarquée dans les familles. Le jeu est le plus souvent augmenté d'un joker. Si j'ai *un seul* conseil à vous donner, c'est de ne *jamais* pratiquer le poker avec un joker (qui peut remplacer n'importe quelle autre carte). L'avantage que cette carte donne à son heureux détenteur est trop décisif.

Le change de quatre cartes

Si un joueur veut se défaire de quatre cartes, le donneur lui en fournit d'abord trois, termine son tour de donne, puis lui en donne une quatrième après avoir servi tous les autres.

Si le demandeur de quatre cartes se trouve être le bouton, il reçoit trois cartes, le donneur brûle la suivante, puis donne la suivante au bouton.

Un seul joueur peut demander **quatre** cartes par tour de donne.
Aucun joueur ne peut demander à changer **cinq** cartes.

Je vous conseille chaudement de pratiquer le poker fermé au moins pendant une période. Comme nous ne possédons aucune information sur les cartes adverses, il apprend à nous habituer à décrypter l'adversaire.

L'ouverture minimum et le « passe-nullot »

De nombreux aménagements ont été apportés par les joueurs dans le poker fermé, dont beaucoup sont farfelus. Il en est un particulièrement distrayant : l'ouverture minimum.

Le donneur décide de fixer une combinaison minimum à posséder pour procéder à l'ouverture. Par exemple, paire de valets. Le joueur qui possède au moins cette main-là se déclare « ouvert » et peut ouvrir à la hauteur de son choix. À la fin du coup, qu'il l'ait ou non gagné, il devra prouver qu'il possédait bien cette combinaison en montrant ses cartes. Si le joueur ne possède pas la main minimum, il se déclare « fermé ».

Si personne ne possède cette combinaison minimum (autrement dit, si tout le monde s'est déclaré « fermé »), deux choses sont possibles selon la convention préalable :
– soit le coup continue mais cette fois on refait un tour de parole en « passe-nullot » : on ne joue plus « au gros » *(high)* mais « au petit » *(low)*, et, cette fois, sans combinaison minimum ;
– soit le coup s'arrête et un nouveau coup s'engage, avec cette fois une ouverture minimum supérieure (par exemple, on passe de paire de valets à paire de dames).

L'achat

Quand il n'est pas pratiqué avec des blinds, le poker fermé est pratiqué avec des *antes*. Dans ce système, les joueurs versent la même somme au pot, modique, avant de recevoir des cartes.

Le joueur assis à gauche du donneur a le droit ensuite d'*acheter*. Il paie un montant égal au pot et c'est son voisin de gauche qui parlera en premier lors du premier tour d'enchères. L'achat est donc une sorte de blind, un à-valoir sur ses enchères futures.

Le voisin de gauche de l'acheteur peut *sur-acheter*, en versant un montant double. C'est son voisin de gauche qui parlera en premier lors du premier tour d'enchères.

Les opérations d'achat et de sur-achat se font toujours *avant* de recevoir les cartes.

Exemples

Première donne :
deux paires 8-4. Je jette le sept pour tenter le full.

Deuxième donne :
deux paires 8-4 avec un as. Je n'ai pas touché le full.

Dans ce coup, j'ai jeté une seule carte pour essayer de toucher un huit ou un quatre et ainsi terminer full.

La donne en a décidé autrement et je touche finalement un as. Mais c'est toujours un as que n'a pas mon adversaire... On voit la subtilité du jeu ici. S'il a tiré trois cartes, il possède une paire et il peut ne pas avoir amélioré, auquel cas je suis toujours gagnant même avec ma petite double paire.

Première donne :
paire de rois. J'écarte le cinq et le quatre.

Deuxième donne :
deux paires rois-sept. Amélioration sensible.

Dans ce coup, j'ai préféré garder mon as en soutien à ma paire et ne tirer que deux cartes. Cette façon de faire diminue mes chances de terminer brelan mais elle augmente légèrement celles de toucher mon as. Finalement, je ne trouve pas mon as salvateur mais une paire supplémentaire, qui me fait deux paires aux rois.

Première donne :
paire de dames et quatre carreaux. Je décide de tenter les carreaux.

Deuxième donne :
ma couleur à la dame est rentrée.

Dans ce coup, j'ai préféré « casser » ma paire de dames à « casser » mon tirage à couleur. Cette décision peut dépendre de plusieurs facteurs, et notamment du nombre d'adversaires, du montant des enjeux et du nombre de cartes prises par mes adversaires (éléments que je connais si je suis en fin de parole).

> **Le poker de Las Vegas**
> En 1910, en partie à cause de « chiennes de garde » de la *Women's Civic League*, tenir une partie de jeu de hasard est devenu un délit au Nevada. Pourtant, le procureur général de Californie a déclaré que le *draw poker*, le poker fermé, reposait sur la *stratégie*, et donc que les lois antijeux ne pouvaient pas s'appliquer à lui (ce procureur jouait-il lui-même au poker ?).
> Conséquence : le poker n'a pas été interdit et a même prospéré. Pendant ces 21 années, il y a donc eu du poker mais pas de roulette à Las Vegas. Le 19 mars 1931, les casinos ont retrouvé une existence légale dans l'État du Nevada.

10 stratégies de base pour le poker fermé

1. Quand rester en jeu ?

– tirage à quinte et/ou à couleur (toujours quatre cartes, jamais trois) : ne rester en jeu que si le coup n'est pas cher et s'il y a du monde ;

– paire : si trop faible, passer sur une relance ; si moyenne, payer la relance ; si grosse, relancer ;
– grosse double paire : relancer ;
– carré : prendre une carte.

2. Le bluff au « servi »

Le bluff au « servi » est une bonne tactique, surtout en fin de parole. Il s'agit de se déclarer servi alors qu'on ne l'est pas. Après le tirage, il faut évidemment ouvrir assez haut. Cela peut faire passer des joueurs qui ont touché une petite quinte, et cela peut faire payer des joueurs qui ont une grosse double paire ou un petit brelan et qui ne vous croient pas. C'est pourquoi il vaut mieux faire ce bluff avec un gros brelan.

3. Dès que vous vous « sentez » battu, jetez votre main

Ne payez jamais « perdant » ni « mourant ».

4. La position est essentielle

Les bluffs de fin de parole sont efficaces. Il est rare qu'un joueur sans amélioration au tirage paie un tel bluff.

5. Le maquillage

Au tirage, vous n'êtes pas obligé de tirer trois cartes sur une paire et deux cartes sur un brelan. Vous pouvez à la place tirer respectivement deux cartes ou une. Les effets dans les améliorations :
– sur une paire, garder un as ou un roi ; cela augmente la probabilité de toucher double paire et abaisse celle de toucher brelan ou mieux ;
– sur un brelan, maquiller avec la plus petite carte ; cela abaisse la probabilité de faire carré et de faire full.

6. Règles du tirage
– avec une paire, tirez trois cartes ou maquillez ;
– avec deux paires, tirez une carte ;
– avec deux petites paires, jetez la plus petite et maquillez avec un roi ou un as ; en l'absence, tirez trois cartes ;
– avec brelan, maquillez systématiquement en gardant n'importe laquelle des deux cartes ;
– avec tirage à quinte/couleur (quatre cartes), tirez une carte ;
– avec carte isolée comportant as-roi, vous pouvez, si les circonstances sont bonnes (absence de relance), garder as-roi ou as-dame et tirer trois cartes ;
– ne jamais tirer quatre cartes.

7. Plus votre position est tardive, moins vous avez besoin d'un jeu fort pour participer au coup

Plus votre position est tardive et plus vous pouvez entrer avec des mains basses. Ce théorème est général au poker mais il est crucial en poker fermé. Relancer en début de parole implique d'avoir au moins une paire d'as, le plus souvent. Relancer en fin de parole quand personne n'a encore relancé peut se faire avec une paire de valets... alors que cette même paire de valets préférera passer si une relance a eu lieu avant elle.

8. Quand vous sentez que votre main est déjà battue au premier tour d'enchères, passez...

9. Le tirage d'une carte est le plus menaçant

Il peut émaner aussi bien d'un tirage à quinte, d'un tirage à couleur, de deux paires que d'un brelan maquillé. C'est le tirage qui vous donne le moins d'informations sur l'adversaire.

En revanche, le tirage le plus « éclairant » est le tirage de **trois** cartes, qui trahit la possession d'**une** seule paire, voire, dans certains cas, d'as-roi ou as-dame.

10. Déterminez vos enchères après le tirage d'après votre amélioration mais aussi d'après le tirage adverse

Par exemple, si vous obtenez deux paires aux rois, un adversaire qui a tiré trois cartes sera rarement meilleur que vous. Un autre qui a tiré une carte le sera peut-être s'il a relancé au premier tour, mais ne le sera probablement pas s'il a juste suivi une petite enchère (tirage).

Probabilités au poker fermé

Nombre de mains de départ différentes : 2 598 960.

Main de départ	Probabilité
Quinte flush	-
Carré	-
Full	0,1 %
Couleur	0,2 %
Quinte	0,4 %
Brelan	2 %
Double paire	5 %
Paire	42 %
Carte isolée	50 %

Amélioration	Probabilité sans maquillage	Probabilité avec maquillage
Paire fait double paire	16 %	17 %
Paire fait brelan	11 %	8 %
Paire fait full	1 %	1 %
Paire fait carré	0,2 %	0,1 %
Double paire fait full	9 %	–
Brelan fait full	6 %	6 %
Brelan fait carré	4 %	2 %
Tirage à quinte fait quinte	17 %	–
Tirage à couleur fait couleur	19 %	–

18

Les autres variantes

Les variantes du poker sont multiples, et chaque joueur pourrait même inventer sa propre version du jeu. En voici quelques-unes qui ont l'avantage d'être déjà pratiquées dans divers endroits du monde.

Pass-out

Dans cette variante, le check est interdit. Le joueur doit donc ouvrir, relancer, sur-relancer ou passer.

Ferguson

Dans cette variante, le premier joueur qui parle dans le premier tour d'enchères ne doit pas suivre : il ne peut que checker ou relancer. Idem si d'autres joueurs ont checké avant lui.

Cette variante est excellente pour développer le sens de l'agressivité.

Rami-poker

Le rami-poker est une variante du poker fermé. C'est typiquement un jeu de tripot, qui tient à la fois du poker et du rami, jeu de la famille du gin-rummy.

Il faut deux jeux de cinquante-deux cartes, quatre jokers et de quatre à sept joueurs. Chaque joueur mise un ante, puis reçoit de huit cartes (pour sept joueurs) à quatorze cartes (pour quatre joueurs). L'ouvreur doit payer au moins le montant du pot. Comme au poker, les joueurs suivants peuvent passer, suivre ou relancer.

Si le pot n'est pas ouvert, un nouveau coup a lieu à partir du pot en cours.

Si un seul joueur reste en lice, il ramasse le pot sans montrer ses cartes.

Si au moins deux joueurs restent en lice, il y a abattage et celui qui peut étaler le maximum de combinaisons (carrés, quintes, brelans...) encaisse le pot.

Il n'y a pas d'écart.

Vous ne pouvez pas vous imaginer les millions qui changent de main – et à quelle vitesse ! – aux tables de rami-poker.

Triple draw

C'est un poker fermé joué en bas (« nullot ») mais avec trois sessions d'écart pour améliorer son jeu... et donc quatre tours d'enchères successifs, ce qui forme des pots souvent importants.

Badugi

C'est une variante du *triple draw* qui nous viendrait d'Asie. Il s'agit de posséder quatre cartes, pas une de plus, et de viser ces trois objectifs, dans l'ordre de priorité :
– les quatre cartes doivent être *rainbow* (pique, cœur, trèfle et carreau) ;
– les quatre cartes doivent être de valeurs différentes ;
– les quatre cartes doivent être les plus basses possibles, l'as comptant pour 1.

La meilleure main possible est donc A-2-3-4 quadri-colore. Exemples :

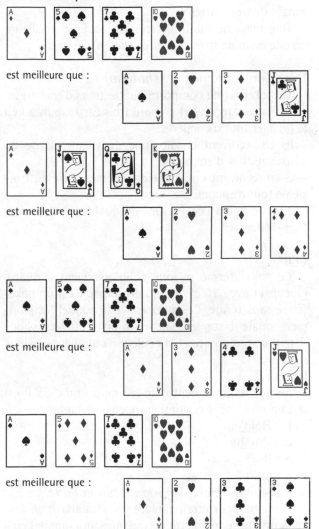

est meilleure que :

est meilleure que :

est meilleure que :

est meilleure que :

est meilleure que :

Une main *rainbow* est dite « main de quatre cartes ». Une main qui contient trois familles différentes est dite « main de trois cartes ».

Une main de quatre cartes est toujours meilleure qu'une main de trois cartes, quelle qu'elle soit.

Poker fermé progressif *(shotgun)*

Ce poker fermé comporte quatre tours d'enchères :
– Les joueurs reçoivent d'abord trois cartes, puis a lieu le premier tour d'enchères.
– Ils en reçoivent ensuite une quatrième, suivie du deuxième tour d'enchères.
– Ils en reçoivent enfin une cinquième, suivie du troisième tour d'enchères.

Ensuite a lieu l'écart, suivi du quatrième et dernier tour d'enchères.

Bluff

Ce poker fermé se joue obligatoirement à quatre joueurs et avec 20 cartes (du dix à l'as). C'est un poker fermé sans tirage. Ce poker est celui auquel les pionniers jouaient sur les bateaux à aube du Mississippi. *Attention* : la quinte et la couleur n'ont aucune valeur.

H.O.R.S.E.

Il s'agit typiquement d'un jeu de tournoi, où il est fait un roulement continu entre cinq variantes :
  H : Hold'em
  O : Omaha
  R : Razz
  S : Stud à 7 cartes
  E : Stud à 7 cartes *high-low (Eight or better).*

L'Omaha peut être remplacé par l'Omaha *high-low.* Voilà une belle brochette de variantes, qui donne lieu à de gros tournois où s'affrontent les plus grands joueurs. Seuls les joueurs les plus polyvalents y gagnent.

En pratique, cette variante se joue surtout en tournoi. Soit on change de poker tous les 10 coups, soit à chaque niveau de blinds.

S.H.O.E.

Là encore, il s'agit d'un roulement entre plusieurs variantes :

S : Stud à 7 cartes

H : Hold'em

O : Omaha

E : Stud à 7 cartes *high-low (Eight or better)*.

Chicago

Dans cette variante du stud à 7 cartes, le pot est partagé entre la main la plus haute et le détenteur du pique le plus haut. Si le même joueur cumule les deux, il empoche la totalité du pot. Si par extraordinaire aucun joueur en lice ne possède de pique, le pot revient entier à la main la plus haute.

Assomption

L'assomption est une variante du stud à 7 cartes. Ce poker, décrit dans l'ouvrage *Poker d'âmes* de Tim Powers, a-t-il seulement été joué un jour ? En tout cas, voici sa description de ce poker déjanté (dans le livre, les joueurs pratiquent avec des cartes de tarot ; nous présentons ici la version avec cartes normales).

L'assomption se joue de 6 à 13 joueurs. Chaque joueur reçoit trois cartes, données comme au stud à 7 cartes (deux fermées et une ouverte). Puis vient un premier tour d'enchères. Important : quand un joueur passe, ses cartes restent sur le tapis en l'état.

Chaque joueur reçoit une quatrième carte, ouverte, suivie d'un deuxième tour d'enchères. À partir de là, aucune nouvelle carte ne va être donnée.

Ce deuxième tour d'enchères clos, a lieu une « foire aux mains ». Chaque joueur encore en lice peut acheter la main d'un autre (y compris une main de trois cartes). Le prix de vente est discuté entre l'acheteur et le vendeur, puis versé immédiatement au vendeur, qui pousse ses cartes vers l'acheteur. Ce faisant, le vendeur devient partenaire de la main de l'acheteur, lequel, s'il gagne le pot, devra lui reverser 10 %.

Quand la foire est finie, chaque joueur qui reste possède :

– soit quatre cartes s'il n'a pas acheté de main ;
– soit sept cartes s'il en a acheté une de trois cartes ;
– soit huit cartes s'il en a acheté une de quatre cartes.

Chaque joueur restant dispose devant lui sa main complète, en gardant ouvertes les cartes initialement ouvertes et en gardant fermées les cartes initialement fermées.

A lieu alors le dernier tour d'enchères, qui se déroule comme un tour normal, clos par un abattage ou par l'attribution d'office du pot au dernier relanceur non suivi.

Dans ce jeu, un joueur peut terminer gagnant d'une partie sans avoir jamais combattu, simplement en ayant vendu sa main à des joueurs qui ont remporté le pot ou l'Assomption.

Les prix d'achat des mains sont libres mais ils ne peuvent logiquement dépasser ce que le pot peut remporter, net, à l'acheteur. Si celui-ci accepte un prix plus élevé, c'est que les deux cartes visibles de la main adverse lui suffisent pour obtenir une main quasiment imbattable (carré, quinte flush, etc.). L'idéal, pour le vendeur, est de vendre sa main au moins au prix des enchères précédentes, car ainsi il récupère au moins sa mise et garde une chance de toucher 10 % du pot final. La « foire aux mains » constitue un nouveau type de bluff.

L'assomption

Quand un joueur a perdu l'abattage, il peut demander « l'assomption » à son adversaire, lequel est obligé de l'accepter. Il s'agit de jouer le pot à quitte ou double. Pour ce faire, le perdant doit doubler le pot (quitte à racheter une ou plusieurs caves pour y parvenir).

A lieu ensuite la donne d'une seule carte à chacun des deux joueurs. Ils abattent ensemble, et c'est le possesseur de la plus forte carte qui gagne. En cas d'égalité, une nouvelle donne d'assomption a lieu dans les mêmes conditions que la précédente.

À noter que :
– si deux joueurs ou plus perdent à l'abattage, seul un d'entre eux peut demander l'assomption ;
– si le gagnant du pot est battu à l'assomption, il perd le pot entier et son partenaire ne touche rien ;
– le gagnant de l'assomption doit reverser 10 % du nouveau pot à son partenaire.

Irish poker

Il existe plusieurs versions d'irish. Le principe consiste à terminer le coup comme un Texas hold'em mais en le démarrant avec plus de cartes, que l'on écarte au fur et à mesure.

Irish à 6 cartes

Chaque joueur reçoit 6 cartes. Il en écarte 2 après le premier tour d'enchères, puis 2 autres après le deuxième tour d'enchères.

Irish à 4 cartes

Chaque joueur reçoit 4 cartes.
– soit il en écarte 2 après le premier tour d'enchères ;
– soit il en écarte une après le premier tour d'enchères, puis une autre après le deuxième tour d'enchères.

Irish à 3 cartes (aviation)

Chaque joueur reçoit 3 cartes. Il en écarte une après le premier tour d'enchères, puis une autre après le deuxième tour d'enchères.

Double hold'em

Comme son nom l'indique, le croupier établit deux tableaux au lieu d'un. Le joueur fait donc des combinaisons avec deux tableaux au lieu d'un.

À la fin du coup, le pot est partagé entre les deux joueurs qui possèdent la meilleure main sur chaque tableau. S'il s'agit du même joueur, il y a *scoop*.

Courchevel

C'est une variante de l'Omaha. Chaque joueur reçoit 5 cartes et dès le départ, une carte commune est retournée face en l'air.

Puis le flop est complété avec 2 cartes supplémentaires.

Le coup se termine comme un Omaha à 5 cartes, avec une *turn* et une *river*. Le Courchevel peut être joué *high* ou *high-low*.

Mexicain

Cette variante de l'Omaha fait peser quasiment tout le poids de la chance sur la dernière carte retournée. Je la dois au journaliste Jean-Jacques Bloch qui l'appréciait beaucoup... et qui en est peut-être l'inventeur.

La donne de départ est la même qu'en Omaha, mais au lieu d'un tableau de 5 cartes le donneur va retourner... 8 flops ! Comment est-ce possible ? Simplement en formant un carré de 3 x 3 cartes :

2	1	2
1	3	1
2	1	2

Après le premier tour de donne, le donneur commence par former un carré de 9 cartes faces en bas.

Il retourne les 4 cartes des *côtés*, marquées ici d'un « 1 », dans l'ordre qu'il veut. Le deuxième tour d'enchères a lieu.

Puis il retourne les 4 cartes des *coins*, marquées ici d'un « 2 », dans l'ordre qu'il veut. Le troisième tour d'enchères a lieu.

Enfin il retourne la carte du *milieu*, marquée ici d'un « 3 ». Le quatrième et dernier tour d'enchères a lieu.

Pour connaître sa combinaison finale, le joueur marie 2 cartes de sa main avec l'un des 8 flops possibles :
– les 3 flops horizontaux,
– les 3 flops verticaux,
– les 2 flops diagonaux.

Cette variante se joue en *high* ou en *high-low*.

Pokers de contrepartie

Je parle ici de ces jeux pour mémoire, mais ils ne présentent qu'un intérêt limité. Contrairement aux pokers « pur sucre » qui opposent des joueurs entre eux, ces pokers-là opposent des joueurs à un *croupier* qui travaille pour un casino ou un club. Comme ces jeux-là sont tous déséquilibrés au détriment du joueur, les pratiquer à long terme fait perdre de l'argent. Ce n'est pas le cas dans le poker « normal » pour le joueur qui affronte des adversaires moins forts que lui.

Stud poker de casino (Caribbean stud)

Attention : ce jeu n'a strictement rien à voir avec le stud à 5 ou 7 cartes...

Table de Stud Poker Caro Développement

Le nombre de joueurs assis est de sept. Les joueurs ne disposent que d'une seule main chacun. Devant les joueurs se trouve une zone de mise découpée en trois portions marquées « *ante* », « cartes » et « relance » :

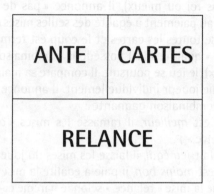

Les joueurs misent le montant de leur choix sur la case « *ante* ».

Le croupier distribue une carte pour chaque main, face cachée. À l'issue de ce premier tour, il se donne une carte. Il effectue quatre autres tours, toujours dans le même ordre, en distribuant une carte à chaque main et une à lui-même. Les cartes sont distribuées faces cachées, sauf la cinquième carte du croupier qui est exposée face visible.

Les joueurs prennent connaissance de leur main et décident de *renoncer* ou de *relancer* :

– s'il *renonce*, le joueur annonce « passe » et pose ses cartes, faces cachées, sur la case « cartes ». Le coup est terminé pour lui. Le croupier ramasse la mise, étale les cartes, les compte puis les brûle ;

– s'il *relance*, le joueur place le *double* de la mise initiale dans la case marquée « relance » et repose ses cartes, faces cachées.

Quand chaque joueur s'est déterminé, le croupier expose sa main face visible et met en évidence sa meilleure combinaison :
– s'il n'est pas « qualifié » (s'il ne possède pas la combinaison as-roi ou mieux), il annonce « pas de jeu » et procède au paiement à égalité des seules mises « *ante* ». Il ramasse toutes les cartes et le coup est terminé ;
– s'il est « qualifié » (s'il possède la combinaison as-roi ou mieux), le jeu se poursuit. Il compare sa main à celle de chaque joueur individuellement. Il annonce à haute voix la combinaison gagnante :
   – s'il est *meilleur*, il ramasse les mises « *ante* » et « relance » ;
   – s'il fait *jeu égal*, il laisse les mises du joueur ;
   – s'il est *moins bon*, il paie à égalité la mise « *ante* » et paie la mise « relance » selon le barème ci-dessous.
Quel que soit le cas de figure, le croupier enlève les cartes, main par main et de droite à gauche, et les dispose dans le réceptacle. Il brûle les siennes en dernier lieu.
Voici le barème du paiement des combinaisons :

Combinaison	Gain
paire	1 fois la mise « relance »
deux paires	2 fois la mise « relance »
brelan	3 fois la mise « relance »
quinte	5 fois la mise « relance »
couleur	8 fois la mise « relance »
full	10 fois la mise « relance »
carré	20 fois la mise « relance »
quinte flush	50 fois la mise « relance »
quinte royale	100 fois la mise « relance »

Bonus :

Le bonus est une mise supplémentaire dont le montant est égal à 1/5 du minimum pratiqué. Il permet au joueur de percevoir un gain en plus du paiement de sa relance gagnante, à condition d'avoir dans son jeu une combinaison au moins égale à la couleur.

Ce gain lui est acquis même si le croupier n'est pas qualifié. Si le croupier est qualifié mais bat le joueur, ce dernier ne perçoit pas le bonus et perd sa mise.

Voici le barème du paiement des combinaisons en misant sur le bonus :

Combinaison	Gain « bonus »
couleur	100 fois la mise
full	150 fois la mise
carré	1 000 fois la mise
quinte flush	2 000 fois la mise
quinte royale	5 000 fois la mise

L'échange d'une carte

Pour améliorer son jeu, le joueur peut décider d'échanger une carte pour le montant de sa mise initiale. Pour cela, en même temps qu'il « relance », le joueur place la carte dont il veut se défausser sur la « bande de paiement » portant généralement l'inscription « la banque joue avec as-roi ou mieux ». La mise est placée sur la carte.

Le croupier, dans l'ordre de distribution, donne au joueur une carte ouverte, qu'il place devant la carte défaussée, avant de ramasser celle-ci ainsi que la mise. Le joueur ne touche à aucun moment la nouvelle carte.

L'achat d'une carte entraîne la perte du bénéfice du bonus dont la mise est aussitôt récupérée par le croupier.

Quelques mots de stratégie :
- relancez quand vous avez au moins une paire ;
- relancez quand vous avez as-roi et quand vous détenez la même carte que la carte du croupier ;
- d'une manière générale, relancez avec au moins A-K-J-8-3.

Pok'21

Le pok'21 est un mélange de blackjack et de poker. On le rencontre dans les cercles français.

Chaque joueur a devant lui une case « poker » et une case « 21 » :
- sur la case poker, il mise un minimum très bas ;
- sur la case 21, il mise un minimum plus élevé.

Ces deux minima peuvent être, par exemple, de 2 euros et de 20 euros.

Deux phases ont alors lieu, une phase blackjack et une phase poker.

Phase blackjack. Le croupier fait la même donne qu'au blackjack, à ceci près que le joueur ne peut pas s'assurer contre le blackjack du donneur.

Phase poker. Quand la phase « blackjack » est terminée et les paiements faits, le donneur complète son jeu le cas échéant, jusqu'à atteindre cinq cartes. La combinaison de poker ainsi formée paie les mises des cases poker selon un barème précis.

Quelques mots de stratégie :
Il s'agit ici d'un blackjack déguisé. Donc la meilleure façon de jouer sera trouvée dans les guides stratégiques de blackjack. Notez en outre que le paiement obligatoire sur la case « poker » fait perdre 3 % supplémentaires au joueur.

Poker à trois cartes (three-card poker)

Ce jeu est disponible en France dans certains cercles, en Europe dans certains casinos, et aux États-Unis dans de nombreux casinos.

Le poker à trois cartes propose trois façons de miser et quatre façons de gagner. Cette variante tient à la fois du stud poker des Caraïbes (surtout joué sur les paquebots, mais aussi très répandu dans les casinos français) et du brag, qui est un ancien jeu anglais à trois cartes.

La table est similaire à celle de blackjack, en forme de demi-lune, avec un croupier d'un côté et jusqu'à sept joueurs en face de lui. L'objectif des joueurs est de battre la main du croupier.

Avant les cartes, chaque joueur poste un *ante* (compris dans une fourchette spécifiée à la table) dans la case « *ante* » et/ou dans la case « pair-plus » devant le croupier.

Le croupier donne trois cartes à chaque joueur et à lui-même.

Un joueur qui mise sur « pair-plus » et termine avec au moins paire touche un gain qui dépend d'un barème inscrit sur la table. Si le joueur bat le croupier (dames ou mieux), il est payé selon ce barème.

Dans ce poker-là, la couleur est plus facile à toucher que la quinte, elle-même plus facile à toucher que le brelan, comme le montre le barème :

Gain du « pair-plus »	
Une paire	1 contre 1
Couleur	4 contre 1
Quinte	6 contre 1
Brelan	30 contre 1
Quinte flush	40 contre 1

Gain de l'« *ante* bonus »	
Quinte	1 contre 1
Brelan	4 contre 1
Quinte flush	5 contre 1

Stratégie de base :
Jouez toujours une main qui vaut au moins Q-6-4.

Let it ride

Vous trouverez le *let it ride* en premier lieu dans les casinos américains, mais on le trouve aussi dans des casinos européens ainsi que dans certains cercles français.

Le joueur pose une mise égale dans les trois cases qui figurent devant lui. Il reçoit trois cartes fermées, puis il demande au donneur soit de retirer l'une des trois mises (qui sera rendue au joueur en fin de coup), soit de la faire glisser sur la case « let it ride », ce qui l'engage définitivement.

Le croupier pose une carte ouverte devant lui. Cette carte sert à tous les joueurs pour former leur combinaison. Une fois de plus, le joueur demande au donneur soit de retirer l'une des deux mises restantes (qui sera rendue au joueur en fin de coup), soit de la faire glisser sur la case « let it ride », ce qui l'engage définitivement.

Le croupier pose une deuxième carte ouverte devant lui. Une dernière fois, le joueur demande au donneur soit de retirer sa mise restante (qui sera rendue au joueur en fin de coup), soit de la faire glisser sur la case « let it ride », ce qui l'engage définitivement.

La combinaison réussie au final est payée par le croupier selon le barème affiché. Si vous avez au moins une paire de dix, vous êtes payé selon le barème. Si vous avez moins d'une paire de dix, vous perdez les mises que vous avez engagées.

Barème du « let it ride »	
Quinte royale	1 000 contre 1
Quinte flush	200 contre 1
Carré	50 contre 1
Full	11 contre 1
Couleur	8 contre 1
Quinte	5 contre 1
Brelan	3 contre 1
Deux paires	2 contre 1
Paire de dix ou mieux	1 contre 1

Quelques mots de stratégie :

Avec trois cartes, laissez la mise si vous avez :
une main payable (dix ou mieux, brelan)
trois cartes comprises dans une quinte royale
trois cartes consécutives sauf 2-3-4 et A-2-3
Avec quatre cartes, laissez la mise si vous avez :
une main payable (dix ou mieux, deux paires, brelan)
quatre cartes comprises dans une quinte flush
quatre cartes comprises dans une couleur
quatre cartes consécutives

Pai gow poker

Le jeu du pai gow poker combine les dominos chinois du jeu pai gow et le poker de base. Cette variante est peu répandue en Europe. On la rencontre davantage aux États-Unis, dans les régions où la communauté asiatique est présente.

Le jeu comporte 53 cartes (52 cartes plus un joker). Le joker peut être un as ou compléter une quinte ou une couleur. Un dé désigne le premier joueur, puis chaque

joueur reçoit sept cartes, qu'il divise en deux mains (*split*) :
– une main de cinq cartes dite *high* ;
– une main de deux cartes dite *low*.

Le croupier fait de même. *Attention* : dans les deux cas, il s'agit de former le main la plus haute possible, mais la main *high* doit être plus haute que la main *low*.

Quand les mains sont comparées avec celles du croupier, 3 cas se présentent :
– le joueur gagne sur l'une mais pas sur l'autre : il y a égalité (41 % des cas) ;
– le joueur perd sur les deux : il perd sa mise (30 % des cas) ;
– le joueur gagne sur les deux : sa mise est payée (29 % des cas).

D'autre part, le pai gow poker permet de devenir banquier. Dans ce cas, vous avancez l'argent à la caisse, le croupier fait les paiements et les encaissements comme voulu, ce qui réduit l'avantage de la maison à environ 1 %.

Quelques mots de stratégie :

Les casinos splittent à peu près toujours de la même manière. La main la plus difficile à splitter est la double paire. Par exemple :
– deux petites paires : splitter sauf si roi ou as ;
– paires petite et moyenne : splitter sauf si roi ou as ;
– paires petite et haute : splitter sauf si as ;
– deux paires moyennes : splitter sauf si as ;
– paires moyenne et haute : toujours splitter ;
– deux paires hautes : toujours splitter ;
– paire d'as et autre paire : toujours splitter.

(*Petite carte = 2 à 6 ; carte moyenne = 7 à 10 ; carte haute = valet+.*)

Pour répliquer de la meilleure manière, vous devez toujours splitter sauf dans deux cas :
1. Somme des rangs = 9 ou moins, avec un roi ou un as
2. Somme des rangs = 15 ou moins, avec un as.

La «somme des rangs» n'est autre que les deux valeurs de la double paire ajoutées. Par exemple, la double paire 9-6 a une somme des rangs de 15 (9 + 6). Les cartes hautes ont ces valeurs :
– valet = 11,
– dame = 12,
– roi = 13,
– as = 14.

19

Récapitulatif des principales variantes

Ce tableau montre en un seul coup d'œil les principales variantes du poker qui représentent plus de 95 % de la pratique mondiale du poker.

	POKER FERMÉ			POKER OUVERT								
				tableaux						affichages (stud)		
				Texas HE			Omaha			Stud 7 cartes		
tours d'en.	2			4			4			5		
	high	low	high-low	h	l	hl	h	l	hl	high	low	high-low
limites fixes	0	0	0	3	0	0	2	0	3	3	3	3
spread limit	0	0	0	1	0	0	1	0	1	1	1	1
pot-limit	2	1	0	2	0	0	3	0	2	2	2	2
no-limit	3	3	0	2	0	0	1	0	1	0	0	0

Il existe deux grandes familles :
- les pokers fermés, en voie d'extinction,
- les pokers ouverts, en voie d'expansion.
  Les pokers ouverts se divisent en :
- jeux à tableaux (Texas hold'em, Omaha),
- jeux à affichage (stud).

Il existe quatre types d'enchères :
- les limites fixes,
- le *spread limit,*
- le *pot-limit,*
- le *no-limit.*

Il existe trois critères de gain :
- *high,*
- *low* (nullot),
- *high-low.*

Il existe quatre niveaux de pratique :
- 0 : inexistante,
- 1 : rare,
- 2 : répandue,
- 4 : dominante.

20

Éthique : les dix commandements du joueur de poker

Le poker n'est pas réputé pour son éthique et c'est dommage, car c'est au poker que j'ai trouvé les conventions les plus respectueuses de l'individu. Ces dix commandements éthiques du joueur balisent la route d'une pratique saine.

1. Tu parleras quand c'est à ton tour de le faire

« Chaque chose en son temps ». Le poker est un jeu d'information parcellaire et un joueur peut donner une information à un autre, sans le vouloir, en parlant avant son tour.

Dès lors la règle est écrite : quand un joueur parle avant son tour, il doit respecter son engagement sauf si un joueur qui devait parler avant lui relance.

Par exemple, vous êtes assis en siège n° 8 et vous dites « *all-in* ». Hélas, vous n'avez pas vu que le joueur n° 7 était encore dans le jeu. Deux cas se présentent :
– Si ce joueur relance, vous pouvez vous désister et ne pas relancer *all-in*. Vous pouvez même passer.

– Mais s'il se limite à suivre ou à passer, vous devez maintenir votre relance à tapis.

Le temps n'est pas une denrée rare au poker. Il est savamment mis à disposition des joueurs. Apprenez à être patient et à suivre les choses à leur rythme. Cela contribuera à vous contrôler nerveusement.

2. Tu seras courtois en toutes circonstances

La courtoisie est un lubrifiant qui permet aux rouages de la vie en société de tourner sans grincer. Faisons usage de ce lubrifiant.

La courtoisie fera de vous un joueur apprécié et n'enlèvera rien à vos qualités de joueur. Mieux : il est toujours plus supportable de se faire battre par quelqu'un de courtois que par un mauvais coucheur.

En marge de ce commandement en figure un autre : *Tu abattras le premier quand tu auras le jeu max.* Là encore il s'agit de courtoisie, d'une règle du bien vivre ensemble. Il n'est pas acceptable qu'un joueur décide de laisser son adversaire dans le suspense final alors qu'il sait qu'il a déjà coup gagné.

Gagner, oui, mais avec le respect d'autrui. D'ailleurs les joueurs qui adoptent des attitudes discourtoises doivent s'attendre à ce qu'un jour un adversaire en use à leur égard.

3. Tu ne commenteras pas les coups

Jouer au poker n'est pas œuvré au café du commerce. Certains joueurs ne peuvent pas s'empêcher de commenter les coups au point que cela devient insupportable.

Le commentaire vient toujours après la bataille. Il est d'autant plus inutile qu'une autre bataille s'engage aussitôt, puis une autre, et encore une autre. Et il est d'autant moins admissible que son auteur est en dehors du coup.

Pire encore est le commentaire qui *précède* l'action : « Ce flop permet l'apparition d'une couleur », « Avec une telle relance, tu vas devoir passer, c'est sûr », etc.

Les grandes parties entre joueurs affûtés se font dans un quasi-silence. Non parce que les joueurs s'ennuient mais parce que leur plaisir du jeu est intense.

4. Tu garderas le secret des cartes

La magie du poker repose sur le secret des cartes. Vous devez faire tout ce qui est en votre pouvoir pour ne pas le violer :
– ne pas exposer vos cartes inconsidérément ;
– signaler quand une carte est marquée pour changer de jeu ;
– ne pas fouiller dans le jeu à la fin du coup pour voir « ce qui serait tombé si le coup avait continué » (« chasse au lapin »), etc.

Pire encore : il existe certains joueurs qui « ne font pas exprès » de retourner les cartes des adversaires qui viennent de passer ou, mieux, de ceux qui viennent de gagner le coup faute de combattants !

Si quelqu'un vous demande quelles cartes vous aviez dans le coup qui vient de se terminer, soyez franc :
– dites-lui que vous les gardez pour vous,
– ou avouez-lui vos cartes réelles.

5. Tu ne joueras pas à la place d'un autre joueur

Le poker est le paroxysme du jeu individuel. C'est un jeu hautement subjectif où les cartes et les enchères s'augmentent de la personnalité même des joueurs.

Un joueur ne peut donc pas en remplacer un autre. Ou, s'il le fait, c'est pour un remplacement définitif à l'échelle de la partie.

6. Tu tiendras parole

Si tu t'engages à quelque chose au poker, tiens toujours parole. Le poker est en marge du monde du jeu d'argent et il n'a rien de commun avec des jeux de contrepartie comme la roulette. Le poker est noble parce que jouer au poker est noble. Celui qui n'a pas compris cela n'a pas non plus compris qu'il engageait sa personne propre dans le jeu.

Une partie de poker où les joueurs ne peuvent pas se faire confiance les uns aux autres ne peut pas se poursuivre. J'ai vu quelques trahisons dans ma vie. Celles qui ont eu lieu à une table de poker ont banni le traître à vie. C'est dans le monde du poker que je vois le plus de confiance mutuelle, plus encore que dans le monde des affaires, où les contrats écrits s'imposent pour éviter les dérapages. Au poker, la parole suffit. Mais elle doit être honorée.

Un joueur que je connais bien avait une difficulté passagère pour récupérer 13 000 euros qu'il disait avoir laissés dans un casino aux Pays-Bas. Or, il avait impérativement besoin de cette somme pour débloquer une affaire. Étant en France à ce moment, j'ai immédiatement viré cette somme sur le compte de son partenaire. Et une semaine après, les 13 000 euros passaient de ses mains aux miennes. S'il ne l'avait pas fait, il serait « mort » pour le poker français.

Que peut-on promettre à une table de poker ? D'abord, de payer ses dettes. C'est la moindre des choses si la table vous donne la facilité de ne pas payer vos caves au fur et à mesure. Vous pouvez aussi promettre des choses plus mineures, comme de montrer vos cartes en fin de coup même si personne ne suit (pour ma part, je ne m'y engage jamais). Vous pouvez aussi promettre de revenir jouer le lendemain, de jouer jusqu'à telle heure, etc. Aussi ténue soit-elle, la promesse doit être tenue.

7. Tu ne joueras pas quand tu auras besoin d'argent

Certains joueurs s'imaginent assez forts de caractère pour ne pas lutter contre la tentation, alors qu'une tentation devient de plus en plus vive au fur et à mesure qu'on la combat.

Or, une tentation ne se combat pas de front, elle se *contourne*. Par exemple en la remplaçant par une autre, ce qui détourne votre esprit.

Croire que la partie de poker va vous amener l'argent dont vous avez besoin est une erreur de collégien. Rappelons que le jeu d'argent est un contrat dit « aléatoire ». Comme son nom l'indique, son résultat n'est jamais sûr à l'avance.

En plus, celui qui joue dans cet état d'esprit ne joue pas comme celui qui gère un budget jeu. Il est soumis à une pression supplémentaire. Il est donc plus sensible aux aléas, interprète moins bien les faits du jeu, prend des décisions moins précises... Il a donc un handicap de fait par rapport à ses adversaires qui ont l'esprit libre.

En s'imposant l'objectif de sortir gagnant d'une partie, le joueur réduit ses chances mêmes de réaliser son objectif. Et s'il ne le réalise pas, sa souffrance en est encore plus forte car il a commis un acte qu'il voulait éviter à tout prix... sans comprendre qu'il a été son propre bourreau.

Comment faire alors ?

Ne pas jouer. Attendre que les conditions pour un jeu serein soient à nouveau réunies.

8. Tu n'emprunteras pas d'argent et tu n'en prêteras pas non plus

Savez-vous que la loi française se dérobe quand il s'agit de venir en aide à quelqu'un qui n'arrive pas à se faire payer une dette de jeu ? Si vous ne me croyez pas, consultez donc les articles 1965 et 1967 du Code civil*.

Dans la mesure où la loi elle-même ne peut rien pour vous, pourquoi prendre des risques ? D'ailleurs, c'est une conduite sage que d'éviter de prêter de l'argent à ses amis. À plus forte raison à un joueur.

Apparaît vite le malsain : prêter à un joueur qui perd paraît généreux car cela donne l'occasion au débiteur de se « refaire » aux dépens du prêteur ! Alors qu'il n'en est rien. On a déjà vu des clubs accepter de faire crédit à des joueurs perdants dans l'unique but de leur demander des « services » ensuite. Je ne vous dirai pas lesquels mais ils ont pignon sur rue. Ce prêt n'est consenti que parce que le prêteur sait d'avance qu'il ne sera pas remboursé... du fait du jeu compulsif de l'emprunteur. On obtient ce qu'on veut d'un joueur qui vous doit de l'argent.

* _Article 1965 du Code civil_ : « La loi n'accorde aucune action pour une dette du jeu ou pour le paiement d'un pari. »

Article 1967 du Code civil : « Dans aucun cas le perdant ne peut récupérer ce qu'il a volontairement payé, à moins qu'il n'y ait eu, de la part du gagnant, dol, supercherie ou escroquerie. »

9. Tu signaleras les imprudences une fois

Un joueur qui donne des informations involontaires sur son jeu ou sur sa stratégie doit en être averti. Si mon voisin de droite ne couvre pas assez ses cartes au moment d'en prendre connaissance, je le lui signale. Il ne s'en rend évidemment pas compte, donc je lui dois ce service. En plus, je ne vois pas quel avantage moral je retirerai de gagner contre un joueur dont je connais déjà les cartes.

Mais aucun joueur n'est appelé à devenir la nurse d'un autre joueur. Donc signaler l'imprudence *une seule fois* suffit. Au-delà, l'adversaire commet une erreur de jeu, non plus une imprudence. Ce qui n'empêche pas que, après la partie, vous devez la lui signaler à nouveau.

Les *tells* et autres failles gestuelles qui trahissent les pensées d'un joueur ne font pas partie des imprudences propres au jeu. Elles sont donc exploitables.

10. Tu accepteras de perdre

Le joueur professionnel perd comme les autres. Simplement, quand il perd, il perd moins que les autres – et quand il gagne, il gagne plus que les autres.

Sur cent parties, il est gagnant. Sur une partie isolée, personne ne peut prétendre à l'avance – et surtout pas lui – qu'il va gagner, quels que soient ses adversaires.

Faites comme lui. Ce n'est jamais drôle de perdre mais perdre est comme avoir une herbe trop haute dans le gazon ras. Le gazon ras a plusieurs herbes hautes isolées mais, vu dans son ensemble, le gazon est bien ras. Et le gagnant est bien gagnant sur l'ensemble.

Troisième partie

La pratique domestique

Il vaut mieux commencer à jouer au poker chez soi, dans un environnement familier et avec des gens qu'on connaît, que de se lancer dans des parties qui nécessitent une expérience minimum.

La pratique du poker à la maison est idéale à cet égard. Le poker est devenu ces dernières années un véritable divertissement auquel s'adonnent de plus en plus de gens, amoureux ou non des jeux de cartes. Sa convivialité, ses rebondissements en font un jeu d'exception pour presque tous les âges.

Dans cette partie, vous allez découvrir les détails de cette pratique domestique, des conseils, des suggestions...

21

Le matériel

Même s'il est vrai que le poker n'est qu'un jeu de cartes (ce qui est encore à discuter !), les cartes ne suffisent pas pour y jouer. Un matériel minimum s'impose.

1. Le matériel indispensable

Les cartes

Il vous faut un jeu de 52 cartes. Quand vous l'achetez et quand vous le décachetez, vous vous apercevez qu'il ne contient pas 52 cartes mais le plus souvent 55. Les cartes en plus sont les jokers et une ou deux cartes publicitaires.

Jetez donc jokers et cartes publicitaires pour ne conserver que les 52 cartes dont vous vous servirez.

> **Tarot**
> Il est tout à fait possible de jouer au poker avec des cartes d'un jeu de tarots. Il suffit de retirer les vingt et un atouts, l'excuse et les cavaliers.

Plusieurs éléments constitutifs des cartes peuvent varier :

Le dessin

Il existe deux dessins principaux : le portrait français et le portrait anglais.

Carte	Portrait français	Portrait anglais
Valet	V	J
Dame	D	Q
Roi	R	K
As	1	A

Les deux portraits de carte : français et anglais.

Le format

Il existe trois formats principaux.

Désignation	Format
Portrait français	55 x 84 mm
Portrait anglais bridge	58 x 88 mm
Portrait anglais poker	63 x 88 mm

Les trois formats principaux : poker, bridge et français.

Le format bridge fait recette
Curieusement, les plus grands clubs et casinos mondiaux de poker ont adopté le format... bridge. Le format poker est davantage utilisé par les illusionnistes pour leurs manipulations.

La grosseur des index
Les index sont les indications qui figurent aux coins des cartes. Quand elles sont deux fois plus grosses qu'habituellement, il s'agit de « *jumbo index* » et l'identification des cartes est facilitée, surtout pour les joueurs dont la vue baisse.

Cartes « jumbo index »

Le nombre d'index

Certaines cartes ont quatre index (c'est le cas de la carte format bridge ci-avant) tandis que d'autres en ont deux.

Les quatre index permettent aux cartes d'être vues en éventail *dans les deux sens*, donc aussi bien par des gauchers que par des droitiers. Ce n'est pas le cas des cartes à deux index, plus répandues dans les pays anglo-saxons, qui ne sont lisibles que dans le sens du droitier.

Les cartes à quatre index posent problème en stud à 7 cartes. Un joueur qui se situe à l'autre bout de la table pourra voir, au lieu d'une paire étalée, un brelan. Ou au lieu d'une carte perdue parmi d'autres, une paire. Les cartes à deux index n'ont pas cet inconvénient de lecture.

> **Cartes de casino**
> Les cartes des casinos américains sont différentes. Comme les « bûches » (dix, valet, dame, roi) servent avant tout au blackjack et comme ce jeu attribue aux bûches un rôle à part, l'index des autres cartes est descendu de quelques millimètres. Cela permet en outre aux « lecteurs de blackjack » (viseurs optiques placés au ras de la table) de déterminer sans erreur si la carte est une bûche ou non.
> Ces cartes un peu particulières ne sont pas forcément utilisées aux tables de poker dans les casinos, où les cartes plastique classiques prévalent souvent.

La matière

Il existe des cartes en carton plastifié et d'autres 100 % plastique. Les meilleures cartes en carton sont réalisées avec trois couches de fibres en sens inversés, la couche centrale étant noire pour assurer une meilleure opacité de la carte.

Les cartes plastique sont ultra-résistantes, y compris à l'eau. Mais elles supportent mal d'être laissées longtemps au soleil, ce qui les craquelle et les déforme.

> **Préservez l'anonymat des cartes**
> Quelle que soit leur matière, les cartes s'abîment de toute façon. Au poker, l'anonymat des cartes est *primordial*. Dès qu'une seule carte devient marquée, déformée ou abîmée au point qu'on puisse la reconnaître en en regardant le dos, il faut changer de jeu.

Les jetons

Non, ne jouez pas au poker directement avec de l'argent ! Utilisez des jetons ou des objets qui en font office.

Les jetons à la française

Ce sont des jetons légers en plastique, de formes diverses : ronds, carrés, rectangulaires... Le plus souvent, plus le jeton est grand et plus sa valeur est élevée. Ils s'empilent difficilement car ils glissent. Il existe aussi des matières moins courantes, comme le bois ou l'ivoire (ancien).

Les jetons à l'américaine

Tous les jetons à l'américaine ont le même diamètre (un pouce et demi, soit 38 mm). Leur valeur est différenciée par des couleurs différentes. Il existe aussi bien des jetons monocolores que bicolores ou même tricolores, avec des motifs de types bandes, points, etc.

La matière des jetons américains diffère aussi. Ils peuvent être en plastique pur, en argile synthétique...

Leur poids varie également. Les plus légers pèsent quatre grammes, les plus lourds, treize grammes, voire davantage. Certains ont même une pastille métallique sertie au milieu, quand d'autres sont même 100 % métal.

Optez de préférence pour des jetons en argile synthétique qui pèsent au moins dix grammes.

Le marquage

Certains jetons sont marqués, d'autres non. Typiquement, le jeton de poker ne porte pas de valeur. Cela remonte aux temps héroïques où la valeur du jeton trahissait que les joueurs pratiquaient un jeu d'argent.

Le fait que les jetons ne portent pas de valeur ne pose pas de problème aux joueurs. On s'habitue très vite à ne pas confondre les jetons entre eux.

Les pions de jeux de société

Le jeu de go, par exemple, ou les dames, ont des pions qui peuvent servir au poker... pourquoi pas !

Les succédanés de jetons

Feront l'affaire : haricots, billets de jeux de société, pions de nain jaune, capsules de bière...

Un papier et un crayon

Ce matériel s'impose absolument quand on joue en *cash-game*. Il s'agit alors de consigner au fur et à mesure les caves que les joueurs achètent. Nous détaillons plus loin les procédures d'enregistrement.

2. Le matériel dont on peut se passer

La table

Elle n'est pas obligatoire car on peut très bien jouer sur la moquette du salon... Si vous voulez un confort minimum, prenez de préférence une table ovale, qui peut être obtenue en utilisant une table ronde dont on a déployé les rallonges.

Saviez-vous qu'une grande table carrée peut suffire, même pour huit joueurs ? En mettant un joueur par coin et un joueur par côté, l'affaire est entendue.

Il existe maintenant des « dessus-de-table » spéciaux qui se plient en deux, trois ou quatre. Posés sur une table classique, ils la transforment en table ovale digne d'un casino (ou presque). Cet appareillage est courant chez les revendeurs spécialisés.

Le tapis de jeu

Il n'est pas obligatoire mais hautement souhaitable car il freine les cartes lors de la donne et tient bien les jetons en place. Grâce à lui, le joueur passe facilement ses ongles sous les cartes pour les relever.

La matière du tapis sera de préférence la feutrine ou le drap de type table de billard. *Astuce* : ce peut être aussi un morceau de moquette douce coupée aux dimensions adéquates...

Le bouton

C'est un jeton un peu plus gros que les autres, unique en son genre, qui sert pour marquer le donneur. Il peut être aussi remplacé par un petit objet particulier, comme un briquet, un paquet de cigarettes, etc.

Le « cap »

Ce petit objet est propre à chaque joueur, même si beaucoup n'en utilisent pas. Il le pose sur ses cartes pour les « protéger ». Quand des cartes sont couvertes de cette manière, le donneur ne peut pas les confondre avec d'autres et sait qu'elles sont en jeu. Cet objet peut être une figurine, une pièce étrangère, etc. Il est courant aussi d'utiliser une petite pile de jetons en guise de « cap ».

Pourquoi pas une Cadillac miniature pour « caper » les cartes...

22

Le principe de la partie privée

La première partie de poker est le plus souvent une partie privée de *cash-game* qui se déroule chez soi. Voici comment cela fonctionne.

Voici quelques différences entre la partie privée et le casino/cercle :
– il n'y a pas de professionnel à rétribuer ;
– les règles et conventions sont moins rigides ;
– le matériel est moins conforme aux standards professionnels ;
– les jetons ne sont pas forcément payés au fur et à mesure ;
– parfois même on fait crédit ;
– souvent ce sont les mêmes joueurs qui se retrouvent entre eux, etc.

Le principe de la partie privée consiste à se retrouver entre amis ou relations et à jouer au poker au domicile de l'un des protagonistes. Ce peut aussi être dans un lieu tiers : chambre d'hôtel, maison en location, etc.

Ce principe a été longtemps celui qui a prévalu dans la pratique du poker. Certes, l'imagerie cinématographique nous a habitués à des cow-boys tapant le carton dans un saloon... mais ce n'est qu'une imagerie. Le poker à l'européenne a été hérité du jeu de salon, qui répond à des invitations entre gens du même monde, invitations qui se font écho les unes aux autres et qui tissent ainsi un long chapelet de parties mettant en scène à peu près toujours les mêmes joueurs, dans des lieux qui se répètent.

Autre solution : c'est toujours Untel qui invite, et dans ce cas on parle de « la table d'Untel ». Ce qui désigne un type de jeu particulier, des conventions particulières, une certaine hauteur d'enjeux, etc.

Qui gagne et qui perd ?

En début de partie, tout le monde se met d'accord sur le prix des jetons. Les joueurs achètent des jetons (« caves ») au fil des besoins, au long de la partie.

À la fin de la partie, on procède en deux temps :
– les joueurs comptent leur tapis (ce qu'il leur reste comme jetons) ;
– le banquier retranche ce total du total emprunté, ce qui donne un gain ou une perte.

S'il n'y a eu ni erreur ni fraude dans la notation des caves, *les gains égalent les pertes*. Dès lors, les perdants donnent au « banquier » les sommes qu'ils perdent, et le banquier s'en sert pour payer les gagnants.

Les « différences » mesurent l'amplitude de la partie

Qu'est-ce qu'une « différence » ? C'est la perte moyenne ou le gain moyen le plus souvent constaté en fin de partie. Si un joueur me dit : « Tiens, ça te dirait de venir jouer avec nous demain soir ? », voici la première chose que je lui demande : « Quelles sont les différences ? »

Pourquoi ? Parce que je saurai alors si cette partie :
– est à la portée de mon budget ;
– est trop faible pour que mon jeu soit motivé.

Il existe un lien entre la hauteur des caves et la différence :
– dans certaines parties, les caves sont *élevées* mais les différences ne sont *pas énormes* ; cela dénote une partie réfléchie, « *serrée* » ;
– dans d'autres parties, c'est l'inverse : les caves sont plutôt *faibles* mais les différences sont *importantes* ; cela dénote une partie où les joueurs se recavent énormément, donc une partie au jeu *actif*.

Quand vous connaissez le prix d'une cave et le montant moyen des différences, vous en déduisez un coefficient qui vous indique le degré d'activité de la partie *avant même d'y avoir goûté*. D'après ce que j'ai moi-même vécu, voici les correspondances :

Différence = « x » caves	Type de partie
x < 5	partie serrée
5 < x < 10	partie moyenne
x > 10	partie active, flambe

Par exemple, si une partie a des caves de 50 euros avec des différences de l'ordre de 200 euros, le « x » est de 4, et il s'agit d'une partie « serrée », donc au jeu sérieux.

En revanche, si une partie a des caves de 10 euros et des différences de l'ordre de 120 euros, le « x » est de 12, et il s'agit d'une partie beaucoup plus active, « large » dans le jargon du poker.

Respectez la loi !

Les détails juridiques figurent en début de volume, dans le chapitre 2, consacré au poker et à la loi. Je vous rappelle que :

– l'organisateur n'a pas le droit de *prélever* sur les pots pour obtenir un revenu ; il peut juste demander une participation aux frais *forfaitaire* aux participants ;

– la partie ne peut pas avoir lieu toujours au même endroit ni aux mêmes horaires, ou, si c'est le cas, cela ne doit pas s'ébruiter ;

– l'existence même de la partie ne doit pas franchir le cercle des participants ; il est hors de question, par exemple, d'en parler sur Internet et d'en faire de la publicité pour « rabattre » de nouveaux joueurs ;

– rappelons enfin que si un margoulin décide de ne pas payer ses dettes en fin de partie, vos recours sont nuls, en vertu des articles 1965 et 1967 du Code civil (point 8 de notre chapitre 20) ; dès lors, une partie privée ne peut s'entendre qu'entre gens de *totale confiance* ; si ce n'est pas le cas, la prise de caves doit être payée au fur et à mesure, ce qui alourdit les procédures en cours de partie mais assure aux gagnants qu'ils seront payés.

23

Organisez une partie privée chez vous

L'organisation d'une partie privée est à la fois simple et complexe... mais c'est toujours un plaisir ensuite de jouer ensemble au « roi des jeux ».

Organiser une partie privée requiert un minimum de soin et d'attention. La plupart du temps, elle a lieu au domicile de l'organisateur. La convention universelle veut que l'organisateur fixe lui-même le type de jeu que l'on va pratiquer : enchères, variantes, etc.

C'est à lui que revient la tâche délicate d'inviter les joueurs en passant force coups de fil. Un livre drôle a été écrit sur ce sujet : *Piqué de poker*, de Philippe Balland (éditions Balland).

Celui qui accueille est aussi, le plus souvent, le « référent », c'est-à-dire l'arbitre. Quand un différend apparaît, il doit trancher.

Le matériel

Quand on organise une partie privée, il vaut mieux avoir un minimum de matériel. Cela fait partie du plaisir de jouer ensemble. Les joueurs invités peuvent contribuer en apportant des chaises, un tapis, des jetons, etc.

Les enjeux

Posez-vous ces questions :
– Joue-t-on à l'argent ou à autre chose que de l'argent (un classement, par exemple, ou des lots) ?
– Si oui, impose-t-on une limite d'enjeux ?
– Quand paie-t-on les caves ? Etc.

Il est important de décider à l'avance et d'en discuter. Tout le monde doit être d'accord, personne ne doit jouer contre son gré.

Le système du plafonnement
pour éviter les dérapages financiers

J'ai mis au point et expérimenté ce système qui fonctionne bien. Le principe est simple : les joueurs se mettent d'accord sur une somme maximum à perdre. Celui qui perd le plus à la fin de la partie perd cette somme, et les autres perdent et gagnent proportionnellement à lui.

Exemple : Perte maximum = 200 euros. Huit joueurs. Quand les comptes sont faits en fin de partie, Charlie, le plus gros perdant, accuse une perte de 640 mais perd de toute façon 200 euros.

Pour obtenir les *différences ajustées* des autres joueurs, il faut trouver le coefficient multiplicateur :
200/640 = 0,3125.

Il suffit alors de multiplier toutes les différences brutes par 0,3125 pour obtenir les différences ajustées :

	Différences brutes	Différences ajustées
Ali	– 120	– 38
Bella	+ 360	+ 113
Charlie	– 640	– 200
Donovan	– 240	– 75
Erika	+ 510	+ 160
Frankie	+ 310	+ 100
Gus	– 130	– 41
Harry	– 60	– 19

Pour que ce système fonctionne, il faut plafonner la *recave*. Aucun joueur ne peut se recaver au-delà du plus gros tapis de la table.

Les conventions

Les points de convention doivent être annoncés clairement :

– *Les variantes jouées :* une variante unique, deux variantes en roulement, ou au contraire un « choix du donneur » à choisir dans une liste de variantes précises ?

– *Les limites d'enchères :* on joue au *pot-limit* (ou au *no-limit*, aux limites fixes, au *spread limit* ?) On ne change généralement pas le système de mise en cours de partie.

– *Le paiement :* paie-t-on les caves immédiatement ou à la fin seulement ? (Immédiatement est plus sain mais cela ralentit le jeu ; entre gens de bonne compagnie, les caves sont payées en fin de partie ; si un joueur est un peu « serré », il doit le dire avant la partie pour obtenir un crédit en cas de perte.)

– *Conventions diverses :* si on joue au poker fermé, y aura-t-il possibilité d'ouverture minimum, et si oui, y aura-t-il passe-nullot ? Si on joue au nullot, est-ce le

5-A, le 6-A ou le 7-2 ? (Voir le chapitre 18, consacré aux variantes.)

Le « banquier » et les caves

Un des joueurs va tenir le rôle de banquier pour assurer la comptabilité des jetons.

Le principe de la cave (buy-in)

La cave est le nom donné à un ensemble de jetons. Tous les joueurs commencent avec une cave de « x » jetons, « x » étant le même pour tous. Quand un joueur veut se recaver parce qu'il a perdu tous ses jetons, il le signale au banquier *entre deux coups*. Le banquier lui fournit autant de caves qu'il le demande et marque ce nombre dans la grille de notations.

Les caves

La cave de départ est composée d'un certain nombre de jetons de diverses valeurs afin de répondre aux besoins des enchères.

Je déconseille toujours d'avoir plus de trois valeurs de jetons différentes. Voici deux exemples de caves en fonction des jetons dont vous disposez :

Cave de 150 points	
Jetons de 1	10
Jetons de 5	8
Jetons de 25	4

Cave de 1 500 points	
Jetons de 5	20
Jetons de 25	8
Jetons de 100	12

D'autres compositions de tapis figurent dans le chapitre 25, consacré aux tournois.

Le principe de la recave (rebuy)

Il est nécessaire de fixer des règles de recave. Selon moi, il faut respecter deux grands principes :
– un joueur n'a pas à attendre d'être à zéro jeton pour se recaver ; il peut se recaver avant ;
– un joueur doit pouvoir se recaver à la hauteur du plus gros tapis présent *mais pas au-delà*.

Cela signifie qu'un joueur peut racheter plusieurs caves à la fois. Et plus la partie avance, plus les gros tapis se forment et plus la tendance à recaver gros est forte. Conclusion : *plus une partie avance et plus elle devient chère !*

> **Quand se recaver ?**
> Un joueur ne peut se recaver que pendant deux coups. Il ne peut en aucun cas reprendre des jetons en cours de coup, qu'il y participe ou non.

Les recaves

Les recaves peuvent avoir une structure différente mais un nombre de points égal. Si elles avaient la même structure, la table serait vite envahie par des jetons de petite valeur, ce qui deviendrait ingérable.

Nous pouvons mettre au point un système de ce type :
– la recave de 150 points est composée de 6 jetons de 25 ;
– la recave de 1 500 points est composée de 8 jetons de 25 et de 13 jetons de 100.

Au fur et à mesure que la partie avance, le tapis moyen augmente et des jetons plus gros peuvent être introduits à la faveur des recaves.

Le coefficient

Si on joue à l'argent, on ne joue généralement pas *au réel*. Autrement dit, quand on mise 10, il ne s'agit généralement pas de 10 euros. La plupart du temps, on joue « au dixième » ou « au centième ». Si on joue au centième, une relance de 1 000 équivaut à 10 euros.

Si vous êtes en perte, le coefficient est là pour vous rappeler que vous perdez 100 fois moins que vous ne pensez. Et puis, recevoir 5 000 points en jetons pour seulement 50 euros, c'est une « aubaine »... dans laquelle, d'ailleurs, les esprits faibles sautent à pieds joints. Car plus ils prennent de caves et plus ils se sentent riches à millions ! Alors que la réalité est inverse : plus un joueur prend de jetons et plus il s'endette...

Vous avez compris que le coefficient ne devait pas être trop élevé. Le *centième* doit être considéré comme un maximum.

Fixer une heure de fin

Une partie privée n'a de fin que si on fixe une heure de fin dès le départ. Je conseille de programmer la sonnerie d'une alarme, par exemple sur une montre ou un téléphone portable.

Il est de coutume de jouer la « fin du tour plus trois tours » à partir de cette heure de fin, ce qui équivaut souvent à jouer encore une heure, au moins ! Cela pour plaire aux perdants, qui s'imaginent toujours qu'ils vont pouvoir se « refaire » dans ce laps de temps (ce qui est évidemment un faux-semblant, mais reste une convention répandue).

Par convention :

– *un gagnant ne peut pas quitter la partie avant la fin*, sauf cas de force majeure ou s'il a indiqué au départ qu'il devait quitter la partie à une heure donnée ;

– un perdant peut quitter la partie à tout moment, en payant à un ou plusieurs gagnants ce qu'il a perdu ; ce qu'il paie est alors retranché du tapis du ou des gagnants en question.

Les victuailles

Il faut avouer que combiner les plaisirs en cours de jeu est jubilatoire. Ceux de jouer aux cartes et de manger ne font pas exception. Une bonne partie privée de poker ne va donc pas sans une bonne table. Là encore, les invités peuvent être mis à contribution pour amener chacun une partie des denrées à consommer.

On évitera les denrées grasses comme la charcuterie à la coupe, les chips... moins pour leur côté indigeste que pour leur capacité à graisser en un temps record les doigts, les cartes, le tapis et les jetons.

Idem pour les miettes des canapés, sauf si les joueurs installent une assiette près de leurs jetons.

Fumeur ou non-fumeur ?

La tendance actuelle est à la suppression totale du tabac en cours de partie, pour éviter le tabagisme passif. Rien n'est plus désagréable que de retrouver la pièce où a eu lieu la partie la veille avec une odeur de vieux mégot. Idem pour les vêtements des joueurs qui exhalent les mêmes relents.

Les fumeurs sacrifieront à leur addiction pendant les pauses qui ont lieu, par exemple, toutes les quatre-vingt-dix minutes, dans une pièce à part.

24

Les gains et les pertes

Le poker est un jeu mutuel : ce que perdent les uns est ce que gagnent les autres.

Dans une partie privée, les gains équivalent aux pertes. En fin de partie, quand le « banquier » fait les comptes à partir des caves notées et du tapis final déclaré par chacun, le total « gains – pertes » doit être égal à zéro. Si ce n'est pas le cas, il y a eu fraude, oubli ou double notation.

Rectifier en cas d'erreur

– *Si les gains sont inférieurs aux pertes :* s'il est impossible de dépister l'erreur, il est de coutume de réduire la ou les plus grosses pertes pour aligner les pertes sur les gains.

– *Si les pertes sont inférieures aux gains :* s'il est impossible de dépister l'erreur, il est de coutume de réduire le ou les plus gros gains pour aligner les gains sur les pertes.

Pour éviter tout déséquilibre, le « banquier » doit remplir trois conditions :

- être volontaire au départ,
- prendre sa tâche à cœur,
- noter avec soin les prises de caves.

> **L'argent et les amis**
> Ne jouez pas de somme importante entre amis chers... ou vous les perdrez. En deçà du prix d'une sortie en ville (d'une dizaine à une cinquantaine d'euros), une perte ne peut pas être considérée comme douloureuse. Par ailleurs, un ami cher est la dernière personne sur le dos de laquelle on fait de l'argent.

La charge de banquier

La charge de banquier est ingrate. À chaque fois que quelqu'un demande une cave, il doit interrompre ce qu'il fait, prendre le crayon et la grille de notations, inscrire le bon nombre dans la bonne colonne et donner le bon nombre de jetons à la bonne personne.

Pendant ce temps-là, le coup ne peut pas démarrer et cela ralentit le jeu, ce qui a tôt fait d'énerver les joueurs impatients. Les joueurs impatients doivent donc se discipliner.

Après un très gros coup, il n'est pas rare que trois joueurs demandent plusieurs caves chacun... On comprend pourquoi l'erreur est vite arrivée.

Le bon banquier est celui qui s'organise le mieux et qui est le plus soigneux dans ses notations. C'est aussi celui dont la grille de notations est la plus claire et la plus simple.

La grille de notations

Prise n°	Aurélie	Benjo	Carl	Denis	Élise	Fanny	Greg	Heby
1	1	1	1	1	1	1	1	1
2	3	2		2	1	1	1	
3	4	3		2	1	1	2	
4					1	1	4	
5					1	1	4	
6					1			
7					1			
8								
9								
10								
total	8	6	1	5	7	5	12	1
tapis	4	13	5	10	5	0	7	1
diff.	– 4	+ 7	+ 4	+ 5	– 2	– 5	– 5	0
gains	+ 16							
pertes	– 16							
euros	– 40	+ 70	+ 40	+ 50	– 20	– 50	– 50	0

Ce tableau est le plus simple que je connaisse.

En colonne : les noms des joueurs, si possible par ordre alphabétique pour éviter les erreurs d'imputation.

En ligne :

– les *prises de caves*. À chaque fois que quelqu'un se recave, écrivez le nombre de caves prises dans la case libre au plus bas de sa colonne ;

– le *total* fait l'addition des caves prises pour chacun ;

– le *tapis* est le nombre de caves comprises dans le tapis de chacun en fin de partie ;

– la ligne en dessous indique la *différence* (positive ou négative) entre les caves prises et le tapis ;

– pour vérifier qu'il n'y a pas d'erreur, faites le *total* des gains et le total des pertes : les deux doivent s'annuler ;

– sur la dernière ligne figure la conversion des gains et pertes en argent réel ; dans notre exemple, chaque cave vaut dix euros.

Ce type de notation, mené scrupuleusement, exclut toute erreur.

Par précaution, je conseille que le « banquier » récapitule à voix haute, de temps en temps, le nombre total de caves prises par joueur pour avoir la confirmation de chacun.

L'unité de cave

Vous voyez à travers cet exemple qu'on ne raisonne pas sous forme d'unités de jetons mais d'*unités de caves*. Ce principe de notation est de loin le plus simple. Il impose d'utiliser des unités de caves relativement faibles. Par exemple, si vous jouez en *pot-limit* avec des blinds 10-20, vous pouvez prendre des caves de 25 gros blinds, soit 500.

Le prix de chaque cave dépend des budgets jeu des joueurs.

Ce principe implique, à la fin de la partie et après comptage des tapis, que les tapis soient comptabilisés *sans décimale*. Pour ce faire, il suffit que tous les gagnants mettent au milieu de la table les jetons qui ne leur suffisent pas à former une cave complète. Les perdants les utilisent pour compléter leurs caves tronquées.

Le prélèvement dans les années 1930

De quoi s'agit-il ? À la fin de chaque coup, l'homme de la maison prélevait quelques jetons qu'il déposait religieusement dans une corbeille ou, mieux, dans une tirelire opaque. Cette deuxième solution était de loin la meilleure parce qu'elle permettait de ne pas dévoiler à la fin de la partie ce que la cagnotte représentait. Car à force de jouer, à force de prélever, elle s'élevait à des hauteurs parfois impressionnantes. Et c'est normal : que ce soit Pierre, Paul ou Jacques qui gagne le coup, il y a un seul gagnant à coup sûr : la cagnotte...

Un jour, dans une partie féminine, des perdantes à l'esprit revanchard ont sorti leur papier et leur crayon. Elles ont fait quelques additions et beaucoup de soustractions, pendant un mois, sur les tables qu'elles fréquentaient. Histoire de voir...

Elles n'ont pas été déçues du voyage. Les comptes accusaient trois fois plus de pertes que de gains. La différence était évidemment due à la fameuse cagnotte. Enfin le malheur des perdants était chiffré, et enfin on comprenait pourquoi les perdants étaient ô combien plus nombreux que les gagnants... Même si, au jugé, ceux à qui on posait la question qui tue : « Alors, tu gagnes, au poker ? », répondaient au pire : « Comme ci comme ça, tu sais ce que c'est », et au mieux : « S'il y avait moins de cagnotte, je gagnerais encore plus ! »

25

Le principe du tournoi

Le tournoi développe l'esprit de compétition. Depuis que le poker est retransmis à la télévision, il est vu comme un challenge, à l'instar d'une compétition sportive.

De plus en plus souvent, les parties privées sont des tournois au lieu d'être des *cash-games*. Cette tendance de fond prend sa source dans les retransmissions télévisées, dont l'écrasante majorité met en scène les grands tournois des circuits internationaux, majoritairement aux États-Unis.

C'est une tendance positive dans la mesure où elle évite les dérapages financiers non contrôlés. En plus, elle développe le jeu offensif et raisonné, alors que les *cash-games* ont le défaut de développer le poker comme « jeu de flambe ».

Le principe du tournoi

Dans un tournoi, tous les joueurs versent la même somme au départ (« droit d'entrée »).

Quand le jeu a commencé, les blinds augmentent de façon régulière selon un barème préparé à l'avance.

Au fil des coups qui se succèdent, des joueurs s'enrichissent, d'autres s'appauvrissent. Quand un joueur n'a plus de jetons, il quitte le tournoi.

Au fur et à mesure, le nombre de joueurs se réduit, ce qui réduit aussi le nombre de tables. Les organisateurs « rééquilibrent » les tables en déplaçant des joueurs pour « boucher les trous » laissés par les éliminés.

Le tournoi s'arrête *de facto* quand il reste un seul joueur en possession de tous les jetons de départ.

> **Les prix**
> Les droits d'entrée sont redistribués aux gagnants. En général, un dixième des joueurs gagnent un prix. Par exemple, si le tournoi compte dix tables, seule une table sera payée. S'il en compte vingt, deux tables seront payées, etc.
> Il est de coutume que l'organisateur fasse un prélèvement sur les droits d'entrée avant distribution, appelé « cagnotte » ou « *fee* », compris le plus souvent entre 4 % et 10 %.

Diverses sortes de tournoi

Le tournoi à la décave, ou freeze-out

Les joueurs ne peuvent pas racheter de jetons après les avoir perdus.

Le tournoi avec recave, ou rebuys

Les joueurs peuvent racheter des jetons jusqu'à un certain point (une heure de jeu, deux niveaux de blinds, etc.). Le nombre de recaves peut être plafonné, ou au contraire illimité.

Il existe aussi une recave particulière appelée *add-on*. À la fin des recaves, les joueurs peuvent racheter une cave de plus, appelée *add-on*, qui peut selon les cas fournir plus de jetons que la recave elle-même, pour le même prix.

Le tournoi à une table

On peut jouer un tournoi même quand il n'y a qu'une seule table. Dans ce cas, on la joue comme une table finale. En général, il n'y a pas plus de trois gagnants.

Le tournoi satellite

Le satellite est un tournoi qualificatif qui permet de participer à un autre tournoi plus prestigieux. Si l'entrée au tournoi prestigieux coûte 1 000 euros et si celle au satellite coûte 100 euros, il y aura un qualifié tous les dix joueurs. La plupart du temps, les satellites sont des tournois avec recaves. Le satellite qui comporte plus d'**une** table porte le nom de « super-satellite ».

Le tournoi en tête à tête

Avec des joueurs dont le nombre est une puissance de deux (quatre, huit, seize, trente-deux, etc.), il est possible de faire un tournoi en tête à tête avec élimination directe, comme au tennis.

Le tournoi shootout

Ce tournoi prend en compte les tables séparément et ne fait pas de rééquilibrage entre les tables au fur et à mesure que les joueurs s'éliminent. Le nombre de joueurs de chaque table diminue jusqu'à ce qu'il n'en reste qu'un. Le vainqueur de chaque table participe à la deuxième phase du tournoi, qui peut être un autre *shootout* si le nombre de joueurs de départ le permet, ou un tournoi classique à élimination directe.

Le plus souvent, gagner à sa propre table de départ suffit à remporter un prix.

Le tournoi sit & go

Ce tournoi n'a pas été prévu à une heure précise mais démarre dès que le quorum de joueurs est atteint. Ces tournois sont le plus souvent à une seule table. Sur Internet, on trouve des sit & go qui comportent jusqu'à vingt tables.

L'augmentation des blinds

Les blinds augmentent progressivement pour éviter que des joueurs « jouent la montre » en participant à un minimum de coups, quand d'autres prennent des risques. Comme les blinds augmentent à intervalles réguliers, ils exercent sur les tapis des joueurs une pression financière de plus en plus forte qui les oblige à être actifs et à prendre des risques.

Voici un exemple de barème d'augmentation des blinds :

Niveau	Ante	Petit blind – gros blind
1	-	25-25
2	-	25-50
3	-	50-100
4	-	75-150
5	25	100-200
6	25	150-300
7	50	200-400
8	50	300-600
9	100	500-1 000
10	150	750-1 500
11	300	1 500-3 000
12	400	2 000-4 000, etc.

L'augmentation est progressive. La règle en ce domaine est que les blinds doivent *au plus doubler* d'un niveau à l'autre.

> **Gardez les proportions**
> Une structure logique garde les mêmes proportions au fur et à mesure qu'elle augmente. Dans notre exemple, on trouve le petit blind à 50 et 75, puis, plus tard, à 500 et 750. Quand le début de la structure a été créé, le reste se déduit de lui-même en multipliant les valeurs par 10.
> Quant aux *antes*, il faut les fixer à environ 10 % du surblind.

Le tapis de départ

D'une manière générale, le tapis de départ vaut au moins 25 fois le gros blind de premier niveau. Quand il vaut 200 fois le gros blind de départ, on a affaire à un tournoi très lent qu'on ne rencontre que dans les grandes compétitions internationales.

La durée des niveaux d'augmentation des blinds va généralement de pair avec la profondeur du tapis de départ.

Tapis de départ = « x » surblinds	Durée des niveaux	Type de tournoi
25	15 à 30 mn	*« shorter stack »* satellite, tournoi rapide
50	30 à 45 mn	*« short stack »* satellite, tournoi plus lent
100	30 à 90 mn	*« deep stack »* tournoi régulier
200+	45 à 120 mn	*« deeper stack »* tournoi international

La dotation

Les tournois des cercles et casinos redistribuent la quasi-totalité des droits d'inscription. La différence est constituée de la commission réglementaire de l'établissement.

Prenons l'exemple d'un tournoi de 50 euros à 100 joueurs, avec une table payée (neuf joueurs) et 4 % de prélèvement. Voici le tableau récapitulatif de ce tournoi, les gains étant arrondis :

Exemple de tournoi de casino	
Buy-in	50 euros
Nombre de joueurs	100
Dotation brute	5 000 euros
Commission de 4 % organisateur	200 euros
Dotation nette à redistribuer	**4 800 euros**
1er (35 %)	1 680
2e (25 %)	1 200
3e (15 %)	720
4e (10 %)	480
5e (5 %)	240
6e (4 %)	190
7e (2,5 %)	120
8e (2 %)	100
9e (1,5 %)	70

La dotation peut être augmentée de diverses façons :
– l'établissement ajoute une « surdotation spéciale » ;
– le gagnant remporte en plus une place pour jouer dans un gros tournoi ;
– un sponsor extérieur apporte un lot supplémentaire, etc.

Le principe de rééquilibrage
et le jeu *hand by hand*

Chaque place est assortie d'un ticket qui porte le numéro de la table et le numéro de la place. Par exemple, table 12, place 9. Ces tickets servent le plus souvent au tirage au sort en début de tournoi : chaque participant tire sa place dans un chapeau (ce principe de tirage est de plus en plus souvent remplacé par un tirage électronique).

Ticket de participation de l'auteur au tournoi *limit shootout* des World Series of Poker 2007. Les informations, de haut en bas : tournoi n° 53, *buy-in* : $1 365, commission : $135, total : $1 500. Le tournoi commencera le 3 juillet à midi. Tirage de place : table n° 4, place n° 3.

Arrivé à sa place, le joueur s'assoit et remet le ticket au donneur. Quand le signal du début du tournoi est donné, le donneur a donc près de lui huit, neuf ou dix tickets, selon que la table comporte huit, neuf ou dix places.

Quand un joueur « saute » (quand il est éliminé du tournoi), le donneur le signale à voix haute et un employé vient prendre le ticket de la place vide. Quand l'employé possède autant de tickets que de joueurs à une table (par exemple, neuf), il les fait tirer au hasard par les joueurs de cette table, et chaque joueur se rend ainsi à une place vide.

Cette procédure se reproduit à chaque fois que l'employé possède autant de tickets vacants qu'il y a de places à la table qui va « casser » ensuite. Pour faciliter la gestion, l'ordre des tables à casser est connu dès le départ.

Par souci d'équité entre les joueurs, il faut éviter une différence d'au moins deux joueurs entre deux tables. Par exemple, s'il reste deux tables, l'une avec neuf joueurs et l'autre avec sept joueurs, il faut faire migrer un joueur d'une table à l'autre pour arriver à deux fois huit joueurs. Pour ce faire, le *floorman* demande au prochain gros blind de la plus grosse table de se déplacer et de s'asseoir à la moins bonne place libre de l'autre table, « la plus loin du bouton ». Si les places n° 3 et n° 7 de l'autre table sont libres, il va s'asseoir en place n° 3.

> **Le jeu au coup par coup**
> Quand il reste deux tables, le *floorman* institue le jeu *hand by hand*. Tant que les deux coups en cours ne sont pas terminés, il n'est pas possible d'en commencer un nouveau. Donc, dans le même laps de temps, les deux tables vont disputer le même nombre de coups, sans qu'aucune des deux n'ait pu « jouer la montre » au détriment de l'autre.

Le *chip-race*

Ce système intervient quand des jetons de petite valeur doivent être retirés du jeu parce qu'ils n'ont plus aucune utilité. Par exemple, la structure passe de 75-150 à 100-200. Dès lors, les jetons de 25 deviennent inutiles. On procède en trois temps pour les éliminer :

– chaque joueur échange ses jetons de 25 contre l'équivalent en jetons de 100 ;

– les jetons de 25 qui n'ont pas été convertis sont posés devant chaque joueur ;

– le donneur calcule le nombre de jetons de 100 qui seront distribués, en arrondissant au 100 supérieur (par exemple, s'il y a 18 jetons de 25 à échanger, il prépare 5 jetons de 100) ;

– chaque joueur reçoit autant de cartes (faces visibles) qu'il a de jetons à convertir ;

– les joueurs qui ont reçu les cartes les plus fortes reçoivent chacun un jeton de 100, par ordre décroissant de cartes ;

– aucun joueur ne peut recevoir plus d'un jeton de 100 ;

– aucun joueur ne peut être éliminé au cours d'un *chip-race* : si un joueur possède un seul jeton de 25 comme tapis, il reçoit d'office un jeton de 100 sans participer au *chip-race*.

Cette procédure vaut à chaque fois qu'un *chip-race* est nécessaire.

Pour départager les joueurs qui possèdent des cartes de même valeur au cours du *chip-race*, on utilise les familles des cartes, dans l'ordre décroissant : pique, cœur, carreau, trèfle. Ainsi, s'il y a deux jetons à distribuer et si les quatre rois sont donnés, le roi de trèfle ne recevra pas de jeton, mais les trois autres rois, si.

L'introduction de gros jetons

Au fur et à mesure que le nombre de joueurs diminue, le tapis moyen augmente et les masses de jetons aussi, ce qui rend les tapis physiquement colos-saux. Il est habituel alors de remplacer des jetons par des jetons plus gros en valeur. C'est l'occasion, par exemple, quand les valeurs 50, 100 et 500 sont utili-sées, d'intégrer des jetons de 1 000.

26

Organisez un tournoi chez vous

Un tournoi bien préparé est toujours réussi. C'est un vrai plaisir pour les participants, qui croisent le fer dans les meilleures conditions.

Choisissez le type de tournoi et le prix
– variante (Texas hold'em, Omaha, stud à 7 cartes, H.O.R.S.E., etc.) ;
– *freezeout* ou avec recaves ;
– prix d'entrée, etc.

Ces éléments ont une grande importance dans l'intérêt que peut susciter ce tournoi auprès des joueurs que vous connaissez. Un tournoi trop long, trop compliqué peut rebuter. Un tournoi tactique (comme un hold'em *deep stack*, par exemple) attirera les joueurs qui ont travaillé leur technique. Un tournoi « au choix du donneur » plaira aux joueurs récréatifs, etc.

Faites connaître le lieu et la date
Nous l'avons vu, il est interdit en France de faire savoir publiquement la tenue d'une partie de poker. Limitez donc cette annonce aux personnes que vous connaissez.

Assurez la logistique

La question de la logistique est importante et, hélas, souvent bâclée. Or, un bon tournoi se fait toujours avec une bonne logistique. Elle peut bien sûr être prise en charge entièrement par vous-même ou partagée avec d'autres personnes (l'une fournissant le local, l'autre les jetons, etc.).

Pensez à avoir du matériel de qualité, notamment en ce qui concerne les cartes. Comme nous l'avons vu, elles ne doivent en aucun cas être usées ou abîmées. Il vous faut aussi une horloge de tournoi, de préférence sur un PC ou téléviseur. Cette horloge particulière indique le temps qui reste dans le niveau en cours, les niveaux de blinds, etc. Vous en trouverez de gratuites à télécharger sur les portails Internet.

L'horloge de tournoi dans les WSOP.

Ne prenez pas d'argent

N'organisez pas un tournoi dans le but de prélever sur les enjeux, c'est interdit. En revanche, vous avez le droit de faire payer aux participants une participation aux frais forfaitaire, censée couvrir les frais de logistique.

Calculez vous-même la durée de votre tournoi

Si vous souhaitez organiser un tournoi chez vous, vous serez probablement limité en temps. Comment être certain que ce tournoi ne va pas dépasser une certaine heure, intolérable pour des joueurs qui doivent rentrer chez eux à heure fixe ?

La réponse tient en une phrase : *le tournoi s'arrête quand il reste au plus vingt surblinds en jeu.*

Par exemple, si vous avez en jeu un total de 15 000 jetons, le tournoi va s'arrêter de lui-même au niveau de blinds 500-1 000. Pourquoi ? Quand il restera l'équivalent de vingt surblinds en jeu, chaque joueur en aura dix au mieux à son tapis. Or, avec une proportion de blinds aussi élevée, le combat final est inévitable et l'un des deux survivants va forcément battre l'autre à brève échéance.

En fixant la durée des niveaux et la durée des pauses, vous pouvez calculer le temps que prendra votre tournoi, *indépendamment du nombre de joueurs.*

Des tables de durée et des structures de blinds figurent dans le chapitre suivant.

Nommez un directeur de tournoi

Le mieux est évidemment d'avoir un directeur de tournoi qui n'y participe pas. Un joueur réputé pour son honnêteté et sa compétence peut faire l'affaire sans voir ses décisions contestées, même s'il prend part au jeu.

Les tâches qui incombent au directeur du tournoi :
– il signale les changements de niveaux (augmentation de blinds) ;
– il tranche les différends ;
– il apporte un avis sur demande ;
– il assure les *chip-races*, etc.

Choisissez une distribution des prix

En fonction du nombre de joueurs, de leurs préférences, optez pour une distribution réduite ou large (voir chapitre suivant).

Assurez une bonne gestion de l'argent

Tous les joueurs sont hypersensibles sur la question de l'argent. Curieusement, plus les sommes sont faibles et plus ils sont sourcilleux ! Procédez en deux étapes :
1. Notez scrupuleusement les sommes versées au fur et à mesure que vous les encaissez. Quand tout le monde a payé, comptez une dernière fois la dotation.
2. Calculez les prix afférents aux places payées, et créez autant d'enveloppes contenant chacune le prix qui lui revient. Quand les gagnants seront désignés au fur et à mesure, vous n'aurez plus qu'à leur remettre leur enveloppe et aucune erreur ne sera possible.

Créez des bonifications

Un tournoi peut être aussi l'occasion de faire gagner des sommes à part. Dans ce cas, demandez à chacun des joueurs de verser une petite somme en plus au départ, puis redistribuez la de cette manière :
– un prix à la plus grosse main abattue ;
– un prix au premier joueur qui fait carré ;

– un prix au joueur qui élimine un joueur désigné à l'avance, par exemple le gagnant du précédent tournoi ;
– un prix au joueur qui élimine le plus d'adversaires, etc.

Établissez un classement

Si votre groupe organise régulièrement des tournois entre des personnes qui se connaissent, pensez à établir un *classement*. Il existe diverses manières d'attribuer des points.

La plus simple que je connaisse consiste à attribuer au gagnant *autant de points qu'il y a de joueurs*, au deuxième, ce nombre moins un, et ainsi de suite jusqu'au premier éliminé, qui gagne un seul point. Ce tableau donne les exemples de cinq, dix et vingt joueurs :

Place	5 joueurs	10 joueurs	20 joueurs
1	5 points	10 points	20 points
2	4 points	9 points	19 points
3	3 points	8 points	18 points
4	2 points	7 points	17 points
5	1 point	6 points	16 points
6		5 points	15 points
7		4 points	14 points
8		3 points	13 points
9		2 points	12 points
10		1 point	11 points
11			10 points
12			9 points
13			8 points
14			7 points
15			6 points
16			5 points
17			4 points
18			3 points
19			2 points
20			1 point

Si votre groupe est tel que les joueurs sont bien meilleurs quand ils gagnent plus, les points attribués peuvent aussi être égaux aux sommes gagnées.

D'autres formules plus subtiles sont utilisées dans les tournois plus relevés ou pour établir des classements internationaux. Elles figurent dans les sites des circuits internationaux.

27

Exemples de barèmes de blinds et de dotations

En fonction des impératifs de l'organisateur, les barèmes utilisés peuvent différer.

Les durées à prévoir selon la profondeur du tapis de départ

Dans le chapitre précédent, nous avons vu que le tournoi s'arrêtait quand il restait en jeu l'équivalent de vingt surblinds. Cela nous donne ces tables de correspondance :

Durée maximum du tournoi, hors pauses tapis de départ : 2 500 *(deep stack)*				
Durée des niveaux	10 joueurs	20 joueurs	30 joueurs	50 joueurs
10 mn	1 h 30	2 h 00	2 h 30	3 h 00
15 mn	2 h 15	3 h 00	3 h 45	4 h 30
20 mn	3 h 00	4 h 00	5 h 00	6 h 00
30 mn	4 h 30	6 h 00	7 h 30	9 h 00
45 mn	6 h 45	9 h 00	11 h 15	13 h 30
60 mn	9 h 00	12 h 00	15 h 00	18 h 00

Une partie qui dure dix-huit heures ne doit pas être jouée en une seule fois, sauf si les participants sont prêts à une nuit blanche... D'une manière générale, *évitez les parties de plus de six heures en une journée.* Pour deux raisons :

– elles sont fatigantes et on ne voit pas pourquoi le poker serait fatigant ;

– plus les joueurs sont fatigués et plus ils jouent mal.

Comment ces durées peuvent varier :

– *à la baisse :* si vous jouez en *no-limit,* si les joueurs sont agressifs, si des rencontres de gros jeux sont nombreuses ;

– *à la hausse :* si vous jouez en limites fixes, si les joueurs sont passifs, si des rencontres de gros jeux sont rares.

> **Pourquoi les parties en *no-limit* durent moins longtemps**
>
> Plus les niveaux sont longs et plus les rencontres de gros jeux sont probables. Or, en jeu *no-limit,* la rencontre de deux gros jeux signifie presque toujours soit l'élimination d'un joueur, soit sa quasi-ruine.
>
> *Conclusion :* en *no-limit,* la durée totale de la partie est à réduire pour les niveaux longs (45 ou 60 minutes).

Durée maximum du tournoi, hors pauses tapis de départ : 1 500 *(short stack)*				
Durée des niveaux	10 joueurs	20 joueurs	30 joueurs	50 joueurs
10 mn	1 h 15	1 h 40	1 h 50	2 h 10
15 mn	1 h 50	2 h 30	3 h 00	3 h 15
20 mn	2 h 30	3 h 20	3 h 45	4 h 20
30 mn	3 h 45	5 h 00	5 h 30	6 h 30
45 mn	5 h 30	7 h 30	9 h 00	9 h 45
60 mn	7 h 30	10 h 00	11 h 15	13 h 00

Deux formules de quatre heures et demie pour une table

Si je mets ce cas à part, c'est parce qu'il est archi-courant. En dehors d'un club, il est assez rare de réunir plus d'une table à la fois et on dispose le plus souvent d'un après-midi ou d'une soirée, soit à peu près quatre heures, plus les temps de pause (5 à 10 minutes par heure).

Spécifications
– 11 joueurs maximum,
– tapis de 15 000,
– tapis de départ : 100 x 10 – 500 x 10 – 1 000 x 9.

Formule avec niveaux de 30 minutes
(*Chip-race* des 100 après le 4ᵉ niveau.)

Niveau	Petit blind – gros blind
1	100-200
2	200-400
3	400-800
4	800-1 600
5	1 500-3 000
6	3 000-6 000
7	5 000-10 000
8	10 000-20 000

Formule avec niveaux de 20 minutes
(*Chip-race* des 100 après le 5e niveau.)

Niveau	Petit blind – gros blind
1	100-200
2	200-400
3	300-600
4	500-1 000
5	700-1 400
6	1 000-2 000
7	2 000-4 000
8	3 000-6 000
9	5 000-10 000
10	7 500-15 000
11	10 000-20 000

Structure de tournoi international (lente)

La durée des niveaux est comprise entre une heure et deux heures. Le tapis utilisé est toujours *deep stack* (5 000 ou 10 000, parfois même plus).

Niveau	Ante	Petit blind – gros blind
1	–	25-25
2	–	25-50
3	–	50-100
4	–	75-150
5	25	100-200
6	25	150-300
7	50	200-400
8	50	300-600
9	100	500-1 000
10	100	750-1 500
11	200	1 000-2 000
12	300	1 500-3 000
13	400	2 000-4 000
14	000	3 000-6 000, etc.

Structure de tournoi sur Internet (lente)

Cette structure se rencontre souvent sur le Net et la durée des niveaux est courte (dix minutes). *Attention* : n'oublions pas qu'on joue trois fois plus de coups sur le Net dans le même laps de temps... Le tapis utilisé est généralement *short stack* (1 000). Il n'y a pas d'*ante*.

Niveau	Petit blind – gros blind
1	10-20
2	15-30
3	20-40
4	30-60
5	40-80
6	50-100
7	70-140
8	100-200
9	150-300
10	200-400
11	300-600
12	400-800
13	500-1 000
14	700-1 400
15	1 000-2 000
16	1 500-3 000
17	2 000-4 000
18	3 000-4 000
19	4 000-8 000
20	5 000-10 000

Structure de tournoi local (moyenne)

La durée des niveaux est de trente minutes. Le tapis utilisé est moyen (2 000). Il n'y a pas d'*ante*.

Niveau	Petit blind – gros blind
1	25-50
2	50-100
3	75-150
4	100-200
5	150-300
6	200-400
7	300-600
8	500-1 000
9	750-1 500
10	1 000-2 000
11	1 500-3 000
12	2 000-4 000
13	3 000-6 000, etc.

Structure de tournoi local (rapide)

La durée des niveaux est comprise entre vingt et trente minutes. Le tapis utilisé est *short stack* (1 000 ou 1 500). Il peut ne pas y avoir d'*ante*. Cette structure est bien adaptée aux super-satellites avec beaucoup de participants (au moins 150).

Niveau	Ante	Petit blind – gros blind
1	–	25-50
2	–	50-100
3	25	100-200
4	50	200-400
5	100	400-800
6	200	800-1 600
7	300	1 500-3 000
8	500	2 000-4 000
9	1 000	4 000-8 000
10	2 000	8 000-16 000

Distribution des prix

Il existe plusieurs orientations quant au paiement des gagnants, selon le nombre d'inscrits et le type d'épreuve.

« Winner take all »

Seul le gagnant est payé. Il empoche la totalité de la dotation.

Paiement de la seule table finale

Aux WSOP, jusque dans les années 1990, seule la première table était payée, quel que soit le nombre d'inscrits (au moins 10 tables).

Barème de distribution serré

Un dixième des joueurs est payé. Pour simplifier les choses, dans les tournois multitables, le nombre de joueurs payé est exprimé en « tables ». Par exemple, un tournoi à 90 joueurs va payer une table, c'est-à-dire neuf joueurs (ou dix si elle en compte dix).

Barème de distribution large
Deux dixièmes des joueurs sont payés.

Barème de distribution classique
selon le nombre d'inscrits
Cette distribution due à PokerStars paie :
– trois joueurs jusqu'à 27 inscrits ;
– cinq joueurs à partir de 45 inscrits ;
– une table de 9 joueurs à partir de 46 inscrits ;
– deux tables à partir de 101 inscrits ;
– trois tables à partir de 201 inscrits, etc.

Place finale	Up to 27 entrants	28 to 45 entrants	46 to 100 entrants	101 to 200 entrants	201 to 300 entrants	301 to 400 entrants	401 to 500 entrants	501 to 600 entrants	601 to 800 entrants
1st	50,00 %	40,00 %	30,00 %	30,00 %	27,50 %	25,00 %	25,00 %	25,00 %	25,00 %
2nd	30,00 %	24,00 %	20,00 %	20,00 %	17,50 %	16,00 %	15,40 %	15,00 %	14,30 %
3rd	20,00 %	16,00 %	12,00 %	11,90 %	11,50 %	11,10 %	10,50 %	9,55 %	9,20 %
4th		12,00 %	10,00 %	8,00 %	8,00 %	8,00 %	7,00 %	7,00 %	6,90 %
5th		8,00 %	8,00 %	6,50 %	6,00 %	6,00 %	5,50 %	5,50 %	5,50 %
6th			6,50 %	5,00 %	4,50 %	4,50 %	4,50 %	4,50 %	4,50 %
7th			5,50 %	3,50 %	3,50 %	3,50 %	3,50 %	3,50 %	3,50 %
8th			4,50 %	2,60 %	2,60 %	2,60 %	2,60 %	2,60 %	2,50 %
9th			3,50 %	1,70 %	1,70 %	1,70 %	1,70 %	1,70 %	1,60 %
10th to 18th				1,20 %	1,20 %	1,20 %	1,10 %	1,10 %	1,10 %
19th to 27th					0,70 %	0,70 %	0,70 %	0,60 %	0,60 %
28th to 36th						0,50 %	0,50 %	0,45 %	0,45 %
37th to 45th							0,40 %	0,35 %	0,35 %
46th to 54th								0,35 %	0,25 %
55th to 63rd									0,25 %

Barème de distribution
pour les tournois en tête à tête

Place finale	Up to 32 entrants	33 to 64 entrants	65 to 128 entrants	129 to 256 entrants	257 to 512 entrants
1st	45 %	35 %	30 %	27 %	25 %
2nd	25 %	20 %	18 %	15 %	13 %
3rd-4th	15 %	10 %	10 %	8 %	7 %
5th-8th		6,25 %	4,00 %	3,50 %	3,20 %
9th-16th			2,00 %	1,50 %	1,20 %
17th-32nd				1,00 %	0,80 %
33rd-64th					0,40 %

28

Exemples de tapis

La composition des tapis est parfois un casse-tête. Voici des exemples clés en main qui vous aideront à composer les tapis les plus efficaces.

Les conventions américaines bannissent l'utilisation de jetons de 10 et de 50, au profit des jetons de 5, 25 et 100.

Deux règles à respecter :
– mettre *au maximum* trois valeurs différentes par tapis de départ ;
– au fur et à mesure que le nombre de joueurs diminue, insérer dans les tapis des jetons plus gros en valeur par effet de conversion, pour éviter que les tapis deviennent physiquement colossaux.

Tapis de 150	
jetons	nombre
1	10
5	8
25	4

Tapis de 1 000	
jetons	nombre
5	20
25	8
100	7

Tapis de 1 500 (2 valeurs)	
jetons	nombre
25	20
100	10

Tapis de 1 500 (3 valeurs)	
jetons	nombre
5	20
25	20
100	9

Tapis de 2 500	
jetons	nombre
25	20
100	20

Tapis de 5 000	
jetons	nombre
25	20
100	20
500	5

Tapis de 10 000	
jetons	nombre
25	20
100	20
500	15

29

Le jeu en tête à tête

Véritable match des nerfs, le poker en tête à tête est devenu une véritable spécialité, au point d'avoir son propre Championnat du monde depuis 2001 et ses grandes épreuves internationales.

Le tournoi avant tout

Pratiquez le tête à tête uniquement en tournoi, c'est-à-dire à la « décave », et non en *cash-games*. Les deux joueurs commencent donc avec la même somme et le premier qui a remporté le tapis adverse a gagné le match. Si le perdant souhaite rejouer, les deux joueurs recommencent, mais avec des tapis égaux pour ne pas créer d'avantage.

Le bouton paie le petit blind

En tête à tête, c'est toujours le bouton qui paie le petit blind. La table de tête à tête se présente donc comme ceci (les personnages autour de la table en dehors des deux joueurs sont des spectateurs) :

Une structure simple mais efficace

Il n'y a pas d'*ante*. Les blinds augmentent mais il est de coutume de plafonner à partir d'un certain niveau, c'est-à-dire de ne plus augmenter les blinds.

La structure employée est généralement celle-ci, avec un tapis de 10 000 :

Niveau	Petit blind – gros blind
1	50-100
2	100-200
3	200-400
4	300-600
5	500-1 000

Le tapis de 10 000 peut avoir la composition suivante :

Jetons	Nombre
50	10
100	25
500	14

« Jeu, set et match » !

Une rencontre de poker en tête à tête convient surtout en Texas hold'em *no-limit*, même si les sites Internet en proposent dans toutes les variantes. Vous pouvez jouer des matches isolés ou une série de matches successifs, par exemple en accordant la victoire au premier qui aligne trois matches gagnés.

30

Jouez chez vous sans argent

Le poker est un jeu d'argent par excellence. Pourtant, du fait de sa popularisation, de nouvelles pratiques plus conviviales du poker se sont fait jour. Plus familiales, même, et sans argent, tout en préservant l'essence du jeu.

Le poker développe de nombreuses qualités : observation, patience, capacité à la prise de décision, rapidité... Autant de qualités utiles aux plus jeunes... et aussi aux autres.

Seulement voilà : comment faire quand le poker repose d'abord sur des *valeurs d'enchères* qui, pour avoir un sens, doivent représenter un sacrifice pour l'adversaire ? Sans ce sacrifice, il faut craindre une qualité de jeu médiocre car les joueurs « se font plaisir » en allant voir toutes les cartes pour réaliser le plus gros jeu possible, même s'ils ont une chance infime d'y arriver.

Or, le vrai poker n'a rien à voir avec une loterie !

Il n'en reste pas moins qu'il est hors de question d'admettre de voir les enfants risquer de l'argent dans le poker à la maison. Voici quelques pistes pour échapper à ce travers.

Jouer les points

Il existe un enjeu gratuit qui vaut souvent plus que l'argent lui-même : l'ego, ou l'amour-propre. La honte d'avoir perdu, la gloire d'avoir gagné, suffisent souvent à motiver un jeu de qualité. La compétition entre de jeunes hommes est souvent aiguë.

Jouer le classement

À chaque partie, les joueurs accumulent des points en fonction de leurs performances. Un classement s'établit au fur et à mesure, partie après partie. Le bon chef de famille aura à cœur d'afficher le classement pour mieux inciter ses joueurs à soigner leur technique.

L'attribution des points

Le chapitre 26, « Organisez un tournoi chez vous », vous montre un principe d'attribution de points que je vous conseille d'adopter.

Si un certain nombre de tournois a été prévu à l'avance, il est encore plus amusant d'augmenter le *poids relatif* des tournois au fur et à mesure, ce qui permet à des joueurs « à la traîne » de pouvoir remonter la pente juste en réussissant une ou deux bonnes positions lors des derniers tournois.

Le tableau ci-dessous décrit le cas le plus simple, à savoir celui où le coefficient multiplicateur des points n'est autre que le rang du tournoi :

Tournoi n°	Multiplier le résultat par...	Points acquis	Points acquis ajustés
1	1	5	5
2	2	8	16
3	3	8	24
4	4	2	8
5	5	1	5
6	6	1	6
7	7	1	7
8	8	6	48
9	9	8	72
10	10	6	60

Jouer la compétition

Il vaut mieux privilégier le tournoi au *cash-games*. L'idéal est un tournoi *freeze-out*, mais on peut imaginer un tournoi avec une seule recave, pour offrir une « deuxième vie » à un joueur qui vient d'endurer un *bad beat*.

Jouer un bon repas

Jouer au poker entre amis adultes peut aussi se faire sans argent. Par exemple, une partie hebdomadaire établit un classement mensuel. Les deux derniers du classement se partagent les frais d'un bon repas convivial mensuel.

Ce qu'il ne faut pas faire

– Laisser les enfants jouer au poker avec de l'argent.
– Mettre en jeu l'argent de poche que les enfants n'ont pas encore touché.

– Faire des enchères pécuniaires sur parole (on croit avoir le meilleur jeu, alors on paie sur parole... mais l'adversaire abat un meilleur jeu, après quoi il faut rembourser !).

– Transformer brusquement une partie non pécuniaire en une partie pécuniaire.

Quatrième partie

La pratique collective

Le poker comme jeu social ouvert forme un creuset où se rencontrent toutes les strates de l'humanité : des hommes et des femmes, des riches et des moins riches, des salariés et des indépendants, des amateurs et des professionnels...

Cette pratique implique l'utilisation de l'argent, mais là aussi il s'agit de pratiquer le jeu en fonction de son budget. À cet égard, l'offre est assez diversifiée pour éviter l'échappée vers le haut des enjeux, comme cela a été souvent le cas pendant les années d'avant 2000.

Il convient de dissocier l'offre professionnelle (cercles et casinos) de l'offre amateur (clubs locaux). Les prestations sont différentes, les ambiances de jeu aussi, la proximité des joueurs et la hauteur des enjeux également. Et aussi – mais cela va de pair – le motif du jeu diffère suivant que les joueurs sont réunis pour passer du bon temps ou pour arrondir leurs fins de mois.

31

Les cercles de jeu

Les cercles de jeu sont les lieux « naturels » du poker car le poker est un jeu dit « de commerce », dont les cercles sont désignés par la loi comme les pour-voyeurs de préférence.

De par leur statut d'associations loi de 1901, donc ne pouvant pas dégager de profits, les cercles de jeux français sont tenus de n'accueillir que des jeux dits « de commerce », c'est-à-dire qui opposent les joueurs entre eux, comme le backgammon ou l'écarté.

Le poker trouve naturellement sa place dans cette panoplie, du fait également de la part de chance qu'il comporte.

La tradition française du poker a été relayée par les cercles qui ont été assez actifs et inventifs pour lui donner un statut permanent. Le leader dans ce domaine est l'Aviation Club de France (ACF), sur les Champs-Élysées, lieu intégré depuis 1995 dans le circuit international de haut niveau.

L'inscription

L'inscription au cercle est payante, généralement une fois par an. De plus en plus souvent, devant l'afflux de nouveaux joueurs férus de poker, l'inscription devient gratuite.

> **Machisme en voie de disparition**
> Les femmes sont autorisées dans les cercles, mais seulement depuis... 1986.

Les limites d'enjeux proposées

Les limites fixes sont quasiment absentes des cercles. Cette pratique n'a jamais vraiment eu de succès, même auprès des petits joueurs. Elle reste l'apanage des joueurs américains. La meilleure façon de faire un four pour un cercle français, c'est d'organiser un tournoi en limites fixes. Le même tournoi en *no-limit* recueillera trois ou quatre fois plus d'inscrits !

La pratique traditionnelle des « jeux de renvi » français (comme les anciens brelan, bouillotte et lansquenet) consiste à pouvoir à tout moment jouer son « va-tout », donc à jouer en *no-limit*.

Mais une troisième limite d'enchères est apparue, sous l'influence des cercles anglais qui fleurissent outre-Manche depuis les années 1960. Il s'agit du *pot-limit*, qui s'est répandu comme norme des *cash-games*.

Vous trouverez ainsi des tables à 30 euros, 100 euros, 200 euros, 1 000 euros et au-delà. Les cercles se rémunèrent de deux manières :
– soit sur les pots, sous forme d'une commission plafonnée ;
– soit sous la forme d'un prix horaire fixe, généralement appliqué pour les grosses tables, appelé « droit de chaise ».

Les jeux proposés

En cercle, les tables les plus demandées sont celles de Texas hold'em *no-limit*. Depuis 2002 environ, elles se sont multipliées à l'image des tournois télévisés, alors qu'elles étaient impossibles à trouver auparavant.

Avant elles, les tables les plus populaires étaient celles de *dealer's choice pot-limit* (choix du donneur). Dans ces parties-là, le bouton décide de la variante du coup qu'il donne. Les variantes disponibles sont inscrites sur des plaques d'une dizaine de centimètres qui, empilées, forment le bouton. Le donneur virtuel place la plaque de son choix sur le dessus de la pile, et le croupier, la voyant, sait quelle variante il doit donner.

Le plus souvent, le choix est le suivant : Texas hold'em, Omaha, Omaha *high-low*, stud à 7 cartes, razz, Courchevel, double hold'em. Ces tables-là sont jouées en *pot-limit*. Elles sont encore très courues aujourd'hui.

> **Plaire aux habitués**
>
> D'une manière générale, un cercle de jeu a à cœur de plaire à ses habitués. Si vous prévenez le cercle que vous allez venir avec des amis samedi après-midi pour un tournoi de Texas hold'em privé, il saura vous satisfaire. Si vous voulez retrouver les vieilles émotions des parties de poker fermé, là encore il ouvrira une table si tant est qu'il a assez de clients.

Un rôle de sauvegarde

Le cercle est censé fournir à sa clientèle un jeu de qualité professionnelle. En ce sens, il protège ses clients contre les tricheries des autres joueurs, mais ne saurait en être garant pour autant. Le règlement est impitoyable envers les joueurs coupables de malversations ou d'arnaques. En ce sens, le cercle est un lieu où l'on peut jouer au poker sans craindre de se faire plumer par des faisans.

Mais ne soyons pas naïfs. Certains joueurs sans scrupules trouvent dans les cercles une source d'argent frais quasiment intarissable. S'il leur est difficile de pratiquer la tricherie directe, ils utilisent plutôt la *collusion*, active ou passive, c'est-à-dire l'entente avec un autre joueur pour en plumer un troisième. Il suffit que cela fonctionne sur un très gros coup pour rentabiliser la soirée, aussi est-il difficile d'avoir des soupçons justifiés.

La collusion n'est pas l'apanage des cercles. Elle est à craindre dans toutes les pratiques du poker, quelles qu'elles soient.

Détectez la collusion

Pour savoir s'il y a de la collusion dans votre partie, vous allez à force d'observation vous rendre compte qu'il y a des « choses qui clochent » :

– un joueur ne relance jamais un autre joueur précis, et *réciproquement* ;

– quand un joueur relance, l'autre passe immédiatement (il ne suit ni ne relance jamais), et *réciproquement* ;

– ces deux joueurs-là ne se connaissent de toute évidence pas mais de temps à autre ils ont des gestes ou des mots amicaux ;

– deux joueurs ont des manières très chaotiques de jouer.

Un seul joueur qui pratique des enchères burlesques n'attire pas spécialement l'attention. Mais quand il y en a deux à la table, attention : en les surveillant bien, vous allez pouvoir détecter s'ils jouent ensemble ou non.

Sur Internet

Signalez à la maintenance les coups où vous avez soupçonné de la collusion. Le service va croiser les autres données qu'il possède et va peut-être prouver qu'elle existe bien. La sanction est immédiate et unique : la radiation.

De plus en plus de sites parviennent à savoir si deux joueurs assis à la même table sont aussi branchés sur Skype, la téléphonie par Internet (ce qui leur permet d'échanger l'identité de leurs cartes). Quand c'est le cas, le site empêche le deuxième joueur de s'asseoir à la table... et les deux joueurs font ensuite l'objet d'une enquête !

Un intérêt multiple

L'intérêt de la collusion est multiple :

– elle permet de jouer sur quatre cartes au lieu de deux ;

– en tournoi, elle peut conduire un joueur à « livrer » ses jetons à l'autre, qui a un tapis plus fort, pour le favoriser ensuite ;

– en *cash-games*, elle peut créer une situation qui baisse la cote du joueur menacé (car il a deux adversaires au lieu d'un seul) ;

– en limites fixes, par l'effet de deux relances successives, elle double le prix normal de la poursuite du coup pour le joueur menacé.

Fuyez la collusion !

Il est quasiment impossible de prouver la collusion. Alors quittez la table où vous la soupçonnez, et évitez à l'avenir de jouer contre les joueurs soupçonnés à chaque fois qu'ils sont ensemble à la même table.

32

Les clubs locaux

Les membres des clubs locaux sont généralement actifs en matière de compétition interclubs. Ce sont toujours des joueurs qui suivent de près les compétitions internationales.

Même si certains clubs locaux de poker sont des associations loi de 1901, la plupart d'entre eux sont de simples associations de fait, qui n'ont d'existence que celle que leur donnent leurs membres. La FFJP (Fédération française des joueurs de poker) tente de créer les normes et la structure nécessaires pour leur donner une existence commune. Des initiatives existent aussi, comme des tournois interclubs au sein d'une même région.

Des « structures déstructurées »

La plupart des clubs locaux n'ont pas d'endroit pour se réunir, simplement parce que le poker est encore sujet à suspicion dans bien des villes. Pour ma part, je peux comprendre un maire quand il refuse l'accès à une salle polyvalente à des fondus d'un jeu d'argent comme le poker. Le lien avec une activité culturelle n'est pas évident de prime abord...

Il en résulte que beaucoup de clubs n'existent qu'à travers leurs membres, se réunissant à des dates irrégulières chez celui-ci ou celui-là. Beaucoup de clubs s'accommodent de cette situation dans la mesure où, les Renseignements généraux faisant la chasse aux parties jusqu'aux plus insignifiantes, le dicton « pour vivre heureux, vivons cachés » finit par faire sens.

Pourtant, je peux affirmer, pour les avoir visités en grand nombre, qu'il ne s'agit en rien de repaires de trafiquants. La plupart, même, comportent des gens très bien : des enseignants, des employés du gaz, des militaires...

Les autorités veillent

Je revois encore la mine déconfite de ce fonctionnaire des RG ce jour de septembre 2005 quand il a déboulé dans un petit club de la côte ouest où je participais à un tournoi amical annoncé sur Internet... Il s'attendait à une poignée de malfrats en train de faisander une volée de pigeons naïfs... alors que les enjeux étaient posés dans une boîte en carton : dix euros par personne, oui monsieur... Moyenne d'âge : 24 ans.

Il y avait même un élu local avec des cartes en main... Finalement, conscient de la situation et l'ayant prise avec le sourire, il est reparti après avoir bu un Coca dans un verre en carton que l'organisateur avait mis à la disposition des joueurs.

Ce tableau n'est ni exagéré, ni exceptionnel. C'est ainsi que vont les tournois locaux en France et dans la plupart des pays européens. À la base, on trouve quelques aficionados, rendus passionnés après avoir vu *Les Joueurs* à la télé ou un tournoi du World Poker Tour présenté par Patrick Bruel. Le reste vient tout seul. Puis, à la faveur d'un blog Internet et de contacts entre copains, l'équipe s'étoffe et des tournois sont organisés irrégulièrement.

> **L'année noire**
> 2005 a été l'année où les RG ont en effet réagi durement en rappelant qu'il était illicite d'annoncer les tournois sur Internet, comme sur n'importe quel autre média d'ailleurs. Résultat, on en est revenu à la méthode de papa, celle que j'ai toujours appliquée : le rapport direct avec les joueurs, cette fois sous forme de SMS, ou, mieux, la page Internet protégée par un mot de passe connu des seuls locaux.

Leurs activités

Un club de passionnés de poker local est tout à fait comparable à un club local de passionnés de tir à l'arc ou de modélisme. À ceci près qu'au lieu de préparer des flèches ou de bidouiller des moteurs de moulins à café, on fait flèche de tout bois avec ses cartes et on boit du café autour des tables de jeu.

Telle est l'activité principale du club local : organiser des tournois entre ses propres membres, qui tous se connaissent par ailleurs. Les mises restent très basses. L'entrée au tournoi va de deux à quinze euros, et ils disputent en moyenne... un tournoi par semaine. Vous avez bien lu. Pour le prix d'un café ou d'une place de cinéma, ces gars-là s'étripent comme des champions du World Poker Tour autour d'une table. Et je peux vous assurer que l'ambiance est aussi sérieuse.

La différence, c'est que les perdants ne passent pas à côté de plusieurs centaines de milliers de dollars, et que le gagnant empoche rarement plus de cent euros.

Quand il y a enjeu, sa hauteur importe peu

Comme je l'écrivais précédemment, ce n'est pas la hauteur de l'enjeu qui compte mais le challenge. C'est en cela que la pratique de ces clubs locaux est hautement novatrice. Ils ont inventé ni plus ni moins que le *poker de divertissement*, chose qui n'existait nulle part avant eux.

Au xxe siècle, une partie de poker ne pouvait se concevoir sans des relances énormes, une arrière-salle de bistrot en nocturne et des « clients » trouvés dans les hordes des présentateurs télé, des journalistes, des maquereaux et des artistes. Les uns et les autres pouvaient jouer un Smic sur une seule mise.

Cette pratique demeure, mais elle est devenue minoritaire au profit de celle de clubs locaux qui ont eu ce génie de faire du poker un jeu de cartes avec enjeu financier, et non un enjeu financier avec les cartes comme prétexte. Voilà pourquoi il faut encourager les clubs locaux, du moins ceux qui sont blancs comme neige (c'est le cas de presque tous).

Où les trouver ?

La plupart des clubs locaux sont bannis des répertoires du cru. Vous y trouverez les clubs de macramé, d'échecs, de tarot, de yoga, mais pas ceux de poker. Du moins, la plupart du temps.

Qu'à cela ne tienne. Pour savoir quel est le club le plus proche de chez vous, je vous invite à aller sur mon site www.over-pair.com, car je mets un point d'honneur à tenir une liste des clubs actifs. Ils ont un lien direct sur la partie droite de la page d'accueil, et sont répertoriés par numéro de département.

Il existe aussi d'autres portails pour les trouver (voir en fin de volume).

33

Les casinos

Les casinos ont accédé depuis 2007 seulement au poker, mais ils le développent avec ferveur.

Mai 2007 est à marquer d'une pierre blanche dans la vie des casinos français. Un arrêté de la République récapitule les nouvelles conditions des jeux, conséquences des accords conclus un an auparavant, à propos, entre autres choses, de la pratique du poker.

Cet arrêté fait suite à une période test qui a débuté en août 2006 dans les établissements de Divonne, Deauville, Aix-en-Provence, entre autres.

Les conditions de la pratique dans les casinos

Les casinos sont cantonnés au Texas hold'em.

Ils peuvent l'exploiter aussi bien en limites fixes qu'en *pot-limit* ou en *no-limit*.

En *cash-games*, la commission de pot est unique et fixée à 4 %. C'est plutôt compétitif, sauf sur les grosses tables si le casino a décidé de ne pas la plafonner – elle peut atteindre alors des sommets. Les cercles, eux, plafonnent la commission.

En tournoi, la commission est unique et fixée à 4 %. Pour le coup, cette commission est intéressante car dans les cercles elle est de 5 % pour les gros tournois (au moins 5 000 euros de *buy-in*) et de 9 ou 10 % pour les petits (30 euros et plus).

Pourquoi il faut jouer dans les casinos

Le poker dans les casinos est intéressant à plusieurs titres :
– comme c'est un jeu récent, les pratiquants ne sont pas encore aguerris et il est plus facile de les battre ;
– certains clients acquis viennent s'essayer au poker ; ils proviennent du blackjack, de la roulette, du punto banco, du stud de casino... ; là encore, la confrontation est à l'avantage des joueurs de cercles ;
– les casinos ont une approche *industrielle* du jeu, contrairement aux cercles qui, du fait de leur statut d'association loi de 1901, restent artisanaux ; les casinos développent donc des circuits de tournois qui sont autant d'opportunités de gain auprès de joueurs *a priori* peu aguerris.

Faute d'historique suffisant, il m'est difficile d'en dire plus sur le poker dans les casinos. Je sais cependant qu'ils croient beaucoup dans ce nouveau jeu qui connaît de forts relais médiatiques et un véritable engouement auprès de nombreux publics différents. Cela leur donne une opportunité unique de recruter de nouveaux joueurs dans des tranches de population qu'ils n'avaient pas séduites auparavant.

La puissance de feu des grands groupes de casinos est telle qu'il faut s'attendre à une forte activité poker de leur part, relayée sans doute par des sites Internet *ad hoc*.

La loi de l'ancienneté

Plus un cercle est ancien et plus les joueurs qu'on y rencontre sont aguerris. Allez donc dans les clubs anglais, les plus anciens d'Europe, et vous verrez quel est leur niveau de jeu...

Inversement, un endroit qui propose le poker depuis peu dispose de joueurs d'un niveau faible. C'est le cas des casinos. À chacun de savoir en tirer parti.

Les règles de la salle de poker du Bellagio (Las Vegas).
1. La commission maximum est de 10 %.
2. Le *check-raise* est autorisé.
3. Maximum : une ouverture et quatre relances [en limites fixes].
4. La loi du Nevada autorise les joueurs qui travaillent au titre du club. Ils seront identifiés par l'encadrement sur demande.
5. Seuls les billets de $100 sont autorisés à la table.
6. La décision du superviseur est définitive.

Une partie de la *poker room* du Caesar's Palace, la plus grande de Las Vegas (64 tables).

34

Les *cash-games*

Les *cash-games* constituent la façon de jouer au poker la plus ancienne. Elle est encore très vivace.

Le *cash-game* est la façon instinctive de jouer au poker parce que c'est celle que décrivent les westerns et tous les films d'avant 1998 traitant peu ou prou du poker. En 1998 est arrivé *Les Joueurs*, ce superbe film de John Dahl avec John Malkovitch et Matt Damon. D'un coup, le monde a découvert ce qu'était le poker de tournoi. Dès lors la boucle était bouclée : il y a bien deux pratiques de base du poker, que sont les *cash-games* et les tournois.

Des parties d'argent

Cash-games signifie « parties d'argent ». Il s'agit de changer son argent contre des jetons puis de jouer au poker avec ces jetons. La plupart des cercles et casinos ont leurs propres parties de *cash-games* permanentes, avec leur clientèle d'habitués et d'occasionnels.

S'il existe plusieurs tables, comme c'est souvent le cas, il y en a toujours une qui est meilleure pour vous.

Essayez de savoir laquelle en observant bien les joueurs.

> **C'est vous le meilleur ? Ah bon ?**
> Le poker est un jeu *d'opposition*. N'oubliez jamais cette règle sacro-sainte de la stratégie pokérienne : si vous gagnez, ce n'est pas tant du fait de votre qualité de jeu que du *manque de qualité* du jeu adverse. L'inverse est aussi vrai ! Si vous perdez, ce n'est pas tant du fait de votre jeu médiocre que du fait du bon jeu adverse.
> *Sachez choisir vos adversaires !* Vous gagnerez plus souvent contre des joueurs qui sont moins bons que vous que contre des joueurs qui vous sont supérieurs. Dans un jeu d'argent, savoir ce genre de choses est essentiel.

La plus forte concentration de tables de *cash-games* a toujours lieu pendant les festivals de poker, ces périodes d'une ou deux semaines (parfois plus) où a lieu un tournoi par jour. Les tables de *cash-games* sont alors remplies des joueurs qui se sont fait éliminer des tournois.

Moyennant quoi des travers existent :

L'argent n'a pas la même valeur pour tous

Suivant leur train de vie, cent euros pour l'un valent moins que cent euros pour un autre. Donc une même enchère ne signifie pas forcément le même sacrifice pour celui qui l'émet et pour celui qui la reçoit.

Si celui qui la reçoit est plus riche, il aura davantage tendance à la payer que le moins riche. *Conclusion* : il est plus difficile de bluffer un joueur plus riche qu'un joueur moins riche que soi.

Reste à repérer les joueurs plus riches car ce n'est pas écrit sur leur figure. Il convient ensuite d'éviter de les bluffer.

La possibilité de recaver est tentante

Le joueur qui perd ses jetons, surtout sur un coup où la malchance a joué un rôle, a toujours tendance à racheter des jetons pour reprendre le jeu là où il était.

Il est difficile de lutter contre cette tendance de base, surtout quand on possède encore de l'argent sur soi. La solution consiste à amener dans la salle de jeu seulement le budget qu'on s'est assigné... et rien de plus.

Attention aux faux-semblants

Beaucoup de joueurs ont un comportement brouillon. On jurerait qu'ils font n'importe quoi. En les regardant, on n'a qu'une idée en tête : ils jouent tellement mal que je n'en ferai qu'une bouchée !

Mais la réalité est tout autre. Le comportement simulé est autorisé au poker. Il fait même partie de l'arsenal habituel de défense du joueur. Ce n'est pas de la tricherie. Un joueur qui adopte ce comportement évaporé est probablement en train d'endormir son monde. Il « va à la pêche » et secoue son leurre pour attirer le poisson.

C'est à mon sens le piège le plus grossier mais aussi le plus efficace auprès des jeunes joueurs. Car celui qui perd une fois contre un joueur comme celui-là n'aura qu'une envie, revenir à l'attaque en étant persuadé qu'il est fondamentalement meilleur que lui... alors que c'est sûrement tout le contraire.

Beaucoup de joueurs à succès sur Internet se cassent les dents en *cash-games* réels parce qu'ils n'ont jamais été amenés à gérer les comportements adverses. Or, cette capacité compte à coup sûr pour plus de la moitié du résultat. Phil Hellmuth, le champion le plus titré au monde, estime même cette part à 70 %.

Attention à la collusion

Certains tables de *cash-games* bien installées dans des cercles ou des casinos sont en fait de vrais coupegorges... parce qu'elles ne sont pas honnêtes. Sans que le personnel de surveillance de l'endroit s'en rende compte, des joueurs s'entendent, généralement à deux, pour coincer un joueur isolé et « essorer » la poire comme il faut.

La collusion est difficile à prouver. Surtout si le joueur incriminé est un gros client de l'endroit, le responsable des lieux aura comme premier réflexe de défendre son client. Donc sans preuve, vous ne pouvez accuser, et votre seule solution consiste à changer de table... ou de crèmerie.

Ce qu'il faut faire

– Obtenir autant que possible des avis sur le jeu dans cet endroit, par exemple dans les forums de discussion (voir fin de volume).
– Amener uniquement l'argent qu'on accepte de perdre.
– Observer attentivement ses adversaires pour essayer de séparer les joueurs aguerris (y compris ceux qui n'en ont pas l'air) des autres.
– Observer attentivement ses adversaires pour essayer de séparer les joueurs riches (y compris ceux qui n'en ont pas l'air) des autres.
– Pendant un festival, occuper dès que possible une table de *cash-games* car les premiers éliminés du tournoi vont venir s'y asseoir, ce qui vous donne des adversaires plus faciles à battre.

– Arriver en fin de session, par exemple vers deux heures du matin, quand les joueurs de la table sont usés par des heures de combats incessants et quand leur détermination émoussée les rend moins prompts à défendre leurs gains.

– Noter scrupuleusement ses résultats après chaque session, en y indiquant la variante, la hauteur d'enchères et le temps joué, pour déterminer le gain horaire.

– Quitter la table dès que vous avez un soupçon de collusion.

> ### À éviter à tout prix
> Vous pouvez avoir trouvé enfin une bonne table, peuplée de gentils touristes fatigués prêts à se faire plumer. Parfait. Mais attention, car des joueurs vont remplacer progressivement ceux qui sont déjà présents. Et cette table va peut-être devenir pour vous un véritable enfer. À vous de vous en rendre compte et de la quitter au plus vite !

35
Les tournois monotables et multitables

Les tournois constituent la façon de jouer au poker la plus récente. Elle se développe à grands pas et amène un esprit de compétition qui n'existait pas autrefois dans le poker.

Le tournoi représente à mon sens la forme supérieure du poker, dans la mesure où il s'agit de gérer non seulement la rentabilité des coups, mais aussi une compétition dans son entier, avec ses hauts et ses bas. Pour en savoir plus sur la façon dont fonctionne un tournoi, lisez le chapitre 25, « Le principe du tournoi ».

Le tournoi est aussi ce qui a amené la télévision au poker. L'effet mutualiste est à la base de tout : ce que gagnent les gagnants est ce perdent les perdants. Et comme les perdants sont beaucoup plus nombreux (de 80 % à 90 % selon les sources), les sommes remportées individuellement peuvent atteindre des sommets.

L'effet de masse joue à plein
Aux World Series of Poker 2006, Jamie Gold a gagné douze millions de dollars. C'est un record absolu, toutes

activités sportives confondues. Le deuxième de ce Championnat du monde n'est pas à plaindre non plus, puisqu'il a empoché 6 millions de dollars. Jusqu'au dixième qui gagnait 1,5 million... quand même ! Mais dans cette compétition il y a eu 8 800 joueurs et seulement 800 joueurs primés.

Sur Internet, la différence est encore plus sensible. La vocation universelle et la pratique des prix bas font que les tournois qualificatifs peuvent réunir des dizaines de milliers de joueurs pour des prix d'entrée d'une poignée de dollars seulement. Là encore, c'est la masse qui génère les gains élevés.

L'effet de levier des bons joueurs

Il existe de vrais techniciens de tournoi, des joueurs dont la connaissance et la pratique sont telles qu'ils peuvent aussi bien battre 250 joueurs que 2 500. Mais dans le deuxième cas le prix à gagner est dix fois plus élevé...

Les tournois monotables

Comme son nom l'indique, le tournoi monotable se déroule sur une seule table. Les cercles et les casinos en proposent sous la forme dite « sit & go ». Le tournoi commence dès que le quorum des joueurs est réuni (neuf ou dix, c'est selon).

Ce tournoi est forcément plus facile à gagner qu'un tournoi multitable, où il faut battre plus de joueurs. Il est donc idéal pour démarrer dans les tournois. Ne croyez cependant pas qu'il soit facile de le gagner.

Sans entrer dans les détails, vous allez rencontrer plusieurs phases successives dans un tournoi monotable.

Les 4 phases actives du tournoi monotable

1. Observer et patienter

Dans cette première phase, les blinds sont bas par rapport à votre tapis, donc vous pouvez patienter. N'entrez qu'avec de bonnes cartes, une bonne position, des adversaires adaptés (pour plus d'informations sur la stratégie, voir en fin de volume).

2. Renforcer

La première phase a vu probablement un ou deux adversaires disparaître. La deuxième phase arrive quand les blinds sont plus hauts (le surblind vaut environ le quinzième de votre tapis). Cette fois, tout en privilégiant toujours de bonnes cartes, mais un peu moins bonnes, vous allez attaquer fortement pour protéger votre main et impressionner les adversaires. Mais au moindre signe de réaction adverse, si vous avez un doute sur votre victoire, quittez le coup.

3. Accéder au gain

La deuxième phase a probablement vu disparaître trois ou quatre autres joueurs, de votre fait ou non. Vous arrivez maintenant au stade redoutable de la « bulle », c'est-à-dire une place avant la première place payée, qui est généralement la troisième place dans ce type d'épreuve.

Vous allez voir vos adversaires geler leur jeu, ne plus oser attaquer, simplement parce qu'ils craignent de ne pas accéder à ce prix. Si vous avez un gros tapis, n'intervenez qu'à coup sûr ou quasi. Mais si votre tapis est le plus petit ou le troisième, restez actif car vos relances de bluff ne peuvent être payées que par des joueurs très forts en cartes.

4. S'adjuger le meilleur gain

Quand vous êtes enfin dans les places payées, si vous avez suivi mes conseils, vous n'avez pas le plus petit tapis. Le fait d'attaquer à la bulle vise justement à monter un tapis qui permette de prendre l'ascendant sur la table et, surtout, qui vous donne grand favori pour gagner le coup.

Mais attention : même dans cette situation, vous pouvez être battu. C'est à vous, au coup par coup, de déjouer les attaques adverses et de piéger les adversaires tour à tour, avec la patience qu'il faut, pour en éliminer un, puis éliminer le suivant. Si vous terminez vainqueur, vous gagnez quatre fois net votre droit d'entrée.

Avec si peu de joueurs, souvenez-vous que vos mains n'ont pas à être aussi fortes qu'au départ. Une paire de rois de début de tournoi, par exemple, équivaut à environ as-valet à trois joueurs. Simplement parce que vous n'avez que deux adversaires au lieu de neuf pour posséder une main meilleure que la vôtre...

> **Pratiquez le monotable**
> Le tournoi monotable est un excellent entraînement pour la table finale des tournois multitables. Pratiquez-le !

Les tournois multitables

Il existe de nombreuses sortes de tournois multitables, comme nous l'avons vu dans le chapitre 25, « Le principe du tournoi ». Comme cet ouvrage n'a pas pour vocation première de faire de vous un as du multitable, je vais aborder ici les tournois multitables les plus courants, à savoir les Texas hold'em *no-limit freeze-out*.

Rappelons que le *freeze-out* consiste à faire payer un seul même droit d'entrée à tous les joueurs, avec élimination directe en cas de perte des jetons.

Les 7 phases actives du tournoi multitable

1. Observer et patienter

Dans cette première phase, les blinds sont bas par rapport à votre tapis, donc vous pouvez patienter. N'entrez qu'avec de bonnes cartes, une bonne position, des adversaires adaptés (pour plus d'informations sur la stratégie, voir en fin de volume).

2. Positionner

La première phase a vu de nombreux joueurs éliminés, à peu près 20 %, probablement des joueurs qui ont pris trop de risques ou qui se sont engagés dans des coups dont ils n'ont pu sortir que perdants.

La deuxième phase arrive quand les blinds sont plus hauts, quand le surblind vaut environ le vingtième de votre tapis. Tout en privilégiant toujours de bonnes cartes, mais un peu moins bonnes, vous allez attaquer de façon ciblée pour protéger votre main et impressionner les adversaires. Mais au moindre signe de réaction adverse, si vous avez un doute sur votre victoire, quittez le coup.

3. Renforcer

À la fin de la deuxième phase, encore 20 à 30 % des joueurs ont été éliminés. Il en reste maintenant la moitié. C'est un moment clé du tournoi car les blinds sont assez élevés pour mériter d'être volés. Si votre tapis est plutôt bas, c'est ce que vous allez faire. Attaquez aussi à bon escient à chaque fois que vous sentez que l'adversaire ne pourra pas payer.

Ces manœuvres n'ont qu'un seul but : vous maintenir à la *moyenne du tournoi*, si possible au-dessus. Il faut aussi vous maintenir dans les trois premiers tapis de votre table car les joueurs ont toujours peur des gros tapis.

4. Approcher les places payées

La phase précédente a été sans pitié pour les petits tapis. Ils ont été massacrés en grand nombre, obligés de se risquer dans des coups où ils n'étaient pas favoris. Encore 30 % des joueurs du départ y ont laissé la vie.

Maintenant, arrive la phase qui s'avère la plus délicate, la « bulle », c'est-à-dire une place avant la première place payée. Vous allez voir vos adversaires se geler, ne plus oser attaquer, simplement parce qu'ils craignent de ne pas accéder à un prix. Si vous avez un gros tapis, n'intervenez qu'à coup sûr ou quasi. Mais si votre tapis est réduit ou moyen, soyez actif car vos relances de bluff ne peuvent être payées que par des joueurs très forts en cartes.

5. Tailler la route

Quand vous êtes enfin dans les places payées, si vous avez suivi mes conseils, vous n'avez pas le plus petit tapis. Le fait d'attaquer à la bulle vise justement à monter un tapis qui permette de prendre l'ascendant sur la table et, surtout, qui vous donne grand favori pour gagner le coup. Mais attention : même dans cette situation, vous pouvez être battu. C'est à vous, au coup par coup, de déjouer les attaques adverses et de piéger les adversaires tour à tour, avec patience.

Chaque adversaire éliminé vous fait grimper d'un cran dans l'échelle des gains. À chaque fois que deux adversaires sont aux prises, laissez-les se battre sans intervenir. L'un des deux va forcément meurtrir l'autre.

6. S'adjuger la victoire

Il reste deux ou trois joueurs et vous êtes de ceux-là. Survivre à tant de joueurs est une bénédiction pour vous, vous avez l'impression d'être béni des dieux. Mais il n'en est rien. Le tournoi ne sera gagné que quand vous aurez éliminé votre dernier adversaire. Surtout ne baissez pas la garde avant !

Là encore, laissez vos adversaires se battre entre eux à chaque fois que cela se produit. Volez les blinds. Imposez votre force pour faire passer vos bluffs. Avec si peu de joueurs, souvenez-vous que vos mains n'ont pas à être aussi fortes qu'au départ. Une paire de rois de début de tournoi, par exemple, équivaut à environ as-valet à trois joueurs. Simplement parce que vous n'avez que deux adversaires au lieu de neuf pour posséder une main meilleure que la vôtre...

Si un mauvais coup arrive qui vous met petit tapis, alors ne connaissez qu'une seule enchère : *all-in* à l'attaque. Je précise bien *à l'attaque*, car autant c'est une bonne chose d'attaquer *all-in* avec as-10, par exemple, autant c'est une erreur de payer une relance *all-in* avec cette main ! Pourquoi ? Parce que, quand vous attaquez, vous avez en plus la possibilité que l'adversaire jette tout de suite ses cartes. Pas quand vous suivez ! C'est une conséquence du *gap concept* que nous verrons plus loin.

Psychologiquement déterminé

Pour gagner un tournoi, vous devez dès le départ vous *imaginer gagnant*. Se contenter dès le départ d'avoir une place *honorable* ne suffit pas. Psychologiquement, vous devez être inflexible, déterminé !

La salle de jeu du Rio, à Las Vegas, pendant les WSOP. Plus de 200 tables dans le même local...

Cinquième partie

La pratique en ligne

Le poker en ligne a trouvé une réalité technique à
partir de 1999 avec le premier site de jeu en direct.
Mais il a vraiment connu le succès à partir de 2002,
quand deux sites majeurs ont déployé une puissance
marketing incomparable impliquant en quelques
mois plusieurs millions d'internautes.

Depuis, le poker en ligne s'amplifie de jour en jour.
On estime à plus de trois cents millions de dollars les
sommes échangées *journellement* sur les cybertables, auxquelles sont assis, à l'instant t, plus de
120 000 joueurs en moyenne.

Le phénomène est tel que les gouvernements ont
réagi, en tête desquels la Maison-Blanche, craignant
le blanchiment d'argent. Cela n'a en rien empêché le
développement du poker sur le Net. Car quel club
offre à ses clients la possibilité d'affronter des centaines de joueurs venus des quatre coins du monde à
tout moment du jour ou de la nuit, et de participer à
des tournois dont certains sont richement dotés,
parfois avec plus de 5 000 participants ?

Le leader des sites accueille en pointe environ 80 000 joueurs. Pour les accueillir en réel, il faudrait une salle de casino grande comme dix terrains de football...

36

Le cadre législatif du poker en ligne

La loi sur la prévention de la délinquance, appliquée dès l'été 2007, déclare illégaux les sites de jeux en ligne payants, dont les sites de poker.

À aucun moment la loi n'interdit de jouer au poker sur Internet. Elle interdit toute publicité, sous quelque forme qu'elle soit, pour les sites illégaux de jeu en ligne. Or, certains de ces sites, et parmi les plus sérieux, sont cotés à la Bourse de Londres, avec expertises et audits à l'appui.

Deux législations achoppent donc : d'un côté, la législation française qui cherche coûte que coûte à maintenir son monopole des jeux, et de l'autre, la législation européenne qui prône depuis toujours la libre circulation des personnes, des biens et des services. La Commission européenne a plusieurs fois rappelé à l'ordre l'État français pour qu'enfin s'ouvre le marché des jeux en France. La France a toujours argué de « l'exception française », mais le monopole est en passe d'éclater.

À cet égard, les arguments de la France sont minces :

– *la question fiscale :* les sites eux-mêmes ont déjà fait des projets de fiscalisation de leurs gains réalisés en France ;

– *la question des limites de mises :* là encore, les sites eux-mêmes imposent des limites de mises à leurs clients, plafonnements que le joueur ne peut hausser qu'après une longue période ;

– *la question du client :* personne ne sait quel âge a la personne qui clique sur la souris ; or, l'État n'a émis aucune réserve à ce sujet pour la Française des jeux, qui permet déjà de miser en ligne ;

– *le blanchiment d'argent :* c'est sans doute le meilleur argument car il est vrai que les sommes rapatriées ne sont pas forcément des gains ; un contrôle plus serré de ces sociétés résoudrait facilement cette question, chose facile au sein de l'Union européenne.

Force de loi

Pour respecter la loi sur la prévention de la délinquance, nous ne citerons aucun nom de site de poker en ligne. Nous aurions aimé citer ceux qui présentent toutes les garanties de sérieux, mais nous préférons par précaution renvoyer nos lecteurs aux forums de discussion (voir fin de volume).

Attention ! Pour jouer au poker en ligne, il faut avoir **dix-huit** ans révolus.

37

Équipez-vous en matériel et en logiciel

Sans matériel ni logiciel adaptés, le poker sur Internet risque de devenir un cauchemar...

Pour jouer au poker en ligne, il vous faut :
– le matériel adapté,
– le logiciel adapté,
– la connexion adaptée.

Le matériel

Le système d'exploitation Windows 98, ME, 2000, XP est compatible avec la grande majorité des sites de poker en ligne. Certains acceptent même OS-X de Macintosh, voire Unix, avec ou sans Java.

Les spécifications suivantes suffisent la plupart du temps :
– vitesse du processeur : 333 MHz,
– mémoire RAM : 256 MB,
– résolution de l'écran : 800 x 600 ou 1024 x 768 avec couleurs 16-bit,
– espace disque requis : 30 MB.

Le logiciel

Le logiciel de jeu est celui qui vous est proposé en téléchargement sur le site lui-même. Il est gratuit.

Quand vous avez téléchargé ce logiciel sur votre machine, vous n'avez plus à passer par le Web pour jouer. Il vous suffira de vous booter directement sur le serveur du site pour vous mettre en ligne d'une manière totalement confidentielle.

Certains sites proposent de ne pas laisser leur logiciel à demeure sur votre PC mais de le charger à chaque fois en version allégée. C'est le cas pour certaines versions sur Mac via Java.

La connexion Internet

Le haut débit n'est pas requis mais il est recommandé pour les graphismes animés de certains sites. Une connexion à un MB est idéale.

> ### Sur le téléphone aussi
> Certains sites de poker en ligne ont développé des applications pour jouer directement au poker sur le téléphone portable, aux mêmes tables qui sont présentes sur Internet. Et ça marche !

38

Les avantages et inconvénients du jeu en ligne

Par rapport au jeu en *live*, le jeu en ligne comporte un certain nombre d'avantages... et quelques inconvénients.

Avantages du poker en ligne		
Sujet	Poker en réel	Poker en ligne
Débuts du joueur	Pas facile (adversaires aguerris)	Facile (un clic suffit)
Disponibilité du jeu	Heures d'ouverture	24 h sur 24, 7/7
Tables en jeu gratuit *(play money)*	Indisponibles	Disponibles
Jeu sur plusieurs tables à la fois	Impossible	Possible
Économie	Tables à partir de 30 euros	Tables à partir de 5 euros
Adversaires	Relativement peu nombreux	Innombrables et variés

Confort et simplicité	Il faut sortir	Chez soi
Mobilité à la table	Quitter la table gagnant est parfois délicat	On quitte la table quand on veut
Rapidité du jeu	Environ 30 coups/h	Environ 80 coups/h
Aides internes	Aucune, hormis soi	Statistiques, notes
Aides externes	Aucune, hormis soi	Traqueurs, bases de données, robots
Historique des coups	Manuel	Automatique et précis
Plafonnement des mises	Manuel	Programmable
Clarté des informations	Il faut évaluer et calculer soi-même	Infos visibles : hauteur des tapis, cartes...
Largeur de l'offre	Serrée	Large (accès à plusieurs sites en même temps, jeu sur plusieurs tables...)

Inconvénients du poker en ligne		
Sujet	Poker en réel	Poker en ligne
Sincérité du jeu	Garantie par la réputation	Garantie en principe mais pas prouvée
Encaissement des gains	Immédiat	Sous au moins 48 h
Traçabilité des gains et des pertes	Quasiment inexistante	Totale
Observation des adversaires	Complète	Tronquée

Le jeu sur Internet est un gros pourvoyeur d'avantages mais il accuse quatre insuffisances par rapport au jeu réel :

– *la garantie de la régularité des opérations :* la plupart des sites, même ceux qui ont « pignon sur rue », communiquent peu sur leurs équipes, un peu plus sur leurs outils ; certains ont prouvé leur sérieux, d'autres restent douteux ;

– *l'encaissement des gains :* les sites Internet n'ont pas encore réglé le problème du délai de crédit de votre virement, pour de simples questions de procédures bancaires ;

– *la traçabilité des gains et des pertes :* un joueur, fût-il de poker, préfère rester discret sur son hobby, sur les sommes qu'il y consacre et en retire ; Internet garde une trace parfaite de ces mouvements de fonds ; cet élément peut être jugé favorable dans la mesure où, pour le joueur lui-même, l'historique au dollar près peut s'avérer précieux ;

– *l'observation des adversaires :* c'est pourtant un élément essentiel du gain ; paradoxalement, comme cette observation est ultra-réduite sur Internet, les critères à prendre en compte sont moins nombreux et le jeu en ligne est plus aisé de ce point de vue.

Aides au jeu et à la décision

Les aides au jeu et à la décision sont nombreuses sur Internet. J'évoque ici plusieurs outils qui peuvent améliorer grandement le jeu du pratiquant :

– *le module statistique :* intégré au logiciel, il présente à tout moment vos statistiques d'entrée dans le coup, de gain des coups, etc. ;

– *le module de notes adverses :* intégré au logiciel, il vous permet de saisir des notes sur certains adversaires, qui vous seront utiles si vous les croisez à nouveau plus tard ;

– *le module d'historique des mains :* intégré au logiciel, il vous envoie sous format texte le descriptif des coups que vous avez joués, sur lesquels vous pouvez mener une étude serrée ;

– *le traqueur :* ce logiciel externe enregistre tous vos coups pendant votre jeu ; à la longue, vous disposez d'une base de données qui rejoue les coups, met en exergue les mains qui vous coûtent, celles qui vous rapportent, etc. (PokerTracker, PokerOffice) ;

– *la base de données en ligne :* ce site indépendant compile tous les coups qu'il enregistre sur les sites principaux ; il est capable ensuite de donner un avis sur les adversaires en fonction de leur type de jeu (PokerEdge, SharkScope) ;

– *le calculateur/simulateur :* ce logiciel externe vous permet de vous entraîner contre des robots préprogrammés et de calculer des probabilités sur des situations fabriquées (PokerAcademy, Turbo).

Le traqueur et la base de données peuvent être vus comme *déloyaux* car ils donnent un avantage définitif à celui qui les a par rapport à celui qui ne les a pas. Mais, après tout, il appartient à chacun de se doter des atouts pour gagner sur le terrain où il se trouve, et Internet est un « terrain » comme un autre.

39

Les principes du jeu en ligne

Le jeu en ligne comporte ses propres règles et ses propres outils. Paradoxalement, bien qu'essayant de restituer la réalité, il a créé lui-même son propre environnement de jeu, qui l'éloigne radicalement de son modèle. Ce qui en fait une nouvelle façon, à part entière, de jouer au poker.

Le principe du jeu sur Internet est le même qu'en réel. Vous vous rendez dans un club, ce club vous propose des *cash-games* à tel et tel prix, dans telles ou telles variantes, ou des tournois de différentes sortes. À vous de faire votre choix.

Le lobby

Le lobby est le « hall d'entrée », là où vous vous trouvez quand vous poussez la « cyberporte » du cyberclub. Il se présente sous la forme d'un tableau doté de nombreux filtres.

Chaque ligne représente une table et le tableau en donne les caractéristiques.

Dans la colonne de gauche, vous trouvez les onglets de choix des variantes (hold'em, hold'em *no-limit*,

	Table	Stakes	Plrs	Avg Pot	Plrs/Flop	Wait	H/hr
Hold'em	Bikar	$5/$10	10	$56	20%	2	76
	Culpepper	$5/$10	10	$47	18%	2	79
No Limit	Manihiki	$5/$10	10	$65	30%	1	61
	Kaniet	$5/$10	0	$0	0%	1	
Omaha	Ali (Turbo)	$5/$10	0	$50	59%		
	Kuda (5 max)	$5/$10	5	$56	43%	2	120
7 Stud	Ono (5 max)	$5/$10	5	$53	57%	0	89
	Sole (5 max)	$5/$10	5	$47	37%	0	120+
Draw & Other	Suva (5 max)	$5/$10	5	$38	47%	0	120+
	Atiu (5 max)	$5/$10	0	$0	0%		
1 on 1	Namu (Turbo5)	$5/$10	5	$37	62%	0	120+
	Eiva (Turbo5)	$5/$10	0	$40	65%		
Sit & Go	Bonasse	$3/$6	10	$45	32%	2	73
	Nassau	$3/$6	5	$32	62%	2	
Tournaments	Ohi (Turbo)	$3/$6	0	$27	43%		
	Kure (5 max)	$3/$6	5	$22	44%	0	120+
	Maniva (5 max)	$3/$6	4	$36	56%		120+
	Alei (5 max)	$3/$6	4	$23	75%		120+

Player List For ... Bikar

Seated:
ChipN. (Mobile, AL) $200
RubySue (Baltimore) $566
pogonut (Henderson) $369.50
Lee-anne (Rotterdam) $165
WallChop (Shell Lake) $617
NoBrains (Santa Clara) $216
jamcol (Lock Haven) $207
owppea1 (Lower Park) $42
cowcow (Edmonton) $257.50
Tinca (Kannik) $315

Waiting List:
WehWolvei (EHT)
JW1956 (Chicago)

Watching: 1

Omaha, stud à 7 cartes, poker fermé) et de types de jeu (tête à tête, tournois non programmés de type *sit & go*, tournois programmés).

Dans l'exemple, nous avons choisi l'onglet des tables de hold'em à limites fixes, ce qui affiche un certain nombre de tables disponibles dans le tableau central. Suivent sept colonnes qui donnent des détails sur la table :
– *Table :* nom de la table,
– *Stakes :* hauteur des mises,
– *Plrs (players) :* nombre de joueurs assis,
– *Avg pot (average pot) :* pot moyen,
– *Plrs/flop (players/flop) :* pourcentage moyen d'entrée dans le coup,
– *Wait :* nombre de joueurs en liste d'attente,
– *H/hr (hands/hour) :* nombre de coups par heure en moyenne.

La table choisie par l'opérateur porte le nom de *Bikar*. Ses dix participants s'affichent dans le cartouche de droite, avec entre parenthèses leur ville de résidence et la hauteur de leur tapis, en dollars. Le cartouche indique aussi que deux joueurs se sont inscrits en liste d'attente et qu'un autre joueur observe la table sans y participer *(watching)*.

Notez que le lobby correspondant à ce choix n'est pas entier dans la fenêtre. La liste est autrement plus longue, comme le montre l'ascenseur qui se trouve à droite de la fenêtre centrale. Le choix de tables est beaucoup plus large que celui affiché.

La table elle-même

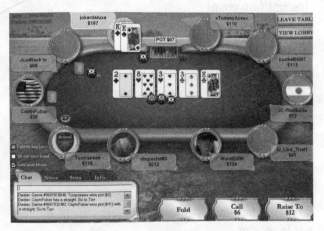

Si vous rencontrez un jour *jokerdeluxe* sur Internet, sachez que c'est de moi qu'il s'agit... Je reconnais profiter ici d'un bon coup du sort, sur cette table de Texas hold'em à limites fixes $3/6, puisque la *river* me donne le full max.

Comme nous le constatons, *Topskees* est au bouton. *CaptnFubar* est petit blind, il a checké. *JustRack'm* a ouvert à $6.

Je m'apprête évidemment à relancer avec une main pareille. Pour ce faire, je vais cliquer sur le cartouche en bas à droite marqué *Raise to $12*, qui signifie « relance à $12 ».

Le montant du pot est marqué visiblement à l'endroit de la caisse de jetons du donneur. Le graphisme est assez précis pour montrer les jetons qui composent ce pot, sans erreur de calcul...

Commandes situées à gauche :
– *game nr.* : numéro du coup en cours (chaque coup a un numéro unique) ;
– *previous nr.* : numéro du coup précédent (renvoie au descriptif du coup) ;
– *fold to any bet* : je passe, quelles que soient les enchères ;
– *sit out next hand* : je quitte la table au coup suivant ;
– *auto-post blinds* : je mise les blinds automatiquement.

Zone de dialogue en bas à gauche :
– *chat* : pour échanger des impressions avec les autres joueurs ;
– *notes* : pour noter des éléments concernant mes adversaires ;
– *stats* : pour prendre connaissance de mes statistiques propres de gain, d'entrée dans les coups, etc. ;
– *info* : informations diverses délivrées au fil de l'eau par le serveur.

Boutons à droite :
– *leave table* : sert à quitter la table immédiatement ;
– *view lobby* : appelle la fenêtre du lobby.

Toutes les tables de ce site, qu'elles soient en tournoi ou en *cash-games*, sont construites sur ce modèle. Celles qui sont en *no-limit* portent des boutons de relance différents. Il s'agit d'un curseur que l'on glisse pour faire monter l'enchère, le maximum étant bien sûr le montant de notre tapis.

> **Un choix d'environnements différents**
> Ce site fournit plusieurs environnements possibles. De plus en plus, les sites de poker en ligne proposent aux joueurs de *personnaliser* leur environnement pour qu'ils s'y sentent le mieux possible.

Ici, les joueurs ont chacun une image propre. Sur certains sites, ils peuvent choisir leur « avatar », c'est-à-dire le personnage qui va les représenter.

Jouer gratuitement au poker

Le poker est toujours reconnu comme jeu de hasard par la quasi-totalité des législations. À ce titre, il est totalement libre d'y jouer en ligne tant qu'il n'y a pas d'argent en jeu, au même titre qu'une loterie gratuite.

Le site commence par vous doter d'une masse d'argent fictif, dit *play money*. Avec ces jetons sans valeur monétaire, vous pouvez vous installer à une *play money table*, un table sans argent réel.

Vos adversaires aussi possèdent des jetons fictifs, mais cela n'empêche pas de jouer « comme si » des sommes colossales étaient en jeu. Le jeu se fait souvent sans retenue puisque le site peut vous renflouer à tout moment en « argent frais fictif » dès que vous avez tout perdu.

Attention : comme le jeu aux tables d'argent fictif est d'une qualité déplorable, ne les utilisez pas pour vous entraîner à mieux jouer. Au contraire, vous risqueriez à la longue d'avoir de mauvais réflexes, comme entrer dans les coups avec des mains trop basses ou tenter systématiquement vos tirages. Utilisez ces tables gratuites pour vous familiariser avec les commandes du site, sans plus. Pour vraiment progresser, vous devrez passer aux tables avec argent réel.

La commission, ou *rake*

Les sites payants se rémunèrent sous forme de commissions prélevées soit sur les tournois, soit sur les tables de *cash-games*. D'une manière générale, ce commissionnement est nettement inférieur à celui observé dans les clubs réels. C'est logique : les frais afférents à des robots sont plus bas que pour des donneurs en chair et en os.

Sur la plupart des sites, le prélèvement maximum opéré est de trois dollars sur le pot, quelle que soit la hauteur de la table. Le taux de commission le plus courant est de 5 %, avec un plafond forfaitaire.

À titre d'exemple, voici le tableau de commissionnement du premier site de poker en ligne, pour les tables *pot-limit* et *no-limit* (blinds : de $0,01-0,02 à $25-50) :

Nombre de joueurs	Commission par pot	Plafond
2-3	$0,05 pour chaque dollar du pot	$1
4-5		$2
6-9		$3

Les transferts d'argent

Pour jouer pécuniairement au poker sur Internet, vous devez ouvrir un compte payant auprès du site, puis l'approvisionner. Pour ce faire, vous pouvez utiliser votre carte bancaire ou un virement.

Il existe aussi une autre formule, qui est celle du *tiers de confiance*. Un site comme NETeller, par exemple, peut servir de compte supplémentaire sur lequel vous faites tous vos dépôts *(deposits)* et retraits *(cashouts)*. De cette manière, même si vous possédez plusieurs comptes dans différents sites de poker, vous avez un interlocuteur en ligne unique. Cela vous évite de donner votre numéro de carte de crédit à chaque fois.

40

Tirez parti de l'effet de masse

La particularité du jeu en ligne est son accès à des millions de joueurs à la fois du fait de la multitude d'internautes. Un effet de masse s'ensuit, et c'est bien sûr à vous d'en profiter.

En matière de poker sur Internet, la masse implique une multiplicité de propositions de jeu au sein d'un même site, dont il faut savoir profiter.

La multitude des tables de *cash-games*

Si vous avez décidé de jouer à un montant précis, par exemple les blinds $1-2, vous allez trouver un certain nombre de tables alignées les unes en dessous des autres dans le lobby. Il en va en table de poker comme en amour : la première venue est rarement la meilleure ! Au contraire... Commencez par vous inscrire sur toutes les listes d'attente des tables possibles, puis observez-les avec attention.

Avec l'habitude, vous verrez surgir les éléments importants.

Le montant du tapis

En *no-limit* $1-2, comme vous ne pouvez pas entrer avec plus de $200, vous allez d'office éliminer les tables qui comportent des joueurs qui possèdent un tapis d'au moins $300. En effet, si vous allez sur une telle table, vous ne serez pas intimidant face à ces joueurs-là avec seulement $200.

Inversement, si vous trouvez une table dont le plus gros tapis est $150, vous pouvez y aller en vous cavant à $150, ce sera suffisant pour préserver toute votre capacité d'intimidation.

Le type de joueurs

Observez aussi le genre de *moves* des joueurs. Une dizaine de minutes est nécessaire pour se faire une idée. Les sites sont ainsi faits que vous pouvez observer de la sorte plusieurs tables à la fois. Ne vous gênez pas pour devenir omniprésent, vous gagnerez du temps !

Le taux de fréquentation du pot

La colonne *Plrs/flop* donne un pourcentage important. Il indique la part des joueurs qui entrent dans le pot.
– Plus ce taux est *élevé*, plus les joueurs jouent « large », donc plus ils sont faciles à battre quand on joue soi-même « solide ».
– Plus ce taux est *bas*, plus les joueurs jouent « serré », donc plus ils sont faciles à bluffer.

Des repères s'imposent :

Types de table (tables de 9 ou 10 joueurs)	
% joueurs par pot	Type
< 20 %	table serrée
entre 20 % et 30 %	table moyenne
> 30 %	table large

Le secret est là : parmi toutes ces tables possibles, il y en a une qui vous convient plus que les autres. Quand vous l'avez trouvée, vous avez déjà votre propre avantage sur vos adversaires.

La multitude des *sit & go*

Les *sit & go* sont des tournois qui démarrent quand le quorum de joueurs est réuni. La plupart des *sit & go* comportent une table, mais il y en a aussi à deux, trois, quatre tables, voire vingt tables !

En matière de *sit & go*, méfiez-vous des *mono-tables*. Ils sont souvent intéressants à jouer, mais on y trouve aussi des joueurs qui font équipe, en collusion, surtout à partir de 50 dollars (moins cher, cela n'est pas assez rentable pour eux).

Pour se garder de ce travers, il vaut mieux choisir des *sit & go* à deux tables au moins, ou des *sit & go* moins chers.

Les tournois multitables

Là encore, l'effet de masse nous donne des opportunités. Le site essaie de rameuter le maximum de joueurs à des horaires où il « remplit » moins ses tables. Notamment, les horaires européens ! Le « tournoi européen » typique a lieu entre 11 h et 16 h, heure de Paris, car à cet horaire les clients américains, qui sont de loin les plus nombreux... dorment.

Les sites offrent couramment des bonus à ces heures-là, sous la forme de *minimum garanti*. Cette pratique consiste à garantir une dotation minimum à un tournoi donné, quel que soit le nombre d'inscrits au départ.

Par exemple, si le tournoi est à $20, garantir $2 000 de gain signifie que la garantie est couverte dès qu'il y a au moins cent inscrits. À partir de cent inscrits, ce tournoi ne présente plus d'intérêt en matière de bonus car la garantie est couverte. Mais tant que les cent inscrits ne sont pas atteints, le tournoi « surpaie » les gagnants du tournoi.

> **Comment jouer le minimum garanti**
> Il suffit de s'inscrire dix minutes avant et de surveiller le nombre d'inscrits. Dès qu'il dépasse le nombre de couverture de la garantie (cent dans notre exemple), désinscrivez-vous. Mais s'il s'arrête, par exemple, à quatre-vingts, vous allez participer à un tournoi *surpayé*. En ne participant qu'à des tournois surpayés, vous ne prendrez que des risques sur-rémunérés par le site. Excellent pour les affaires...

Inscrivez-vous sur plusieurs sites

Chaque site a ses spécificités, même s'ils utilisent tous peu ou prou les mêmes recettes. Au début du poker sur Internet, le nombre de joueurs était relativement faible. Quand j'ai ouvert mon premier compte, en mai 2003, le site que j'ai choisi, et qui était le troisième du marché, affichait en pointe douze mille joueurs. L'étiage, vers 14 h, heure de Paris, atteignait quatre mille joueurs. Ces chiffres-là font sourire aujourd'hui. Le même site les a d'ailleurs multipliés par quatre ou cinq à la date où j'écris.

À cette époque donc, l'effet de masse n'était pas assez important pour vraiment trouver le choix que je souhaitais. Je n'ai donc pas tardé à ouvrir trois autres comptes auprès des trois autres leaders du marché. À tout moment, j'avais donc accès à une offre diversifiée et nombreuse.

Selon moi, même aujourd'hui où les joueurs se sont multipliés, c'est ainsi qu'il faut procéder. Pourquoi ? Parce qu'en jouant de temps en temps sur quatre ou cinq sites, vous allez devenir « client régulier » de ces sites et ils vont vous envoyer par courriel des offres réservées à ce type de clients. Ces offres sont déclenchées automatiquement dès lors que vous cassez votre rythme de jeu, histoire de vous rappeler sur le site.

Ces offres sont parfois sans intérêt, mais il arrive aussi qu'elles soient au contraire valables. Je me souviens d'un tournoi d'Omaha *pot-limit* à $50 avec $2 000 ajoutés. Une aubaine ! Une autre fois, c'était un tournoi à $100 avec $100 000 garantis, et seulement 580 joueurs ont souscrit, ce qui a généré presque le double de dotation !

Les sites challengers
Pour améliorer votre accès à ces promotions, ouvrez un compte auprès de sites challengers agressifs en matière de communication. Ces sites ont besoin de « ratisser large » et déploient de gros moyens pour ce faire. Donc pensez aussi à ouvrir deux ou trois comptes chez eux, cela peut servir. Je me souviens d'un tournoi avec une Porsche offerte au vainqueur, en plus de la dotation normale.

Le tournoi fidélité avec extra-dotation
Certains sites envoient à de bons clients, ou à des « clients à réveiller », une offre pour participer à un tournoi avec *surdotation*.

Tous les tournois avec surdotation sont bons à prendre. Je me souviens de celui d'un site célèbre qui s'était lancé en organisant deux tournois à $10 surdotés de $2 000 chacun, et les commissions de $1 reversées en plus. Ne passez pas à côté de ces offres qui, là encore, *sur-rémunèrent* vos participations. Pour tout dire, ces offres n'arrivent quasiment jamais dans les clubs de poker réels, seuls les clubs *online* les pratiquent.

Les points de fidélité

Un énorme site s'est spécialisé dans les points de fidélité, qu'il appelle « FPP » *(frequency poker points)*. Plutôt que de générer un *rake back* (voir plus loin), il alimente en permanence votre compte de FPP au fur et à mesure que vous jouez. Avec ces FPP, vous pouvez acquérir des objets promotionnels à la gloire du site (casquette, stylo...) mais aussi vous inscrire à des tournois dont le droit d'entrée ne s'exprime qu'en FPP. Ce sont parfois de gros tournois bien dotés, avec des minima garantis.

Je trouve cette promotion meilleure, si ce n'est qu'elle a l'inconvénient de pousser au jeu. Mais, après tout, c'est du business.

41

Évitez les pièges du poker sur Internet

N'oublions pas que derrière Internet interagissent des multinationales puissantes bardées de services marketing à la pointe de la technologie. La concurrence est rude mais les recettes qui marchent demeurent. Sans compter les erreurs des joueurs qu'il vaut mieux éviter.

Apprenez à reconnaître une bonne promotion d'une mauvaise !

Une fois que vous êtes devenu client auprès d'un site, quel qu'il soit, il va vous envoyer une fois par semaine une sorte de *newsletter* débordant de « promotions-à-ne-manquer-sous-aucun-prétexte », avec force clinquant, couleur et filles en petite tenue.

Méfiez-vous, et surtout lisez bien le libellé de la promotion avant de plonger.

Les bonus à l'inscription : des faux-semblants

Tous les sites proposent des bonus à l'inscription... parfois énormes. Par exemple, 500 % du premier dépôt, avec plafond à 500 dollars. Qui ne se jetterait pas sur un tel bonus ?

Seulement voilà : ces bonus-là sont *autofinancés*, pour le plus grand intérêt du site qui, en plus, crée du trafic artificiellement sur ses tables. Comment est-ce possible ? C'est simple : au lieu de vous créditer immédiatement votre bonus, le site va le créditer par tranches de $10 ou de $25. Il va le faire en fonction de votre temps de jeu ou, plus tordu, en fonction des *commissions* que vous lui rapportez. Moyennant quoi, le site ne fait que vous reverser une partie des commissions générées par vous-même. Cette promotion est autofinancée car elle n'a rien coûté au site !

Le site ne vous offre pas tout de suite vos $500 parce que ce serait trop beau. Vous pourriez les retirer immédiatement du compte et ne plus jamais revenir... Ce serait la mort du poker en ligne !

Les *rake-backs*, des bonus séduisants mais fallacieux

Le *rake-back* n'est autre qu'une rétrocession des commissions générées. Certains sites proposent un *rake-back* total : chaque vendredi, il vous reverse automatiquement le *rake-back* généré pendant les sept jours précédents. Or, c'est de l'argent rendu à un joueur... qui va immédiatement le remettre en jeu dans un tournoi. Moyennant quoi, le site ne rétrocède en rien les *fees*, les commissions sur les tournois.

C'est gagnant-gagnant puisque le joueur a une chance de plus de gagner un tournoi, mais finalement cet argent retourne dans la poche du site, qui a bien raison d'en profiter.

Les sites qui pratiquent le *rake-back* partiel sont plus tordus. Car plus vous jouez et plus votre taux de *rake-back* est important, plafonnant le plus souvent à 50 %. C'est un moyen comme un autre de vous maintenir sur les tables. Personnellement, je ne vois pas en quoi jouer des heures et des heures de plus améliore mon taux de gain, si je n'ai pas en face un moyen efficace et draconien de sélectionner mes parties...

Le temps rémunéré

Variante du *rake-back*, ce système est en quelque sorte un *rake-back* forfaitaire. Il est surtout utilisé par des sites challengers.

Il consiste à rémunérer le joueur par heure ou demi-heure jouée. À chaque fois que le joueur a bouclé une unité de temps, il reçoit automatiquement sur son compte son bonus. Par exemple, il peut s'agir de $10 la demi-heure sur la table 1-2 de hold'em *no-limit*.

Ce système a pour objet de générer du trafic sur le site, donc de faire apparaître plus de joueurs qu'il n'en a en réalité. À chacun de juger de l'intérêt d'un tel bonus. Pour ma part, l'ayant essayé, je ne l'ai pas trouvé transcendant.

Les *skins*

Quand un nouveau site de poker en ligne se lance, comment fait-il pour afficher dès le départ plusieurs dizaines de milliers de joueurs ? C'est simple : il s'affilie à un autre site déjà installé. Ce faisant, il lui achète sa technologie et l'autre mélange ses propres clients déjà acquis. Leurs joueurs s'affrontent donc sur les mêmes tables. Si vous demandez aux joueurs de votre table de quel site ils viennent, vous aurez la surprise de voir trois ou quatre sites différents cités... C'est la magie des *skins*.

Les *reload bonus*

Le *reload bonus* est parallèle au bonus à l'inscription et sert à revitaliser les comptes dormants... et à garder les comptes actifs. Il faut croire que cela fonctionne car les sites emploient beaucoup cette promotion.

Le principe est le même que pour l'inscription, mais souvent avec des taux supérieurs. Hélas, comme toujours, votre bonus vous sera servi par tranches successives moyennant prélèvement sur vos commissions générées. Rien de nouveau sous le soleil.

Attention aux spams pourris

Vous recevez un courriel d'un site de poker que vous ne connaissez ni d'Ève ni d'Adam mais qui vous promet un pont d'or. *Ne cliquez pas sur le lien placé dans le courriel !* Préférez faire un copier-coller de l'adresse du site et allez donc y voir de plus près.

J'en ai reçu ainsi des dizaines et aucune n'était valable car le site disait « ouverture prochaine ». Pourquoi ? Parce que le seul intérêt de ces offres est de savoir si l'adresse qu'ils possèdent est exploitable ou non. En répondant, vous confirmez qu'elle l'est. Et ce, même si vous répondez pour vous désinscrire de la liste de promotion !

Le mieux est donc de ne *jamais* répondre directement à ces offres. À la longue, les robots éliminent des listes les adresses qui ne réagissent pas.

Maintenant, comment votre adresse a-t-elle atterri dans ces listes ? Les sites Internet sérieux soutiennent ne pas communiquer les noms de leurs clients. Nous ne demandons qu'à les croire, mais un employé qui se voit licencier peut trouver le moyen de copier des adresses, puis les revendre à l'extérieur...

Suspicion : ce que des joueurs reprochent aux sites... à tort

« Je suis toujours battu à la dernière carte. »

La tendance à poursuivre le coup pousse à rester plus longtemps dans ces coups (clic de souris). De ce fait, on se fragilise car on est plus souvent la proie d'une carte finale qui nous fait perdre.

« Mes adversaires complètent toujours leur tirage. »

Comme la tendance à tenter un tirage est plus forte sur Internet (clic de souris), les adversaires tentent plus leur tirage et, de fait, il y a plus de quintes et de couleurs qu'en jeu réel. Ajoutez à cela que la qualité moyenne des joueurs en ligne est plus basse qu'en réel et vous comprenez pourquoi les tirages rentrent plus qu'en réel : c'est parce que les joueurs les essaient davantage.

« J'ai une multitude de bad beats. *»*

Certains joueurs deviennent paranoïaques ! Jouer sur Internet implique de toucher deux à trois fois plus de cartes qu'en jeu réel. Dans le même laps de temps, le joueur subit donc deux ou trois fois plus de *bad beats*... et même sûrement un peu plus, du fait de la tendance qu'ont les joueurs à tenter un peu plus leur chance *online*.

« Seuls les bons clients reçoivent de bonnes cartes pour gagner les coups. »

Cela sous-entend que celui qui en pâtit n'est pas un bon client... Or, très peu de joueurs sont appelés « bons clients » car très peu ont un seul site de poker. Par ailleurs, les calculateurs des sites ont beau être extrêmement puissants, ils ne peuvent pas gérer en même des subtilités aussi complexes... pour gagner de la suspicion en plus ?

Suspicion : contre-arguments opposés par les sites

« *Nous n'avons aucun intérêt financier à tricher.* »

Vrai – les sites se contentent de leurs commissions, qui leur suffisent à générer des profits énormes.

« *Nous sommes contrôlés.* »

Vrai – les sites qui exhibent des labels sur leur page d'accueil sont régulièrement contrôlés par des cabinets indépendants. Ceux-ci ont prouvé de leur côté qu'ils étaient dignes de confiance.

« *Nous appartenons à une profession qui s'est donné une éthique et des normes.* »

Vrai – du moins pour les sites qui ont adhéré à l'Ecogra.

« *Nous sommes transparents.* »

Faux – les sites sont rarement aussi transparents que pourrait l'être, par exemple, le site d'un constructeur automobile : implantation géographique, équipes dirigeantes, capitalisation, partenaires... Ces sites ont encore un gros effort à faire pour se faire reconnaître dans le business. Tant qu'un site de poker en ligne ne dira pas tout sur son entreprise, il sera soupçonné de cacher quelque chose.

« Nous ignorons les cartes que nous distribuons. »
VRAI – les sites ont réglé une bonne fois la question en ignorant les cartes qu'ils distribuent à leurs clients, donc toute réaction de leur part quant aux cartes suivantes est impossible.

« Nous avons autre chose à faire
qu'à biaiser le hasard. »
VRAI – les sites trouvent aussi le profit maximum en diminuant leurs équipes. Donc pas de programme ni de personnel à affecter à des manœuvres destinées à avantager tel ou tel client. Rappelons que les dix premiers sites du marché délivrent pas moins de... dix mille coups à la minute !

« Tricher, c'est trop dangereux pour nous. »
VRAI – si un client ou un concurrent arrive à prouver qu'une tricherie a eu lieu, les conséquences sont telles que le site perd ses actionnaires, ses clients, sa marque... et ses dirigeants risquent la prison.

Sixième partie

La stratégie de base

La stratégie du poker est un point essentiel... une multitude de points essentiels !

Certes, ce manuel format poche n'a pas vocation stratégique. Il serait vain de prétendre épuiser la question stratégique du poker ici. Mais nous allons aborder les points stratégiques fondamentaux, et cela vous donnera un aperçu significatif de la richesse de ce jeu.

Je vous convie maintenant à un voyage de l'autre côté du miroir du poker. Cela va sans doute vous étonner à certains endroits, et éclairer aussi certaines actions que vous avez peut-être vues à la télévision sans vous les expliquer...

Note : ce chapitre est entièrement dévolu au Texas hold'em no-limit, le poker le plus répandu et visible dans les grands tournois internationaux. Certains points tactiques sont applicables à d'autres variantes. La stratégie des autres variantes est étudiée dans les chapitres qui présentent ces variantes.

42

Le facteur clé de décision 1 : les cartes

Les facteurs de décision sont multiples au poker. Mais parmi eux il en est quatre qui s'avèrent essentiels : les cartes, la position, le tapis et les adversaires.

Les cartes reçues par le joueur sont classables en six catégories différentes.

Le « trio infernal »

paire d'as

paire de rois

as-roi

Ces trois mains sont les plus puissantes du Texas hold'em. Les deux premières le sont à titre d'amélioration mathématique, et la troisième à titre stratégique, car quand elle améliore c'est toujours au maximum.

Ces trois mains doivent être *protégées préflop*. Cela signifie qu'il est hors de question de maintenir beaucoup d'adversaires sur le coup car des mains à tirage pourraient enlever le coup. Il faut donc relancer fort préflop. L'idéal pour vous est de ne garder *qu'un seul adversaire* pour voir le flop.

La paire d'as : si vous êtes relancé préflop, surrelancez. Vous êtes grand favori, donc n'hésitez pas. Tant que vous pouvez relancer, faites-le, sans exception, quitte à y mettre tous vos jetons.

La paire de rois : contrairement à la paire d'as, si vous êtes relancé, sur-relancez mais n'en faites pas plus. Car, si vous faites *all-in* préflop et si le flop comporte un as, plus rien ne peut vous sauver au cas où l'adversaire a payé avec A-K. S'il vous reste de l'argent au flop et s'il contient cet as, vous pouvez encore jeter vos cartes et sauver votre tournoi.

La main as-roi : la meilleure des mains d'attaque, mais attention : elle doit être améliorée pour gagner le coup. Si elle est relancée, vous pouvez sur-relancer ou au contraire payer pour voir le flop. Vous toucherez au moins votre PMKM (paire max kicker max) dans 32 % des cas, soit une fois sur trois.

> **Concept 1**
> Aucune main n'est assez forte pour être sous-jouée préflop (jouée passivement dans le but d'attirer des adversaires).

Les mains fortes

 paire de dames paire de valets

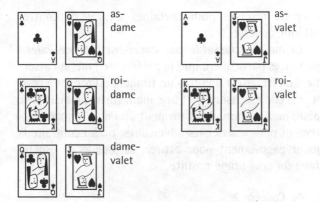

as-dame	as-valet
roi-dame	roi-valet
dame-valet	

Là encore, ces mains-là doivent toutes être jouées fortement avant le flop pour être *protégées*.

La paire de dames : main très forte qui peut gagner le coup sans être améliorée, mais déjà vulnérable car environ 40 % des flops vont contenir as ou roi, ce qui la mettra en difficulté. Jouez-la à peu près comme une paire de rois.

La paire de valets : main fragile car cette fois c'est plus de la moitié des flops qui la rendent vulnérable (ceux qui comportent as, roi ou dame). Préflop, elle doit attaquer mais ne peut généralement pas contre-attaquer. Il vaut mieux payer la relance pour voir le flop, puis aviser au flop.

As-dame et as-valet : deux bonnes mains d'attaque à jouer comme la paire d'as, mais attention : en cas de relance, il faut les jeter.

Roi-dame et roi-valet : attention, ce sont deux mains pièges. Dans les deux cas, un as au flop rend la suite du coup difficile. Là encore, deux bonnes mains d'attaque mais ne pas payer la relance.

Toutes les mains évoquées ci-dessus ont ceci en commun : toujours les jouer fortement préflop *à l'attaque*, avec les réserves pour certaines en cas de contre-attaque adverse.

La main inclassable par excellence, dame-valet : main très particulière que je préfère ne jouer qu'assortie. En effet, c'est à la fois un tirage à quinte (et à couleur si elle est assortie) et une main forte qui peut faire paire max au flop. Donc on peut au choix la jouer fortement pour chasser les adversaires, ou au contraire la jouer passivement pour attirer les joueurs et espérer faire un gros tirage ensuite.

> **Concept 2**
> Pourquoi la paire de dames n'est-elle pas « premium » ? En effet, elle est classée troisième dans la liste décroissante des meilleures mains du Texas hold'em. Si je la place dans les mains de deuxième rang, c'est parce qu'il est beaucoup plus difficile de jeter une paire de dames sur un flop à l'as ou au roi que de jeter as-roi non amélioré au flop.

Les paires moyennes

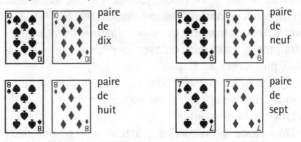

paire de dix		paire de neuf
paire de huit		paire de sept

Jouez toutes ces paires de la même manière. Vous avez deux écoles :
– *le jeu passif :* vous décidez de les jouer passivement préflop en espérant faire un brelan, ce qui vous don-

nera une main excellente qui gagnera presque toujours le coup (probabilité de toucher brelan au flop : **une** fois sur **neuf**) ;

– *le jeu d'attaque :* vous décidez de les jouer à l'attaque, comme si vous aviez A-K ; si une grosse carte arrive au flop, vous poursuivez l'attaque (*continuation bet*) et les adversaires vous voient sur une grosse paire ; cette manœuvre a le mérite de faire passer les joueurs qui se sont risqués avec un kicker un peu faible.

> **Concept 3**
> Attaquer avec une paire moyenne préflop n'est pas suicidaire, bien au contraire. L'attaque préflop est un atout d'intimidation pour la suite du coup, un avantage créé sur l'adversaire que le joueur exploite dans le reste du coup.

Les petites paires

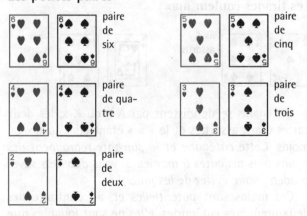

paire de six	paire de cinq
paire de quatre	paire de trois
paire de deux	

Jouez toutes ces paires de la même manière. Cette fois, vous n'avez qu'une seule école : *le jeu passif*. Vous décidez de les jouer passivement préflop en espérant faire un brelan, ce qui vous donnera une main excellente qui gagnera presque toujours le coup (probabilité de faire brelan au flop : une fois sur neuf). Si vous ne faites pas brelan ni tirage à quinte, laissez tomber le coup.

Attention : préflop, aucune paire petite ou moyenne ne peut payer de relance !

> **Concept 4**
> Plus une paire est basse et plus elle est fragile car plus elle peut se faire battre au flop par une paire affichée supérieure.
> Par exemple, si vous avez 6-6 et si l'adversaire a A-3, il va gagner sur ces deux tableaux-là :
> – 5-5-K-A-J (il a deux paires as-5, vous avez deux paires 6-5) ;
> – 10-K-9-9-10 (il améliore le tableau avec un as, pas vous).

Les tirages couleur max

  as-6 assortis

  roi-5 assortis

Ces mains se définissent par A-x ou K-x, les deux cartes étant assorties et le « x » étant égal au dix ou moins. *Cette catégorie et la suivante regroupent des mains plus délicates à manier. Si vous débutez, soyez prudent, voire évitez de les jouer !*

Ces mains sont *potentielles* et, au contraire des deux premières catégories, elles ne sont jouables que si le coup n'est pas (ou faiblement) relancé et si le coup compte déjà des joueurs. On voit qu'il vaut mieux être en fin de parole pour jouer ces mains car le début de parole ne donne aucune visibilité sur ces deux critères.

Avec cette main, vous pouvez espérer au flop :

– *tirage couleur (12 %)* : très bonne main d'attaque car vous restez en plus avec une *overcard* qui s'ajoute aux cartes vous donnant couleur ;

– *paire d'as ou de rois (14 %)* : attention car vous avez un petit kicker ; si vous avez en même temps le tirage couleur, c'est un très bon flop ;

– *paire avec la petite carte (14 %)* : attention car vous n'avez pas la paire max, donc danger ; c'est beaucoup mieux avec tirage couleur en plus ;

– *deux paires splittées (2 %)* : excellent flop, vous allez le plus souvent gagner le coup avec cette main ; à jouer toujours à l'attaque à cause de la petite paire qui peut être battue ;

– *brelan, full, carré (1 %)*... : le bonheur...

Avec cette main, vous flopez 40 % de cas favorables. Attention cependant à la main K-5 qui trouve ce flop : A-K-6. Vous n'avez que la deuxième paire, avec mauvais kicker. À ne jouer à l'attaque que si vous êtes certain que personne n'a la paire d'as. Sinon, n'insistez pas et jetez la main.

Concept 5

Avec une main que vous soupçonnez déjà battue, ne vous acharnez pas. Quittez le coup. Attendez un coup plus favorable pour engager vos jetons !

Les consécutives assorties

Ces mains se définissent comme deux cartes qui se suivent appartenant à la même famille, sans carte supérieure au valet ni inférieure au cinq. (Si on ne joue pas les mains 5-4, 4-3 et 3-2, c'est du fait de leur amélioration réduite et de leur faiblesse, qui induisent un danger qu'il vaut mieux éviter.)

Comme la catégorie précédente, ces mains-là nécessitent beaucoup de joueurs et une enchère faible. En cas de relance, passez. Si vous n'avez qu'un ou deux adversaires, passez aussi, vous ne les rentabiliserez pas. *Cette catégorie et la précédente regroupent des mains plus délicates à manier. Si vous débutez, soyez prudent, évitez de les jouer !*

Avec cette main, vous pouvez espérer au flop :

– *tirage couleur (12 %)* : très bonne main, mais meilleure encore si possédez aussi une paire, si possible max ;

– *tirage quinte (11 %)* : là encore, bonne main, à condition que ce ne soit pas « en bas » (par exemple, 7-6 sur le flop K-9-8, souvent dangereux à l'amélioration) ;

– *double tirage (2 %)* : c'est soit un tirage à quinte flush, soit un tirage à quinte avec tirage couleur en même temps ; l'amélioration aura lieu plus d'une fois sur deux si vous voyez la *turn* et la *river* ;

– *couleur (2 %)* : très bon, mais attention car la couleur n'est jamais max et il ne faut surtout pas que le tirage max (avec as sec en main) suive, donc vous devez impérativement relancer pour ramasser le pot tout de suite ;

– *quinte (2 %)* : attention, là aussi la quinte « par le bas » est dangereuse (par exemple, 7-6 sur le flop 10-

9-8, peut-être déjà battue – il faut attaquer pour faire fuir le tirage à quinte supérieure) ;
– *brelan, full, carré (1 %)...* : le bonheur...
Au total, environ 30 % de bons flops, auxquels s'ajoutent les flops avec paires splittées (environ 28 % de plus) qu'il va falloir jouer avec circonspection. Les consécutives assorties sont des mains à fort potentiel mais comme elles flopent rarement au max il faut savoir « sentir » le danger adverse et s'apprêter à jeter.

> **Concept 6**
> Une forte main touchée au flop (quinte ou couleur, par exemple) peut être déjà battue. Et si elle ne l'est pas encore, la *turn* ou la *river* peut la rendre battue par un adversaire. Il faut donc attaquer avec ces mains-là dans le but d'éjecter l'adversaire et de prendre le pot tout de suite.

Les autres mains

À part les mains ci-dessus, je vous déconseille de jouer d'autres mains, en tout cas au début de votre carrière. Certes, il est tentant de jouer A-9 dépareillés par exemple. Mais à terme vous risquez de vous enferrer dans des coups difficiles qui vont vous faire perdre beaucoup de jetons.

43

Le facteur clé de décision 2 : la position

La position est le deuxième facteur clé de décision, mais, à la différence des cartes, il est connu de tous.

Les **trois** positions typiques :

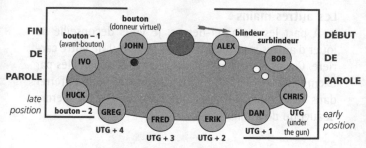

Concept 7
Plus on est assis en fin de parole, plus on a l'avantage stratégique sur les adversaires.

En début de parole, vous n'avez aucune information sur les adversaires donc vous agissez « dans le noir » *(in the dark*). La relance n'est possible qu'avec une très bonne main.

En milieu de parole, vous avez peu d'informations et d'autres joueurs doivent encore parler, donc vous voilà pris en sandwich, ce qui est inconfortable pour la suite du coup.

En fin de parole, comme les autres joueurs ont parlé, vous possédez le maximum d'informations et vous êtes plus à l'aise pour jouer agressivement, même avec des mains plus faibles.

1. Le début de parole

Ce sont les quatre premiers joueurs. Parmi eux se trouvent les deux blindeurs.

Par convention, le premier joueur à parler (le 3, appelé « Chris » sur le schéma) est dit « UTG » pour *under the gun* (« sous le feu »). Le joueur suivant est l'UTG+1.

Les blindeurs sont à mettre à part car, préflop, ce sont les joueurs les mieux placés. En effet, ils parlent en dernier. C'est seulement à partir du flop qu'ils parlent en premier.

UTG et UTG+1, en revanche, sont toujours mal placés. Pour relancer dans cette position, il faut obligatoirement une main très forte : grosse paire ou as-roi. As-dame reste insuffisante. Une attaque en règle avec une paire moyenne est aussi possible, comme on l'a vu au chapitre précédent.

Le gap concept de Sklansky

Le théoricien américain David Sklansky a appelé *gap concept* la notion de perte d'avantage quand un joueur relance avant vous. Pour suivre une relance préflop, vous devez posséder une main plus forte que celle qui vous aurait juste permis de relancer le premier. Pourquoi ? Parce qu'en vous contentant de suivre, vous perdez l'avantage de l'attaque, qui profite toujours à l'adversaire s'il y a de grosses cartes au flop.

Il reste cependant un moyen de « reprendre la main », qui est de *sur-relancer*. Mais reste à savoir si cela vaut la peine de le faire compte tenu de vos cartes, de votre tapis et de vos adversaires. Si ce n'est pas le cas, vous devez vous résigner à suivre ou, plus sagement, à *passer*.

> **Concept 8 : le *gap concept* (Sklansky)**
> Pour suivre une relance préflop, vous devez posséder une main *plus forte* que celle qui vous aurait juste permis de relancer le premier. Idem pour suivre une ouverture.

2. Le milieu de parole

Le milieu de parole est composé des trois ou des deux places suivantes, quand on se trouve sur une table de dix ou neuf joueurs.

Ce sont des places bâtardes :
– certes, on connaît déjà les enchères des joueurs pré-cédents,
– mais, d'un autre côté, il reste encore les joueurs de fin de parole et les blindeurs à parler.

Si des joueurs ont déjà payé le surblind, vous avez une cote pour suivre avec une main potentielle (catégories 3 à 6). Mais, si quelqu'un relance après, il faut que des joueurs paient pour que vous retrouviez votre quota minimum de trois joueurs.

3. La fin de parole

Ce sont les joueurs bouton, bouton-1 et bouton-2 qui forment la fin de parole. Autrement dit, les trois derniers de la table. Ce sont les meilleures places car vous connaissez les enchères adverses et vous avez constaté que des joueurs ont déjà quitté le théâtre des opérations, ce qui donne de la valeur à votre main.

Cela vous protège et cela vous permet, du coup, d'entrer avec des mains plus marginales :
– semi-consécutives assorties, comme 9-7 à carreau ;
– K-10, Q-9, J-8, etc.

Votre position sera aussi la meilleure après le flop, et c'est aussi pour cela que vous pouvez vous permettre de vous écarter de vos standards habituels.

4. Les blindeurs

L'intérêt des blindeurs est qu'ils sont en fin de parole préflop. Une action typique est le *squeeze-play*. Si deux ou trois joueurs ont suivi le surblind, sans relancer, le surblindeur a alors le beau rôle de *se relancer lui-même* dès l'instant qu'il possède une main à potentiel (un as sec suffit, ou J-10, ou 4-4, par exemple).

Le montant de la relance

Question : J'ai A-K en milieu de parole. Personne n'est encore entré. Quelle doit être ma relance ?

Réponse : Au moins trois fois le surblind. Pour ma part, je préfère quatre ou cinq fois le surblind. La relance au double est une maladresse car elle pousse le surblindeur à payer, vu qu'il a déjà payé la moitié de l'enchère via son surblind.

Question : J'ai A-K au bouton et déjà deux joueurs ont payé le surblind. Quelle doit être ma relance ?

Réponse : Curieusement, il ne faut pas la faire à quatre fois le surblind, ce serait insuffisant. Vous devez *protéger* votre main, donc relancer plus fort que cela. J'applique mon concept de la *relance renforcée*. Je considère ma relance habituelle et j'y ajoute autant qu'il y a de payeurs. Dans l'exemple, il y a deux payeurs. Donc ma relance va être à 4 + 2 = 6 fois le surblind. Cette relance a le mérite de casser les calculs de cote adverses.

> **Concept 9 : la relance renforcée (Montmirel)**
> Plus il y a de joueurs qui ont suivi le surblind avant moi et plus je dois relancer fortement. En l'occurrence, je dois ajouter un point de coefficient par joueur qui a suivi. Donc si trois joueurs ont suivi, et si d'habitude je relance à quatre fois le surblind, cette fois je devrai relancer à *sept* fois le surblind.

Question : J'ai A-A au petit blind. Deux joueurs ont payé et un autre a relancé à cinq fois le surblind. Quelle doit être ma relance ?

Réponse : Ma relance doit être très forte car je souhaite me retrouver en tête à tête au flop. Donc je vais sur-relancer à environ trois fois la relance du relanceur. Cela devrait faire passer les deux payeurs qui doivent imaginer que parmi leurs deux adversaires il y en a bien un qui est « blindé »... ce qui est le cas ! Si mon tapis est relativement faible, je dois relancer *all-in* tout de suite.

> **Concept 10**
> C'est une énorme erreur de relancer juste au double avec une grosse main... ou de se limiter à suivre, car on ne possède alors aucune information sur la main du surblindeur. Si le flop qui suit est quelconque, il peut tout aussi bien avoir déjà flopé deux paires sans qu'on le sache d'aucune façon.

Le début de parole n'est pas une calamité

S'il y a trois joueurs encore en jeu à la fin du premier tour d'enchères, voici l'ordre de préférence de ces places :

– le dernier a la meilleure position ;
– le premier a la position suivante ;
– le milieu a la moins bonne position.
Cela peut paraître paradoxal par rapport à ce que j'ai écrit précédemment, mais ce paradoxe n'est qu'apparent. En effet :
– parler en premier à partir du flop permet aussi d'*attaquer en premier* ensuite, et de faire ainsi ce qu'on appelle un *block bet*, par exemple avec un tirage à couleur max ;
– parler en premier permet aussi de préparer un *check-raise*, qui consiste à checker d'entrée dans le but de relancer l'ouverture ;
– parler en deuxième quand le premier joueur checke est encore la meilleure des situations ; mais, quand le premier joueur a déjà ouvert, on est dans une position fâcheuse, « entre le marteau et l'enclume » : si on suit l'ouverture, le troisième joueur peut relancer à son tour, et le premier aussi, ce qui disqualifie notre main si elle n'est pas puissante ;
– parler en dernier demeure un avantage car, jusqu'au bout du coup, le joueur formera son avis d'après les enchères de ses deux adversaires ; ce joueur ne fera pas de *bet-fold*, c'est-à-dire une ouverture qui ne peut en aucun cas suivre une relance après, sauf s'il essaie de bluffer un adversaire qui possède un jeu à relance.

Le concept de l'escalier (Montmirel)
C'est un concept psychologique pur. Si un joueur relance votre ouverture, il va vous « mettre » sur une main donnée. Mais, si vous le sur-relancez derrière, il va toujours penser que votre main est finalement *supérieure* à ce qu'il pensait, une marche plus haut

dans l'escalier de la puissance en cartes. Cela va peut-être le forcer à jeter ses cartes tout de suite.

Le concept de l'escalier explique comment un joueur change d'avis pendant le « dialogue » que constituent les enchères, simplement parce que son adversaire a « levé la voix » en le relançant.

> **Concept 11 : concept de l'escalier**
> Quand un joueur attaque, il vous imagine sur une main donnée. Si vous contre-attaquez, il va vous imaginer sur une main *supérieure* et va peut-être passer de ce fait. Si c'est lui qui contre-attaque, c'est vous qui allez l'imaginer sur une main supérieure.

44

Le facteur clé de décision 3 : le tapis

Le tapis est le troisième facteur clé de décision et, tout comme la position, il est factuel et connu de tous.

Les trois hauteurs de tapis typiques

1. Le plus gros tapis de la table
C'est la position la plus confortable, pour trois raisons :
Au lieu d'être à un doigt de la mort comme les autres, vous êtes à deux doigts. Je m'explique. Si vous relancez *all-in* et si un joueur paie, il est éliminé s'il perd le coup. Mais, si c'est vous qui perdez le coup, vous êtes toujours vivant. Et vous cumulez cet avantage envers tous vos adversaires, aussi longtemps que vous possédez le plus gros tapis de la table.
Vous avez une capacité d'intimidation énorme. Quand vous vous attaquez à un tapis adverse, le joueur sait qu'il peut être amené à engager tout son tapis, donc à jouer son tournoi sur ce coup.

Vous avez le confort d'attendre. En tournoi, quand les blinds montent, le tapis est érodé. Si le vôtre est gros, l'attente sans jouer l'érode moins que s'il était moitié moins gros, par exemple.

2. Un tapis moyen

Vous dominez certes les tapis inférieurs mais vous êtes dominé par les tapis plus gros.

Le principe de précaution vous oblige à cibler vos adversaires :
- évitez les combats hasardeux contre les gros tapis ;
- attaquez de préférence les petits tapis.

Avec un tel tapis, vous devez aspirer à devenir le plus gros tapis de la table au plus vite. Donc essayez d'attaquer les petits tapis et de leur prendre des jetons qu'ils ne peuvent pas défendre comme ils le voudraient.

3. Le plus petit tapis

Ce tapis doit envisager, comme relance, de faire *all-in* tôt dans le pot. Dès le flop comme attaque frontale avec un tirage, par exemple, voire même préflop avec un as quand le pot contient déjà des jetons de payeurs.

Suivant le *gap concept*, même un petit tapis est menaçant quand il est à l'attaque. Ne faites pas *all-in en défense*, sauf si vous possédez un très gros jeu : au moins Q-Q préflop ou deux paires au flop, si le flop n'est pas menaçant. Ne faites *all-in* qu'à l'attaque.

> **Concept 12**
> L'erreur typique, quand on possède un petit tapis ou un tapis moyen, est de suivre les relances adverses avec une grosse main ou, pire encore, une main moyenne. Il faut *attaquer* donc relancer ou sur-relancer, car on se

donne une chance de plus de gagner le coup, si l'adversaire considère qu'il est devenu trop dangereux pour lui de payer (concept de l'escalier).

Théorème de la valeur croissante des jetons (McEvoy)

Moins j'ai de jetons à mon tapis, plus leur valeur unitaire est élevée et plus je dois les épargner. Mais, si le moment est venu de me battre, je dois être capable de les engager tous ensemble (Tom McEvoy, *Poker de tournoi*).

Mon tapis par rapport au tournoi

Pendant le tournoi, faites en sorte de mesurer votre tapis au tapis moyen.

Le tapis moyen (TM) s'obtient par cette formule :

$$TM = TJ / NJ$$

Tapis moyen = total des jetons / nombre de joueurs.

Par exemple, s'il y a 100 joueurs à 2 500 jetons chacun, il y a 250 000 jetons en jeu. S'il reste 25 joueurs, le tapis moyen est maintenant de 10 000.

Autre manière de calculer : s'il reste le quart des joueurs du départ, le tapis moyen vaut quatre fois le tapis de départ. Les horloges de tournoi indiquent généralement le montant du tapis moyen.

Dès lors, il existe trois zones :

– T > TM : je suis en bonne posture, je n'ai pas à prendre de risque ;

– T = TM : surtout veiller à ne pas passer sous le tapis moyen ;

– T < TM : je vais prendre des risques pour faire grimper mon tapis.

Attention ! N'agissez pas aveuglément. N'oubliez pas que vos adversaires directs sont les joueurs de votre table. Donc :

– si vous avez un tapis inférieur au tapis moyen mais si par ailleurs vous êtes *chip-leader* de votre table, l'urgence est moins grande : utilisez votre *domination* à la table envers les tapis inférieurs ;

– si, inversement, vous avez un tapis supérieur au tapis moyen mais si par ailleurs vous êtes un tapis médiocre à votre table, vous allez batailler ferme pour essayer de monter votre tapis.

> **Concept 13**
> Quand je calibre une enchère d'attaque (ouverture, relance, sur-relance), je dois toujours mesurer le tapis *adverse*. Si cette enchère représente une faible portion du tapis adverse, il va me payer plus facilement que si elle était supérieure à la moitié.

45

Le facteur clé de décision 4 : les adversaires

Les adversaires constituent le quatrième facteur de décision. Contrairement aux trois précédents, il est totalement subjectif.

Vos adversaires sont divers parce que la nature a fait les hommes différents. C'est aussi ce qui fait la particularité unique du poker, et peut-être même ce qui fait qu'aucun robot ne pourra battre un joueur de poker, contrairement au joueur d'échecs. Car, au poker, on joue sur des éléments réels mais aussi sur des éléments subjectifs, tels que les *pensées* des adversaires.

La typologie Louy

Bruno Louy, chercheur à l'École française de poker, a établi une typologie en **quatre** types de joueurs principaux, selon les éléments qui entrent dans leur prise de décision. Voici résumée cette typologie :

Niveau	Appellation	Définition
0	novice	le joueur utilise les règles du jeu
1	confirmé	le joueur utilise en plus des critères objectifs, comme ses cartes
2	avancé	le joueur utilise en plus la main adverse
3	expert	le joueur utilise en plus la pensée adverse

Le joueur de niveau 0 utilise *stricto sensu* les règles du jeu, sans notion aucune de stratégie.

Le joueur de niveau 1 privilégie ce qu'il voit. Il est capable de calculs (cotes) mais ne fait pas d'hypothèse sur le jeu adverse.

Le joueur de niveau 2 va plus loin : il inclut ce qu'il pense être le jeu adverse dans ses critères de décision.

Le joueur de niveau 3 va encore plus loin : il inclut dans ses critères de décision ce que l'adversaire pense de lui ou veut lui faire croire.

À chaque niveau correspondent des manœuvres particulières. Le passage d'un niveau à un autre est lent et plus le niveau est élevé, plus le temps requis pour ce faire est long. Certains joueurs « plafonnent » toute leur vie au niveau 1 ou 2 sans jamais atteindre le niveau 3.

Les joueurs les plus nombreux dans les tournois de type national, et même international, sont de niveau 2. Le niveau 3 est réservé aux experts, qui arrivent à piéger leurs adversaires grâce à des « lectures » (cf. chapitre 50).

Le degré *d'agressivité* du joueur

Les joueurs sont plus ou moins *agressifs*. Un joueur peu agressif est dit *passif*.

Le joueur *agressif* suit assez rarement les enchères. Il préfère attaquer, en ouvrant, en relançant ou en sur-relançant. Bien utilisé, l'outil de l'attaque lui rapporte plus de jetons et lui donne un avantage en matière d'intimidation.

Le joueur *passif*, lui, est capable de suivre mais moins capable d'attaquer ou de relancer, encore moins de sur-relancer. Par exemple, il ne fera *all-in* que quand il y sera quasiment obligé.

Le degré de *largeur* du joueur

Les joueurs sont plus ou moins *larges*. Un joueur peu large est dit *serré*.

Le joueur *large* n'est pas très regardant sur les cartes qu'il touche, donc il entre souvent dans les coups.

Le joueur *serré*, lui, est très sélectif quant aux cartes qu'il touche, donc il entre peu souvent dans les coups.

Joueur	Caractéristique
Passif	préfère suivre à attaquer ou relancer
Agressif	préfère attaquer ou relancer à suivre
Large	entre souvent dans les coups
Serré	entre rarement dans les coups

La typologie bestiale de Phil Hellmuth

Cette typologie bestiale est une idée du grand champion américain Phil Hellmuth. Pour ma part, j'ai eu l'idée de la représenter dans un repère visuel à deux axes, un *mapping* : *agressivité* et *largeur*.

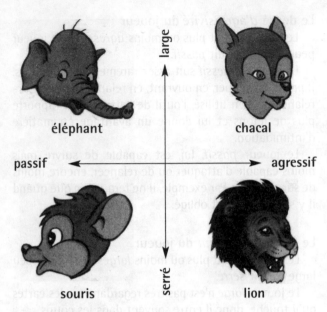

éléphant   large   chacal

passif   ←————————————→   agressif

souris   serré   lion

Les quatre profils bestiaux

Lisibilité : éléphant et souris.

Illisibilité : chacal et lion.

La **souris** est à la fois *passive et serrée.* Ce joueur relance rarement et joue peu. De ce fait, dès qu'il entre dans un coup, tout le monde sait qu'il a un gros jeu !

Niveau : 100 % des souris de niveau 1.

Jouer contre lui : dès qu'il attaque, il a une main énorme. Vous ne pouvez que quitter le coup. La souris est facile à bluffer car elle entend jouer au poker sans risque, ce qui est un non-sens.

L'**éléphant** est à la fois *passif et large.* Il relance rarement et joue souvent. Il tente beaucoup ses tirages. Quand ses tirages rentrent, c'est le roi de la table. Mais la plupart du temps il perd rapidement ses jetons car il ne sait pas les défendre.

Niveau :
- 80 % des éléphants sont de niveau 1 ;
- 20 % des éléphants sont de niveau 2.

Jouer contre lui : si le flop offre la possibilité d'un tirage et s'il semble l'avoir, inutile d'essayer de le bluffer puisqu'il suivra l'attaque. Il vaut mieux attaquer à la *turn* car la plupart des éléphants laissent tomber le tirage d'une seule carte si l'ouverture est trop haute.

Le **chacal** est à la fois *agressif et large*. Il relance fort et souvent. Il terrorise la table et il est totalement illisible. C'est un maître bluffeur. Il tue beaucoup d'adversaires.

Niveau :
- 50 % des chacals sont de niveau 2 ;
- 50 % des chacals sont de niveau 3.

Jouer contre lui : tâche difficile car on ne sait jamais avec quoi il joue. Il peut aussi bien avoir, à l'instant *t*, une main très forte qu'une « poubelle ». La contre-attaque est une bonne idée car le chacal déteste être « chacalisé ». Sous-jouer un gros jeu marche très bien aussi car il sautera à pieds joints dans le piège.

Le **lion** est à la fois *agressif et serré*. Il relance fort mais à des moments choisis. Moyennant quoi il évite de se trouver dans un coup avec une main dangereuse et fait payer au prix fort chaque tentative adverse de tirage.

Niveau :
- 20 % des lions sont de niveau 2 ;
- 80 % des lions sont de niveau 3.

Jouer contre lui : comme c'est un joueur qui sait bluffer, il n'est pas facile à jouer. Sous-jouer une grosse main n'est pas non plus une solution car il est méfiant. Il faut essayer de découvrir des signes qui le trahissent, des habitudes de jeu qui le signalent (cf. chapitre 50).

Ces profils bestiaux ne sont pas purs, ce sont des *tendances*. Aucun joueur au monde n'est souris en permanence. Un joueur est *tendanciellement* éléphant, *tendanciellement* chacal, etc. Il varie son style :
– inconsciemment, selon son humeur ;
– consciemment, pour être moins « lisible » de l'adversaire.

L'observation prime

En observant vos adversaires avec attention, vous pourrez déterminer à quel niveau ils se situent et à quel profil bestial ils appartiennent. En programmation neurolinguistique (PNL), cette période d'observation s'appelle la *calibration*.

Vous allez donc *calibrer* vos adversaires afin de privilégier contre eux les actions tactiques qui ont le plus de chances de réussir. Inversement, vous allez éviter les tactiques qui seront sans effet sur l'adversaire ou non comprises par lui.

Par exemple, un débutant qui ne connaît manifestement rien aux cotes d'amélioration ne sera pas intimidé par une relance destinée à rendre trop cher son tirage à quinte. Il se bornera à jouer son tirage parce qu'il a envie de le jouer, simplement.

Le nombre de joueurs

Le nombre de joueurs en lice a de l'importance. Vous n'allez pas jouer de la même manière s'il y a dix joueurs à votre table (table pleine) ou s'il y a en a cinq *(short-handed)*.

Changer le nombre de joueurs ne change en rien la probabilité que chacun a de toucher telle ou telle combinaison. Mais plus il y a de joueurs, plus il est probable que l'un d'eux soit meilleur que vous.

Conclusion : plus vous avez d'adversaires et plus il vous faut une bonne main pour l'emporter à l'abattage. L'inverse est aussi vrai : moins vous avez d'adversaires et moins il vous faut une bonne main pour l'emporter à l'abattage.

> **Concept 14**
> Plus il y a de joueurs à la table, plus l'opposition est forte et plus je dois avoir un gros jeu pour gagner l'abattage.
> Inversement, moins il y a de joueurs à la table, moins il y a d'opposition et moins j'ai besoin d'un gros jeu pour gagner l'abattage.

RAPPEL DES 14 CONCEPTS STRATÉGIQUES DES FACTEURS DE DÉCISION

Concept 1 : sous-jeu préflop
Aucune main n'est assez forte pour être sous-jouée préflop (jouée passivement dans le but d'attirer des adversaires).

Concept 2 : paire de dames
Pourquoi la paire de dames n'est pas « premium » ? En effet, elle est classée troisième dans la liste décroissante des meilleures mains du Texas hold'em. Si je la place dans les mains de deuxième rang, c'est parce qu'il est beaucoup plus difficile de jeter une paire de dames sur un flop à l'as ou au roi que de jeter as-roi non amélioré au flop.

Concept 3 : attaque avec paire moyenne
Attaquer avec une paire moyenne préflop n'est pas suicidaire, bien au contraire. L'attaque préflop est un atout d'intimidation pour la suite du coup, un avantage créé sur l'adversaire.

Concept 4 : attention aux petites paires
Les petites paires sont fragiles parce qu'elles peuvent se faire battre au flop par une paire affichée supérieure, ce qui est moins souvent le cas des paires moyennes.

Concept 5 : ne vous acharnez pas
Avec une main que vous soupçonnez déjà battue, ne vous acharnez pas. Quittez le coup. Attendez un coup plus favorable pour engager vos jetons !

Concept 6 : avec les consécutives assorties
Une forte main touchée au flop (quinte ou couleur, par exemple) peut être déjà battue. Et si elle ne l'est pas encore, la *turn* ou la *river* peut la rendre battue

par un adversaire. Il faut donc attaquer avec ces mains-là dans le but d'éjecter l'adversaire et de prendre le pot tout de suite.

Concept 7 : la fin de parole
Plus on est assis en fin de parole, plus on a l'avantage stratégique sur les adversaires.

Concept 8 : le *gap concept* (Sklansky)
Pour suivre une relance préflop, vous devez posséder une main *plus forte* que celle qui vous aurait juste permis de relancer le premier.

Concept 9 : la relance renforcée (Montmirel)
Plus il y a de joueurs qui ont suivi le surblind avant moi et plus je dois relancer fortement. En l'occurrence, je dois ajouter un point de coefficient par joueur qui a suivi. Donc si trois joueurs ont suivi, et si d'habitude je relance à quatre fois le surblind, cette fois je devrai relancer à *sept* fois le surblind.

Concept 10 : relance trop faible
C'est une énorme erreur de relancer juste au double avec une grosse main... ou de ne pas relancer du tout, car on ne possède alors aucune information sur la main du surblindeur. Si le flop est quelconque, il peut tout aussi bien avoir déjà flopé deux paires.

Concept 11 : concept de l'escalier (Montmirel)
Quand un joueur attaque, il vous imagine sur une main donnée. Si vous contre-attaquez, il va vous imaginer sur une main supérieure et va peut-être passer de ce fait. Si c'est lui qui contre-attaque, c'est vous qui allez l'imaginer sur une main supérieure.

Concept 12 : relancer au lieu de suivre
L'erreur typique, quand on possède un petit tapis ou un tapis moyen, est de suivre les relances adverses

avec une grosse main ou, pire encore, une main moyenne. Il faut attaquer, donc relancer ou sur-relancer, car on se donne une chance de plus de gagner le coup, si l'adversaire considère qu'il est devenu trop dangereux pour lui de payer (concept de l'escalier).

Concept 13 : pensez au tapis adverse

Quand je calibre une enchère d'attaque (ouverture, relance, sur-relance), je dois toujours mesurer le tapis adverse. Si cette enchère représente une faible portion du tapis adverse, il va me payer plus facilement que si elle était supérieure à la moitié.

Concept 14 : rapport nombre de joueurs / force des cartes

Plus il y a de joueurs à la table, plus l'opposition est forte et plus je dois avoir un gros jeu pour gagner l'abattage.

Inversement, moins il y a de joueurs à la table, moins il y a d'opposition et moins j'ai besoin d'un gros jeu pour gagner l'abattage.

Théorème de la valeur croissante des jetons (McEvoy)

Moins j'ai de jetons à mon tapis, plus leur valeur unitaire est élevée et plus je dois les épargner. Mais, si le moment est venu de me battre, je dois être capable de les engager tous ensemble (Tom McEvoy, *Poker de tournoi*).

46

Les cotes financières

Grâce aux cotes financières, vous pouvez déterminer s'il est valable ou non d'entrer dans le coup, et de vous y maintenir.

Qu'est-ce qu'une cote ?

Dans les courses de chevaux, les cotes indiquent ce qu'un cheval va rapporter. Si vous misez 10 euros sur un cheval dont la cote est de 20 contre 1, vous allez toucher 200 euros s'il arrive gagnant (le chiffre réel est inférieur car l'organisateur prélève sa commission, mais le principe est le même). Plus la cote est haute et plus le cheval rapporte quand il gagne.

Comment est calculée la cote ? Les paris hippiques sont *mutuels* : ce que gagnent les uns est égal à ce que perdent les autres (moins la commission de l'organisateur).

> **La mutualisation des enjeux**
> – Un cheval qui recueille peu de paris aura une cote *élevée* parce que, s'il gagne, peu de joueurs se partageront la majorité des paris.

> – Un cheval qui recueille beaucoup de paris aura une cote *faible* parce que, s'il gagne, beaucoup de joueurs se partageront la majorité des paris.

Cote positive et cote négative

La cote positive

Si vous savez de source sûre que le cheval que vous avez choisi a une chance de gagner *supérieure* à ce qu'indique sa cote, il faut le jouer. Si vous ne jouez que des chevaux qui répondent à ce critère, vous allez forcément recueillir *plus* d'argent que vous en avez misé *à la longue*. Et vous serez gagnant chronique.

La cote négative

En revanche, si vous savez de source sûre que le cheval que vous avez choisi a une chance de gagner *inférieure* à ce qu'indique sa cote, il ne faut pas le jouer. Si vous ne jouez que des chevaux qui répondent à ce critère, vous allez forcément recueillir *moins* d'argent que vous en avez misé *à la longue*. Et vous serez perdant chronique.

Au poker, jouer une cote positive, c'est jouer un risque *surrémunéré* par rapport au gain potentiel.

Inversement, jouer une cote négative, c'est jouer un risque *sous-rémunéré* par rapport au gain potentiel.

Comment s'exprime une cote

Une cote est une autre manière d'exprimer une probabilité. Si un sac contient dix boules numérotées de 1 à 10 et si vous tirez une boule au hasard, la probabilité de tirer la boule n° 1 est de 1/10.

– Il y a 10 *cas possibles* : 1, 2, ... , 9, 10 = CP.

– Il y a 1 *cas favorable* : 1 = CF.
– Il y a 9 *cas défavorables* : 2, 3, ... , 9, 10 = CD.

Dans tous les cas, on a : CP = CF + CD.

(Les cas possibles sont la somme des cas favorables et des cas défavorables ; c'est ce qu'on appelle une partition.)

On appelle *expérience* le fait de « tirer une boule au hasard ».

On appelle *événement* le fait de « tirer la boule n° 1 ». Admettons qu'on le note E = 1.

On admet que les 10 événements possibles « tirer la boule n°x » (avec x = 1, x = 2, ..., x = 9, x = 10) ont tous la même probabilité de se produire. Ils sont dits *équiprobables*.

La probabilité P (E = x) est égale à la part des cas favorables dans les cas possibles. C'est un quotient :

P (E = x) = CF/CP = 1/10 = 0,1 = 10 %.

Pour passer de la probabilité à la cote

La probabilité met en rapport les cas favorables et les cas possibles.

La cote, elle, exprime le même chiffre mais en mettant en rapport les cas défavorables et les cas favorables.

Dans notre exemple, la cote est de *9 contre 1* car CD = 9 et CF = 1. Dans le cas général, la cote s'écrit comme ceci :

Cote = « CD contre CF ».

On parle d'une « cote contre » car on met en valeur la probabilité que l'événement choisi *ne se produise pas*. On peut aussi parler d'une « cote pour » : on dirait alors « 1 pour 9 », mais cette cote est moins utilisée.

D'une manière générale, il faut faire en sorte que le chiffre à droite du mot « contre » soit 1. Donc quand on

a « 8 contre 2 », il suffit de diviser par 2 de part et d'autre du mot « contre » pour obtenir « 4 contre 1 ». Prenons maintenant d'autres exemples :
– « tirer une boule impaire » : 5 contre 5, donc 1 contre 1 ;
– « tirer une boule supérieure à 5 » : 5 contre 5, donc 1 contre 1 ;
– « tirer une boule supérieure à 8 » 8 contre 2, donc 4 contre 1.

Voici le tableau de correspondance entre les principales valeurs de probabilité et les cotes :

Quotient (CF/CP)	Probabilité	Cote (CD contre CF)
1/2	50,00 %	1 contre 1
1/3	33,33 %	2 contre 1
1/4	25,00 %	3 contre 1
1/5	20,00 %	4 contre 1
1/6	16,67 %	5 contre 1
1/7	14,29 %	6 contre 1
1/8	12,50 %	7 contre 1
1/9	11,11 %	8 contre 1
1/10	10,00 %	9 contre 1
1/15	6,67 %	14 contre 1
1/20	5,00 %	19 contre 1
1/50	2,00 %	49 contre 1
1/100	1,00 %	99 contre 1

Il est évidemment hors de question de connaître par cœur ce tableau parce que cela n'a aucun intérêt. Il suffit d'avoir compris le principe.

Pourquoi utiliser des cotes au lieu des probabilités ? Vous allez le voir ci-après : grâce aux cotes, on évalue plus facilement notre rentabilité par rapport au pot. Cette rentabilité provient de la comparaison entre deux types de cotes :

– la cote d'amélioration, ou cote des cartes ;
– la cote du pot, ou cote financière.

La cote d'amélioration, ou cote des cartes

La cote d'amélioration se déduit des cartes que vous possédez et des cartes du tableau. La plupart du temps, la cote d'amélioration se calcule au flop.

Prenons l'exemple du tirage à quinte :

   flop

main

Comme nous connaissons déjà 5 cartes sur les 52 du départ, il reste 47 cartes possibles. Voyons comment elles se répartissent à la *turn* :

52 cartes en tout		
5 cartes	*47 cartes sont inconnues*	
sont déjà connues	8 cartes nous donnent la quinte : les 4 valets et les 4 six	39 cartes ne nous donnent rien

D'après ce tableau synoptique, notre cote d'amélioration de la quinte est de 39 contre 8, soit 4,9 contre 1, que nous arrondissons à 5 contre 1.

Cote d'amélioration = 5 contre 1.

La cote du pot, ou cote financière

Reprenons l'exemple en cours. Admettons que nous nous trouvions sur un coup qui a ces caractéristiques :
– blind/surblind : 100/200 ;
– notre place : bouton ;
– 2 joueurs ont payé avant nous ;

– nous payons avec 8-7 ;
– le blind paie et le surblind checke ;
– il y a donc 5 joueurs dans le coup ;
– le pot à la fin du tour d'enchères préflop : 1 000.

Le pot contient 1 000 quand arrive le flop exemple. Prenons maintenant deux cas d'enchères différents au flop :

Cas d'enchères 1 :

Le blindeur ouvre à 500, les autres joueurs passent. Le pot contient donc 1 500. Je dois alors me dire ceci : « Je dois miser 500 pour espérer gagner 1 500. »

La cote du pot est donc : 1 500 contre 500, soit 3 contre 1.

Cas d'enchères 2 :

Le blindeur ouvre à 500, les trois autres joueurs suivent. Le pot contient donc 3 000. Je dois alors me dire ceci : « Je dois miser 500 pour espérer gagner 3 000. »

La cote du pot est donc : 3 000 contre 500, soit 6 contre 1.

Les cotes explicites

Nous pouvons résumer la situation de cette manière :

	Cote d'amélioration	Cote du pot
Cas d'enchères 1	5 contre 1	3 contre 1
Cas d'enchères 2	5 contre 1	6 contre 1

Cas d'enchères 1 :

Cote du pot < cote d'amélioration.

Comptablement, voici comment les choses se présentent. Comme nous allons toucher notre quinte une fois sur six, voyons ce qui se passe sur six tentatives :

– dans une tentative, je gagne 1 500 ; gain total : 1 500 ;
– dans 5 tentatives, je perds 500 ; perte totale : 2 500 ;
– donc situation comptable : +1 500 – 2 500 = – 1 000.

Autrement dit, si je tente systématiquement la quinte dans cette situation, je vais perdre de l'argent sur le long terme. *Attention* : sur ce coup précis, je vais peut-être quand même toucher ma quinte, mais, au vu des possibilités, cette décision n'est pas rentable donc je dois choisir l'autre, à savoir jeter mes cartes. C'est le sens de l'expression « risque sous-rémunéré ».

Cas d'enchères 2 :
Cote du pot > cote d'amélioration.

Comptablement, voici comment les choses se présentent. Comme nous allons toucher notre quinte une fois sur six, voyons ce qui se passe sur six tentatives :
– dans une tentative, je gagne 3 000 ; gain total : 3 000 ;
– dans 5 tentatives, je perds 500 ; perte totale : 2 500 ;
– donc situation comptable : + 3 000 – 2 500 = + 500.

Autrement dit, si je tente systématiquement la quinte dans cette situation, je vais gagner de l'argent sur le long terme. *Attention* : sur ce coup précis, je vais peut-être ne pas toucher ma quinte, mais au vu des possibilités cette décision est rentable donc je dois la choisir, à savoir payer les 500. C'est le sens de l'expression « risque sur-rémunéré ».

Attention : dans les deux cas d'enchères, la probabilité de faire quinte à la *turn* est *exactement la même*, mais :
– dans le cas 1, elle est assortie d'un gain *faible* ;
– dans le cas 2, elle est assortie d'un gain *élevé*.

Ces résultats répondent à deux hypothèses :

– il s'agit du gain réalisé à la *turn* seule ; si l'adversaire se maintient à la *river* bien qu'on ait touché notre quinte gagnante, notre gain est grossi des enchères de la *river* ;
– la quinte nous rend gagnant du coup, ce qui sera le cas la plupart du temps, mais pas toujours.

> **Lexique**
> Dans notre vocabulaire, nous disons que :
> – le cas d'enchères 1 dégage une *cote financière négative*, ou représente un *risque sous-rémunéré* ;
> – le cas d'enchères 2 dégage une *cote financière positive*, ou représente un *risque sur-rémunéré*.

Et à la *river* ?

Nous venons de voir le cas d'amélioration à la *turn* seule. Mais il nous reste deux cas à examiner :

L'amélioration à la river *seule*

C'est simple : cette amélioration est la même, à très peu de chose près, que l'amélioration à la *turn*. En effet : à la *turn*, la probabilité de toucher la quinte est de 8/47, et la probabilité à la *river* est de 8/46, si la quinte n'a pas été réalisée à la *turn* (si elle l'a été, la question de l'amélioration ne se pose évidemment plus !).

L'amélioration à la turn *+* river

Cette fois, si vous envisagez dès le flop de tirer la *turn* ET la *river*, il suffit de multiplier les probabilités par 2 et vous obtiendrez une valeur approchée de votre cote réelle. *Attention* : ce n'est pas la façon de faire dans le monde des probabilités, mais ici nous pouvons le faire car le nombre d'événements possibles est relativement grand (47) et l'expérience est répétée seulement 2 fois.

Quel est l'impact sur la cote ? Dans notre exemple, nous avons une cote sur la *turn* de 5 contre 1, soit une chance sur 6. Pour trouver la valeur approchée de la cote sur deux cartes, procédez en deux temps :
– divisez par 2 ce chiffre, soit une chance sur 3 ;
– convertissez-le en cote, soit 2 contre 1.

La cote sur la *turn* et la *river* est surtout utile dans deux cas :
– en Texas hold'em à limites fixes, car l'ampleur des relances est connue d'avance ;
– si vous êtes *all-in*, car vous êtes certain alors de voir les deux dernières cartes du tableau.

> **Ne vous bercez pas d'illusions !**
> En Texas hold'em *no-limit*, ne calculez jamais vos cotes au flop en considérant que vous allez voir la *turn* et la *river*. En effet, un adversaire peut « casser votre cote » par une forte relance et vous dissuader ainsi de voir la *river* après la *turn*. Conclusion : en no-limit, *au flop, ne considérez que la cote sur une carte de plus, la* turn.

Types de tirages au flop

Pour les différentes probabilités des tirages, je vous renvoie à la fin du chapitre 13 qui présente les probabilités du Texas hold'em et qui vous apprend que le nombre d'outs (nombre de cartes améliorantes) peut aller jusqu'à 21 en Texas hold'em.

À partir de 14 outs et plus,
vous avez plus d'une chance sur deux
de réussir votre combinaison sur la turn *et la* river.

Sachez reconnaître vos tirages. Pour ce faire, il faut prendre en compte à la fois les tirages à couleur et à quinte et les *overcards*. Rappelons qu'une *overcard* est une carte privative supérieure à la plus forte carte du flop. Elle est importante car si une carte de même valeur arrive à la *turn* ou à la *river*, vous détenez alors la paire max et ce peut être la combinaison gagnante.

Les tirages principaux se partagent selon qu'ils sont à couleur ou à quinte et qu'ils présentent deux, une ou aucune *overcard*.

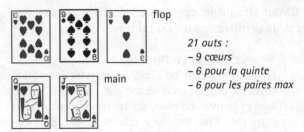

21 outs :
– 9 cœurs
– 6 pour la quinte
– 6 pour les paires max

Double tirage avec 2 overcards, le « super-tirage ».

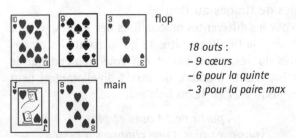

18 outs :
– 9 cœurs
– 6 pour la quinte
– 3 pour la paire max

Double tirage avec une overcard.

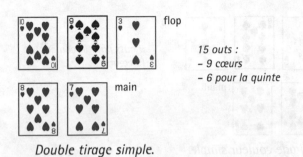

15 outs :
– 9 cœurs
– 6 pour la quinte

Double tirage simple.

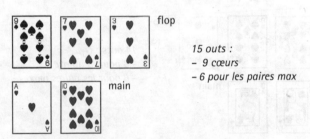

15 outs :
– 9 cœurs
– 6 pour les paires max

Tirage couleur avec 2 overcards.

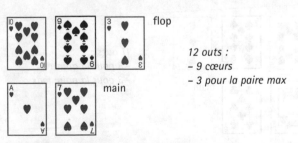

12 outs :
– 9 cœurs
– 3 pour la paire max

Tirage couleur avec une overcard.

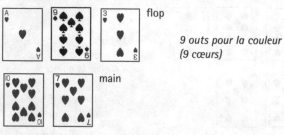

*9 outs pour la couleur
(9 cœurs)*

Tirage couleur simple.

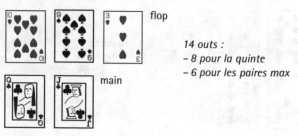

*14 outs :
– 8 pour la quinte
– 6 pour les paires max*

Tirage quinte avec 2 overcards.

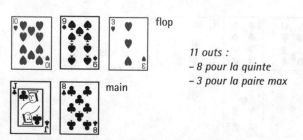

*11 outs :
– 8 pour la quinte
– 3 pour la paire max*

Tirage quinte avec une overcard.

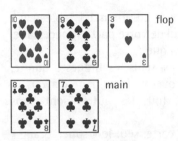

8 outs pour la quinte (attention, tirage dangereux)

main

Tirage quinte simple.

Combien faut-il d'adversaires pour se maintenir dans le coup ?

Pour répondre à cette question, vous devez calculer votre cote d'amélioration et la rapprocher de votre cote du pot. Mais il y a aussi plus simple : le tableau ci-dessous.

Type (nombre d'outs)	Nombre d'adversaires minimum pour rentabiliser, si on tire :	
	1 carte	2 cartes
Double tirage avec 2 overcards (21)	1	1
Double tirage avec une overcard (18)	2	1
Double tirage simple (15)	2	1
Tirage couleur avec 2 overcards (15)	2	1
Tirage couleur avec une overcard (12)	3 ou 2*	1 ou 2**
Tirage couleur simple (9)	4	2
Tirage quinte avec 2 overcards (14)	3 ou 2*	1 ou 2**
Tirage quinte avec une overcard (11)	3	2
Tirage quinte simple (8)	4	2

* Selon la taille du pot préflop, 2 adversaires peuvent suffire.
** Selon la taille du pot préflop, un seul adversaire peut suffire.

Là encore, apprendre par cœur un tel tableau n'a aucun sens. Un petit calcul de votre part est nécessaire, mais sachez d'ores et déjà que :
– si vous tirez deux cartes, seuls les tirages à quinte, couleur et quinte avec *overcards* exigent d'avoir au moins deux adversaires, tous les autres sont bons contre un adversaire ;
– si vous tirez une seule carte, seul le « super-tirage » peut se contenter d'un seul adversaire, tous les autres en nécessitent au moins deux ;
– si vous tirez une seule carte, les tirages à quinte et couleur simples impliquent d'avoir au moins quatre adversaires.

Les cotes implicites

La notion de cote implicite recouvre plusieurs réalités quand on est joueur expérimenté. Mais, pour quelqu'un qui s'initie au poker, il s'agit d'anticiper une cote explicite d'après une logique de jeu ou de personnalité adverse.

Reprenons notre exemple de tirage à quinte au flop, en modifiant cette fois notre *position* :

   flop   main

– blind/surblind : 100/200 ;
– il reste les joueurs n°s 2, 5, 7, 8, 10 ;
– nous sommes en position n° 8 ;
– les joueurs n°s 2, 5 et 7 ont payé avant nous ;
– il reste encore un joueur après nous.

Nous savons que, pour voir la *turn*, nous devons avoir au moins 4 adversaires (comme le tableau nous l'indique). Or ici nous n'en avons que trois : les n°s 2, 5 et 7. C'est insuffisant.

Mais, comme il reste encore deux joueurs à parler, il suffit qu'un seul d'entre eux paie pour nous donner la cote que nous recherchons. Si nous croyons que ce sera le cas, nous possédons une cote *implicite* et nous avons intérêt à suivre, bien que n'ayant pas de cote explicite au moment où nous payons.

Évidemment, si un des joueurs qui nous succèdent relance, nous devrons passer car il a cassé notre cote et nous n'avons plus d'intérêt à nous maintenir dans le coup.

La restauration de la cote

Admettons maintenant qu'il se passe ceci :
– le joueur n° 10, au lieu de suivre comme nous l'espérions, relance au double ;
– les joueurs n°s 2, 5 et 7 paient la relance.

Le joueur n° 10, quand il relance, casse notre cote. Mais le fait que les trois joueurs suivants paient la relance *restaure* notre cote. Comme nous sommes dernier à parler, nous savons qu'il n'y aura pas de relanceur. Si nous suivons ici, nous aurons bien les quatre adversaires requis. Donc nous possédons bien notre cote et nous devons payer.

Les cotes inversées : comment casser une cote

Quand le flop comporte un, voire deux tirages possibles, et quand les relances préflop ont été peu musclées, il est probable qu'au moins un des joueurs en lice possède un tirage.

Ne donnez pas de carte gratuite à l'adversaire.
Attaquez (en ouvrant ou en relançant fortement) de façon à faire passer le tireur en cote négative et à l'obliger ainsi à jeter ses cartes.

Cela ne fonctionnera pas contre des débutants qui ignorent ce qu'est une cote.

Mais, contre un joueur expérimenté que vous avez « calibré » comme jouant avec les cotes, cette tactique d'agression permet de prendre le pot *sans abattage*, donc quelle que soit votre main à ce moment.

> ### Faites payer les tireurs présumés
> Qu'un joueur à tirage touche sa *turn* ne diminue en rien sa capacité de vous battre. Mais, quand vous soupçonnez qu'un tel joueur existe, faites-lui payer son tirage le plus cher possible, donc ouvrez ou relancez.

Compléter la cote

Votre cote peut s'avérer insuffisante à un moment, mais le type de vos adversaires est tel que vous savez une chose : si vous relancez à cet instant, il est probable qu'ils passent tous.

Reprenons le cas précédent du tirage à quinte à la *turn*.

 flop+turn

main

– blind/surblind : 100/200 ;
– il reste les joueurs nos 5, 7, 8 ;
– nous sommes en position n° 8 ;
– le joueur n° 5 a ouvert ;
– le joueur n° 7 a payé.

N'ayant que deux adversaires, nous sommes « hors cote » et nous ne pouvons donc pas poursuivre le coup en payant simplement l'ouverture.

Mais en la relançant ?

Cette possibilité peut sembler farfelue *a priori*. Pourtant elle ne l'est pas, simplement parce qu'elle vient *compléter* la cote pour la rendre jouable. En effet, vous allez gagner maintenant dans deux cas au lieu d'un seul :
– non seulement si vous complétez votre tirage,
– mais aussi si vos adversaires passent devant votre relance.

Prouvons mathématiquement que cette tactique est gagnante :
– le pot contient 700 préflop, et tous les joueurs ont checké au flop ;
– l'ouverture à la *turn* est de 500 ;
– donc le pot contient 1 700 au moment de prendre votre décision ;
– admettons que vous gagnez le coup si votre quinte rentre, et que vous le perdez sinon ;
– vous estimez que, si vous relancez à 1 400, les deux joueurs vont passer une fois sur quatre ensemble (dans 75 % des cas) et payer dans 25 % des cas (abattage) ;
– à la *river*, si vous ne touchez pas votre quinte, vous ne payez rien au pot, mais si vous la touchez, vous ouvrez à 1 500 et un seul joueur paie ;
– rappelons que la probabilité de faire quinte à la *river* est de 8/46 = 17 %.

Votre résultat financier est alors le suivant :
– votre gain immédiat si personne ne suit : 1 700 ;
– votre gain si les adversaires suivent et votre quinte entre :

(0,17)	probabilité de cet événement
x (1 700	pot préflop et flop
+ 1 400 + 1 400 + 1 400	enchères *turn*
+ 1 500 + 1 500)	ouverture + payeur
= (0,17) x (8 900) = 1 513 ;	

– votre perte si les adversaires suivent et votre quinte n'entre pas :

(0,83)	probabilité de cet événement
x (200	votre mise préflop et flop
+ 1 400)	votre ouverture à la *turn*
= (0,83) x (1 600) = 1 328.	

Finalement, votre résultat quand vos adversaires paient votre relance est de :

1 513 – 1 328 = + 185.

Votre résultat final s'exprime donc ainsi, sachant que dans 75 % des cas vous gagnez tout de suite et que dans 25 % des cas vous êtes payé :

(0,75) x 1 700 + (0,25) x 185
= 1 275 + 46 = 1 321.

En moyenne, cette action de relancer va vous rapporter 1 321, donc dégager un résultat largement positif. Si vous vous étiez cantonné à jeter vos cartes du fait de votre situation hors cote, vous auriez certes sécurisé votre situation, mais vous seriez passé à côté d'un gain important.

Encore une fois, ces chiffres donnent une idée du gain *moyen*. Mais il va de soi que votre choix, dans

cette situation isolée, aura l'une ou l'autre de ces deux modalités :
– soit un gain de 1 700 (immédiat) ou de 8 900 (à l'abattage),
– soit une perte de 1 600.

Antimaths

Dans le monde réel, il est évidemment hors de question pour vous de procéder à de tels calculs ! Sachez simplement que, plus vos adversaires vont laisser tomber le coup du fait de votre relance, plus votre gain sera sécurisé.

47

Les 10 commandements
stratégiques

La stratégie pokérienne répond à des motivations de
fond logiques et structurelles d'un jeu gagnant.

1. Tu choisiras tes oppositions (table, tournoi, adversaires, coups)

En tournoi, vous ne pouvez pas choisir votre place
puisqu'elle est tirée au sort. Mais vous pouvez au moins
choisir le type de tournoi. Évitez ceux que vous connaissez
mal. Privilégiez ceux où vous vous sentez le mieux, tant
en matière de droit d'entrée qu'en matière de variante.

En *cash-games*, si vous avez le choix entre plusieurs
tables, il y en a toujours une qui vous conviendra mieux
que les autres. C'est bien sûr celle-ci que vous devez
choisir !

Choisissez aussi vos adversaires. Isoler un adversaire
est une tactique qui s'impose quand on se sent dans un
duel gagnant, pour éviter que d'autres joueurs se joi-
gnent au coup. Au contraire, si les adversaires que vous
craignez le plus ont déjà jeté leurs cartes, vous allez
jouer avec les coudées franches.

> **Soyez intraitable**
> Choisissez les coups, en fonction de votre position, de celle de vos adversaires, de la hauteur de votre tapis. Demandez-vous pourquoi vous devriez rester dans ce coup, et non pas pourquoi vous devriez le quitter.

2. Tu montreras tes cartes à bon escient

C'est une question qui revient souvent dans la bouche de mes étudiants en poker : faut-il montrer ses cartes, qu'on ait gagné ou non un coup ? Évidemment, la question se pose seulement dans le cas où on n'est pas obligé de les montrer.

Toujours les montrer : c'est une *erreur* manifeste, ne serait-ce qu'à cause de l'information que vous donnez dans les cas où vous avez bluffé. Même sans bluffer, c'est une erreur car cela indique à toute la table le type de mains avec lesquelles vous jouez, et comment vous les jouez.

Ne jamais les montrer : c'est une politique que j'ai suivie pendant des années. Je pense que c'est ce qu'il faut faire *par défaut*.

Avec les années, j'en suis venu à montrer mes cartes à chaque fois que cela me donne un *avantage* sur l'adversaire. Kézako ?
– À chaque fois que je jette une très grosse main parce que je me sais déjà battu : car cela prouve que je sais jeter ces mains-là et que je suis solide psychiquement ; par exemple, quand, avec une paire d'as en main, je n'ai pas amélioré mais j'ai déjà compris que mon adversaire avait au moins deux paires ou brelan ;
– Après un bluff réussi quand il vient après une très grosse main montrée.

La fréquence de dévoilement de mon jeu reste extrêmement faible. De l'ordre d'un coup sur dix coups joués.

Je montre mes cartes plus souvent en tête à tête, notamment quand je réussis un bluff pur, mon adversaire jetant finalement ses cartes en fin de coup après avoir beaucoup réfléchi, possédant lui-même une paire moyenne. Car lui montrer une main plus faible que la sienne lui donne un coup au moral, ce qui le fragilise psychiquement.

> **Manipulation**
> Il m'arrive de montrer mes cartes dans le seul but d'inciter l'adversaire à me montrer les siennes, sur un coup où je ne vois vraiment pas avec quoi il a joué.
> Il m'arrive aussi de manipuler l'adversaire. Je jette mes cartes *faces en bas* en disant : « J'avais as-dame, et toi ? » Or, je n'avais pas as-dame, plutôt une main à bluff. Simplement, là encore j'incite l'adversaire à retourner sa main.

3. Tu ne gagneras pas qu'avec les cartes

Les cartes ne sont qu'un prétexte au poker. Un prétexte fort, c'est vrai, mais toujours un prétexte. C'est surtout vrai au *no-limit*, dans lequel il est des cas fréquents où les enchères l'emportent largement sur les cartes.

L'arrivée d'un as à la *turn* ou à la *river* suffit souvent à apeurer l'adversaire. S'il subit alors une ouverture adverse, il va jeter sa main sans discuter parce qu'il n'a qu'une paire de dames. Mais qui a dit que l'ouvreur ou le relanceur avait un as dans sa main ? Personne, pas même lui.

> **L'enchère qui tue**
> Une enchère destinée à faire passer l'adversaire pour s'adjuger le pot est toujours une bonne enchère si elle atteint son but. Peu importe quelles sont les cartes de l'attaquant.

4. Tu ne prendras de risques que sur les gros pots

Tel est l'un des enseignements du grand livre de Doyle Brunson, *Super System*. Certains joueurs hyper-agressifs prennent des risques démesurés sur des pots où il n'y a presque rien à gagner.

Pourquoi se battre pour une miette de pain quand il est tellement mieux de se battre pour une miche de pain ?

Cela conduit forcément à prendre des risques, le plus important d'entre eux étant de relancer un coup qui a déjà été attaqué par un joueur assis à notre droite... mais que l'on sent bluffeur, ou assez faible pour passer ou se laisser dominer au tour suivant.

5. Tu opéreras la retraite stratégique

La retraite stratégique fait partie des actions de guerre au même titre que l'attaque. Son but est d'écourter une bataille qui s'avère mal engagée et qui risque de mettre à mal l'armée tout entière. Alors qu'il est autrement plus valable de reporter la bataille à un jour ultérieur, quitte à perdre du terrain pour le moment.

La retraite en matière de poker est semblable. Quand l'issue du coup devient incertaine, quand je vais y risquer une grande part de mes jetons, il vaut mieux pour moi renoncer et remettre à plus tard l'engagement de mes troupes.

Cette capacité à *l'évitement* implique en compensation une capacité à accepter l'idée qu'on s'est fait bluffer. L'adversaire peut abattre des cartes nulles. Il faut être capable d'en faire fi et d'assumer sa décision car tout regret est inutile quand la décision a été prise.

6. Tu épargneras tes jetons

Certains joueurs sont admirés pour leur capacité à engager leurs jetons seulement dans les coups où ils sont favoris. Leur *feeling* est tel qu'ils savent presque toujours quel est le bon moment de les jouer.

Ne gâchez pas vos jetons. C'est votre monnaie d'échange, votre unité de dialogue. C'est aussi votre armée. Un jeton gâché est une perte double :
– d'abord pour vous,
– mais aussi parce que c'est un gain de puissance pour l'adversaire.

Pour ma part, je suis toujours à l'affût des joueurs dispendieux de leurs jetons car je sais qu'à un moment donné, ils vont commettre l'erreur de les engager sur un coup où je serai favori contre eux.

> **Théorème de la valeur *unique* des jetons**
> Les jetons épargnés ont autant de valeur que les jetons pris à l'ennemi (Tom McEvoy, *Poker de tournoi*).

> **Théorème de la valeur *croissante* des jetons**
> Moins vous possédez de jetons en tournoi, plus chaque jeton a de valeur (Tom McEvoy, *Poker de tournoi*).

7. Tu calculeras tes chances

Sans être un génie des mathématiques, chaque joueur doit calculer ses chances à chacune de ses décisions.

Quand il ne s'agit pas de cotes financières pures, il s'agit de probabilités subjectives que l'adversaire passe ou suive, voire relance. À chaque « sortie de coup » possible correspond un gain ou une perte. Jouez l'un mais pas l'autre.

Le meilleur joueur de poker est celui qui prend à chaque fois la décision qui lui donne la cote la plus positive ou la moins négative.

8. Tu te rendras le moins lisible possible

Il est louable de se fixer une attitude unique tout au long du tournoi.

Il est suicidaire de ne pas y faire des enfreintes.

Au poker, celui qui joue de façon monolithique finit par être *lisible*, prévisible, et perd sur deux tableaux :
– il passe son temps à se faire bluffer ;
– il n'est pas suivi quand il a un gros jeu.
Variez votre façon de jouer :
– jouez de la même manière avec des jeux différents ;
– jouez de manière différente avec le même jeu.
L'adversaire sera perdu, il n'aura pas de repère sur vous et vous pourrez rester le maître du jeu.

9. Tu joueras les joueurs

Bien connaître ses adversaires est essentiel au poker. C'est probablement pour cela que, contrairement aux échecs, il n'y aura probablement jamais de calculateur capable de battre un joueur de poker.

L'analyse du jeu adverse se fait à différents niveaux. En plus, l'adversaire réagit lui aussi selon différents niveaux. Il faut déterminer où se situe son niveau de jeu pour deviner ce qu'il y a dans sa tête, quel est son style de jeu.

Phil Hellmuth, le champion le plus titré de l'histoire des World Series of Poker, estime que la connaissance de l'adversaire compte pour 70 % de la victoire finale.

Certains individus ont des facilités de ce côté-là. La capacité à deviner l'adversaire se travaille elle aussi, mais l'expérience y est pour beaucoup. Plus on rencontre de joueurs, plus on en rencontre de différents et mieux on apprécie le prisme des styles et des parades. (Cf. chapitre 50.)

10. Tu joueras les meilleurs gains

Jouer au poker a une finalité : réussir la plus belle performance. Celle-ci est souvent mesurée en termes de gains financiers.

Dans un tournoi, quand arrivent les places payées, à chaque fois que vous avez une décision engageante à prendre, pensez à l'impact sur le gain final.

Le cas classique est celui où il reste trois joueurs, avec une grosse différence de gain entre chaque joueur (par exemple 40 %-25 %-15 % de la dotation globale). Si vous avez le deuxième tapis, si vous parlez en dernier et si les deux adversaires viennent de faire tapis, quittez le coup même si vous avez A-A. Cela peut paraître paradoxal, mais voyons ce qui va se passer :
– soit le plus gros tapis gagne et au moins le deuxième prix vous est acquis ;
– soit le plus petit tapis gagne et les jetons sont dilués, il n'y a plus de gros tapis.

Vous êtes avantagé dans les deux cas et vous n'aurez rien dépensé pour. À chaque fois que vous pourrez de cette manière tirer un parti financier d'une situation, faites-le.

Notez que si vous avez déjà conclu un *deal* (partage de la dotation) avec les deux adversaires, vous devez jouer vos as car l'impact sur l'argent final est nul ou quasi nul.

Les partages, ou *deals*

En fin de tournoi, quand il reste deux ou trois protagonistes, un joueur peut vous proposer un partage des gains. Autrement dit, au lieu d'appliquer le barème de gains prévu, il propose d'appliquer une autre clé, par exemple celle de la hauteur des tapis à cet instant.

Si les prix sont élevés et si la différence entre eux est énorme – et c'est souvent le cas –, la proposition mérite réflexion.

Si ce joueur est plus puissant que chanceux, acceptez un partage qui soit même légèrement en votre défaveur. Par exemple, 40/60 quand le rapport de tapis est de 45/65.

Mais si ce joueur est plus chanceux que puissant, n'acceptez pas de partage en votre défaveur.

48

Découvrez 10 bluffs différents

Qui dit poker dit aussi bluff. Le bluff est même emblématique du poker, à tel point que « coup de bluff » est synonyme de « coup de poker »...

La gloire du poker, sa noblesse aussi

Le bluff est la gloire du poker. Un poker dans lequel il serait impossible de bluffer ne mériterait pas ce nom.

Le bluff est intimement lié aux enchères. Comme le joueur doit payer l'enchère adverse pour se maintenir dans le coup, cela signifie aussi que l'adversaire peut faire une enchère visant à se débarrasser de ses opposants.

Un joueur qui fait face à une relance adverse a toujours en tête LE dilemme du poker : *a-t-il une main forte ou bluffe-t-il ?*

Plusieurs situations de bluff

Il existe plusieurs situations de bluff qui impliquent des manœuvres différentes.

Quand un joueur a une cote financière insuffisante et quand il souhaite rester dans le coup, il peut relancer pour *compléter sa cote*. Car il gagne alors une autre possibilité d'encaisser le pot : si son adversaire ne paie pas son enchère (cf. chapitre 46).

C'est une des dix situations de bluff que je vous propose d'examiner maintenant, grâce à des graphiques et des coups issus des Hold'em Master Class, le programme pédagogique de l'École française de poker.

1. Le semi-bluff

Définition : attaque avec une main potentielle.

Exemple : vous possédez J-10 et le flop est A-Q-9 (tirage à quinte). Un joueur ouvre, vous relancez. Ou vous ouvrez d'emblée.

Analyse : le semi-bluff donne deux façons de gagner le coup :

– si l'adversaire paie et si vous réalisez ensuite votre combinaison ;

– si l'adversaire ne paie pas car vous gagnez d'emblée le coup.

> **Le coup : Matusow/Raymer, WSOP 2004**
> 9 joueurs. Matusow est en 7 avec 400 000, Raymer est en 2 avec 280 000 (surblind). Blinds 1 500-3 000. Matusow a 9-7 de pique, Raymer a A-J de carreau.
> *Préflop* : Matusow relance à 12 000, Raymer relance à 35 000, Matusow paie.
> *Le flop* : 10-9-3 dont deux carreaux. Raymer ouvre *all-in (illustration)*. Matusow paie.
> *La* turn : un carreau qui donne couleur à Raymer et lui double son tapis. Cette année-là, Raymer a été champion du monde.
> *Raymer a opéré un semi-bluff d'attaque au flop. Il n'avait aucune main faite mais une main potentielle. En ouvrant* all-in, *il veut gagner le pot si Matusow passe, mais il se donne la possibilité (une chance sur deux) de gagner si Matusow paie quand même.*

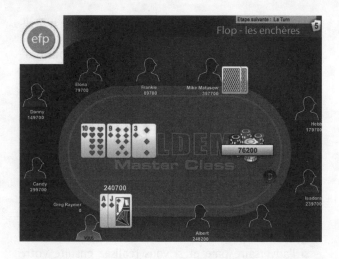

2. Le bluff pur

Définition : attaque avec une main nulle, même pas potentielle.

Exemple : vous possédez A-6. Un joueur ouvre avant vous, vous relancez en position, il paie. Le flop est K-10-4 en deux couleurs. L'adversaire checke, vous ouvrez *all-in* à la hauteur du pot, en simulant une paire de rois (bluff pur). L'adversaire passe et vous avez gagné le coup.

Analyse : le bluff pur compte sur une seule chose, le fait que l'adversaire passe. C'est d'ailleurs votre seule issue victorieuse du coup.

> **Le coup : Corkins/Hellmuth, WPT 19/11/2003**
> 4 joueurs. Hellmuth est en 1 (petit blind) avec 900 000, Corkins est en 2 (surblind) avec 1 000 000. Blinds 10 000-20 000.

Hellmuth a J-9 dépareillés, Corkins a J-7 dépareillés.
Préflop : Hellmuth colle, Corkins checke.
Le flop : 9-6-2 tricolore. Hellmuth ouvre à 25 000,
Corkins relance à 70 000 *(illustration)*, Hellmuth paie.
La turn : 9-6-2-7. Hellmuth checke, Corkins checke.
La river : 9-6-2-7-7. Hellmuth ouvre à 80 000,
Corkins relance à 160 000, Hellmuth paie. Corkins
gagne avec brelan.

*Sur ce coup particulier, Corkins fait un bluff pur au
flop. Hellmuth paie au flop avec la paire max. Mais
Corkins termine avec un brelan inespéré. L'a-t-il
mérité ? D'une certaine manière, oui, parce que son
bluff au flop empêche Hellmuth d'ouvrir à la turn et
permet donc à Corkins de toucher un brelan « gratuit » à la river. Si Hellmuth avait ouvert à la turn,
Corkins aurait évidemment passé.*

3. Le squeeze-play

Définition : relance après un certain nombre d'en-chères molles, le plus souvent préflop en position de surblind.

Exemple : vous possédez A-10 au surblind. Trois joueurs paient le surblind, le petit blind paie aussi, et vous relancez fortement à huit fois le surblind. Vos **quatre** adversaires passent, le coup s'arrête là et vous encaissez le pot.

Analyse : le *squeeze-play* permet de rentabiliser immédiatement une main potentielle en relançant for-tement en fin de parole. À ne pas faire avec une main nulle car un joueur peut quand même payer, ce que vous ne souhaitez pas. C'est un vol du pot.

> **Le coup : Bruno/Johann, 2007**
> 10 joueurs. Bruno est en 2 (surblind) avec 1 200 et Johann est en 10 (bouton) avec 900. Blinds 5-10.
> Bruno a 9-7 de carreau, Johann a K-J dépareillés.
> *Préflop* : quatre joueurs paient le surblind, dont le petit blindeur. Bruno relance à 100 (en ajoutant 90, *illustration*), et les joueurs passent, sauf Johann au bouton.
> *Le flop* : A-8-6 tricolore. Bruno ouvre à 150, Johann passe. Bruno gagne le coup.
> *Par sa relance forte préflop, en bluff, Bruno essaie d'éliminer ses quatre adversaires. Il n'y arrive pas car il en garde un, mais un as arrive au flop, avec en plus un tirage à quinte. Il a alors toute latitude pour continuer à mettre la pression sur Johann, cette fois en opérant un semi-bluff. Il ouvre à 150, et effecti-vement Johann passe et abandonne le pot car il n'a que K-J.*

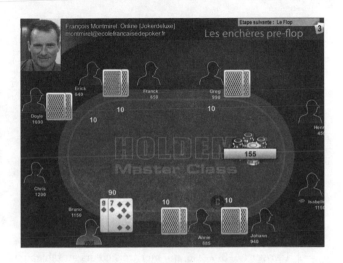

4. L'oak bluff

Définition : petite enchère en fin de coup, comme si le joueur, ayant jeu max, voulait « gratter » encore quelques jetons à son adversaire.

Exemple : vous possédez as de cœur et dame de pique. Vous relancez préflop et vous êtes payé. Le flop comporte deux cœurs. Vous attaquez, vous êtes payé. La *turn* est un trèfle et vous continuez l'attaque. La *river* est un cœur et vous faites juste une petite ouverture. L'adversaire s'étonne de cette enchère minime et, n'ayant lui-même qu'un jeu faible (paire moyenne), il ne paie même pas l'ouverture et vous abandonne le pot.

Analyse : l'*oak bluff* joue sur la psychologie. Les joueurs expérimentés détestent qu'un adversaire les manipule. Or, c'est ce que fait le joueur qui ouvre bas en fin de coup. Son adversaire a décemment deux façons de réagir : soit relancer, soit passer. Suivre serait humiliant pour lui.

> **Le coup : Annie/Bruno, 2007**
> 10 joueurs. Annie est en 1 (petit blind) avec 4 500 et Bruno est en 2 (surblind) avec 6 250. Blinds 50-100. Annie a J-10 de pique et Bruno a 9-9.
> *Préflop :* Un joueur relance à 300, le *cut-off* paie, de même que les deux blindeurs.
> *Le flop :* A-8-7 dont deux piques (incluant l'as). Annie ouvre à 800 (semi-bluff d'attaque), Bruno paie et les deux autres joueurs passent.
> *La turn :* A-8-7-2, qui met deux piques et deux cœurs au tableau. Annie ouvre à 1 500, Bruno suit.
> *La river :* A-8-7-2-5, qui met trois cœurs au tableau. Annie ouvre petitement à 1 000 sur un pot de 5 800, et Bruno passe *(illustration).*
> *Annie a maintenu la pression depuis le flop, donc Bruno peut penser qu'elle a un gros jeu. En plus, l'arrivée du troisième cœur et la présence de l'as font peur à Bruno. Cette petite ouverture finale (oak bluff) achève de l'effrayer : si elle ouvre si bas, c'est parce qu'elle a un jeu énorme, comme couleur à cœur, brelan ou deux paires... Et même si Annie a paire de dix en main, il est aussi battu. Bruno est mal à l'aise et, bien qu'ayant assez de tapis pour payer, il passe.*

5. *Le* continuation bet *en bluff*

Définition : enchère d'attaque après avoir été l'attaquant du tour précédent. Le *continuation bet* typique se fait au flop.

Exemple : vous possédez 10-9 de carreau, au bouton, et trois joueurs ont payé préflop. Vous décidez de relancer à six fois le surblind. Seul le surblind paie. Le flop contient un as et un roi. Le surblindeur checke, vous ouvrez aux trois quarts du pot, l'adversaire passe et vous gagnez le coup sans abattage.

Analyse : le *continuation bet* est la moisson de l'agressivité. Le joueur qui attaque ou qui contre-attaque peut impunément faire son *continuation bet* ensuite, il ne sera inquiété que si son adversaire a vraiment touché un jeu.

Le coup : Kennedy/Reagan/Roosevelt, coup fictif

10 joueurs. Roosevelt est en 2 (surblind) avec 11 500, Kennedy est en 5 avec 8 500 et Reagan est au bouton avec 12 000. Blinds 150-300.

Roosevelt a 9-8 de cœur, Kennedy a 7-7 et Reagan a K-Q de cœur.

Préflop : Kennedy relance à 1 000, Reagan et Roosevelt paient.

Le flop : A-K-3 dépareillés. Roosevelt checke, Kennedy ouvre à 2 500, Reagan et Roosevelt passent *(illustration).* Kennedy gagne le pot sans abattre.

Kennedy, en mauvaise position, décide de relancer avec les 7. Il est payé par le bouton et par le surblindeur, là encore une mauvaise nouvelle car il est pris entre deux feux pour la suite du coup. Le flop apporte un as et un roi, il poursuit son attaque en ouvrant à près de la moitié du pot. Reagan possède les rois splittés mais il se voit battu par les as et passe. Roosevelt n'a rien et passe.

6. *Le* block-bet

Définition : enchère d'attaque destinée à empêcher l'attaquant précédent de faire son *continuation bet.*

Analyse : le *block bet* est vraiment l'une des actions les plus agressives qu'un joueur puisse faire. C'est un acte inattendu qui met l'attaquant du tour précédent devant un dilemme : l'ouvreur a-t-il ou non du jeu ?

Le coup : Brunson/Fischman, WSOP 2004
9 joueurs. Brunson est en 2 (surblind) avec 35 000, Fischman est en 6 avec 32 000. Blinds 500-1 000.
Brunson a Q-J de pique et Fischman a K-9 dépareillés.
Préflop : Fischman relance à 3 000 et Brunson paie les 2 000 de plus.
Le flop : 9-8-5 de carreau. Check, check.
La turn *:* 9-8-5-6 (6 de cœur). Brunson ouvre à 4 000 *(block bet)*, Fischman paie.
La river : 9-8-5-6-A (as de cœur). Brunson ouvre à 12 000 *(block bet)*, Fischman passe et abandonne le pot à son adversaire, bien que possédant la meilleure main *(illustration)*.
Fischman relance timidement préflop et Brunson paie. Le flop menaçant (carreaux) paralyse les deux hommes. La turn *amène un tirage à quinte possible et déclenche un premier* block bet *de Brunson, payé par Fischman. L'as final aide Brunson à faire un autre* block bet *de 12 000, et Fischman jette l'éponge : il se voit forcément battu, ce qu'il n'est pourtant pas !*

7. Le check-raise en bluff (embuscade)

Définition : checker dans le but de relancer si l'adversaire ouvre.

Exemple : vous possédez K-Q et vous êtes au surblind. Préflop, le bouton relance à 4 fois le surblind et vous payez. Le flop s'affiche : A-10-5 dépareillés. Vous checkez, le relanceur ouvre à la hauteur du pot, et vous le relancez au double. Il passe et vous gagnez le coup sans abattre.

Analyse : le *check-raise* est déstabilisant pour l'adversaire, qui vous voit checker (passivement) et s'imagine qu'en faisant son *continuation-bet* il va pouvoir enlever le coup, ou au pire vous maintenir dedans. Il en est pour ses frais car vous agissez exactement comme si vous aviez un gros jeu, en relançant. Le *check-raise* fonctionne bien quand le flop présente une grosse carte ou un tirage.

Le coup : Erickson/Ferguson, WSOP 2004

9 joueurs. Ferguson est en 2 (surblind) avec 105 000, Erickson est en 7 avec 120 000. Blinds 1 500-3 000, antes 300.

Ferguson a 10-7 dépareillés et Herickson a A-3 assortis.

Préflop : Erickson relance à 12 000 et Ferguson paie.

Le flop : J-8-7 dont deux carreaux. Ferguson checke, Herickson ouvre à 20 000, Ferguson relance *all-in* à 92 700, Erickson passe *(illustration)*.

Au flop, Ferguson touche deux tirages médiocres : la troisième paire et le tirage à quinte ventral. Étant premier à parler, il checke et laisse Erickson faire son continuation bet dans le but de le relancer après. Erickson ouvre en effet, et Ferguson relance ensuite à tapis, soit près de 93 000 de mieux. Erickson, qui n'a rien – ni tirage ni paire –, se voit dans l'obligation de jeter ses cartes. Excellemment joué de la part du champion du monde 2000.

8. Le sur-bluff

Définition : relancer sur un bluff adverse présumé.

Exemple : vous possédez A-10 assortis au blind. Un joueur agressif relance au bouton quand un seul joueur a suivi le surblind. Vous sentez la tentative de vol du pot de la part du bouton. Vous le relancez au triple. Le surblindeur passe, de même que le suiveur et le relanceur.

Analyse : certaines circonstances font qu'un joueur peut être intimement persuadé qu'un adversaire est en train de bluffer. Comme il n'a pas lui-même un gros jeu, il décide de relancer dans le seul but de faire passer le présumé bluffeur.

> **Le coup : Chico/Groucho, coup factice**
>
> 4 joueurs. Chico est en 2 (surblind, 8 500) et Groucho est en 3 (14 000). Blinds 250-500.
>
> Chico a A-K de pique et Groucho a J-10 de cœur.
>
> *Préflop* : Groucho paie, Chico relance à 2 000, Groucho paie.
>
> *Le flop* : 9-4-2 dont deux carreaux.
>
> Chico ouvre à 2 500, Groucho relance à 5 000, Chico passe *(illustration)*.
>
> *Le fait que Groucho paie la relance de Chico préflop est un signe pour Chico que Groucho a forcément une main. Au flop, Chico ne trouve aucune paire mais ouvre, en faisant un* continuation bet *en bluff. Groucho, lui, n'a rien, mais il soupçonne fortement Chico d'être sur un bluff. En effet, comment le flop a-t-il pu améliorer Chico, sauf si celui-ci possède une grosse paire en main ? Il décide donc de le relancer au minimum, au double, avec l'idée de passer si Chico sur-relance. Mais Chico préfère passer, se sentant battu. À bluffeur, bluffeur et demi...*

9. Le bluff retard

Définition : bluffer après avoir laissé passer un tour d'enchères.

Analyse : les circonstances font parfois qu'en se contentant de payer l'ouverture au flop au lieu de relancer, l'adversaire nous croit plus fort que lui, ce qui entraîne son check à la *turn.* C'est le moment d'attaquer soi-même pour le gain du coup. Le bluff est retardé car on aurait pu bluffer en relançant au flop. Au lieu de cela, on a attendu la *turn* pour le faire, ce qui est moins dangereux car il ne reste qu'une carte à venir ensuite.

> **Le coup : ManuB/Rkahuna7,** *cash-game* **en ligne, 2007**
> 6 joueurs. Rkahuna7 est en 2 (surblind, 470) et ManuB est en 4 (398). Blinds 2-4.
> ManuB a 7-7.

Préflop : ManuB relance à 16, Rkahuna7 relance à 46, ManuB paie.

Le flop : A-9-3 *rainbow.*

Rkahuna7 ouvre à 60, ManuB paie les 60.

La turn : A-9-3-4.

Rkahuna7 checke, ManuB ouvre à 120, Rkahuna7 passe *(illustration).*

Préflop, ManuB décide de relancer et a le cran de payer la sur-relance. Au flop, l'as est déstabilisant mais rien ne dit que Rkahuna7 le possède. Pour le faire douter, ManuB paie. À la turn, qui est quelconque, Rkahuna7 préfère checker, et c'est peut-être là son erreur. Le champion français en profite pour placer son ouverture, à la moitié du pot, et parvient à faire passer son adversaire, désormais convaincu qu'il a une très grosse main, comme A-K ou A-Q.

10. Le piège

Définition : laisser jouer quand on possède une main imbattable.

Exemple : vous touchez un full max au flop. Seul le carré peut vous battre. Vous ne cherchez surtout pas à effaroucher vos adversaires. Vous vous « faites tout petit » pour les laisser venir sur le coup et toucher de quoi s'améliorer si possible, voire – plus subtil – pour les inciter à bluffer le coup s'ils vous sentent faible en cartes.

Analyse : quand on possède un jeu énorme, la seule prière possible est de voir nos adversaires avec un jeu ou avec des velléités de bluff. Nous devons alors tout faire pour permettre cet état de fait, quitte à ne rien gagner du tout au final.

Le coup : LeScribe/Thierry, tournoi *live*, 2007
6 joueurs. Thierry est petit blind (14 800). LeScribe est au bouton (16 000).
Thierry a 3-2 dépareillés, LeScribe a K-Q de trèfle.
Préflop : LeScribe suit les 600, Thierry relance à 900, LeScribe paie.
Le flop : K-K-K.
Thierry ouvre à 600, LeScribe suit.
La turn *:* K-K-K-Q.
Thierry checke, LeScribe checke aussi.
La river *:* K-K-K-Q-A.
Thierry ouvre à 2 000, LeScribe relance à 4 000, Thierry relance à 13 000, LeScribe paie et l'abattage le donne gagnant avec carré *(illustration)*.
La main du Scribe ne justifie pas une relance préflop, mais suivre une relance, pourquoi pas ? En revanche, au flop, il fait profil bas avec son carré. Il permet le check. À la turn, il se contente de suivre l'ouverture. Et à la river, il incite le bluff adverse, d'autant qu'une

> *quinte est possible. Pour ce faire, il relance juste au double l'ouverture, histoire de faire croire qu'il a une main moyenne. Thierry fonce dans le piège : il relance all-in, payé immédiatement par LeScribe, qui remporte un pot rondelet.*

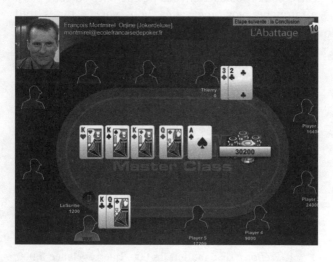

Note : Les coups donnés en exemple dans ce chapitre font partie du programme de formation de l'École française de poker, les Hold'em Master Class.

49

Les 10 erreurs stratégiques typiques

Une stratégie gagnante implique de ne pas commettre les erreurs typiques.

1. Se marier avec ses cartes

C'est de loin l'erreur la plus commune des joueurs de poker !

Définition : le joueur a une bonne main au départ ou au flop mais n'arrive pas à se persuader qu'il est déjà battu.

Exemple : vous partez avec A-A, la meilleure des mains possible. Vous êtes au bouton. Tous les joueurs ont à peu près le même tapis. Deux joueurs suivent le gros blind avant vous. Vous relancez à six fois le sur-blind pour isoler un seul adversaire. Seul un des suiveurs paie. Le flop arrive : J-10-9 dont deux cœurs. Le joueur checke, vous ouvrez aux deux tiers du pot, l'adversaire relance au triple. *Que faites-vous ?*

Évidemment, la réponse dépend d'abord de la personnalité du joueur. Un joueur « chacal » (large-agressif) va agir de la sorte avec 9-8, par exemple. Mais d'une manière générale, sans rien savoir du joueur, vous *devez* passer. De grand favori préflop, vous devenez grand outsider au flop.

Analyse : une bonne main préflop ne concerne que deux cartes. Quand le flop est affiché, elle porte sur cinq cartes, soit trois de plus. Ces trois cartes supplémentaires peuvent ruiner les espoirs d'un joueur. Il faut l'accepter. Par ailleurs, il est toujours plus difficile de jeter une paire en main que deux cartes de valeurs différentes. C'est une des raisons pour lesquelles je préfère recevoir A-K que Q-Q : si le flop n'est pas bon, j'ai moins de scrupule à jeter ma main.

> **La règle des 71 %**
> Le premier tour d'enchères permet de voir 5 cartes sur les 7 cartes définitives. Donc 25 % des enchères permettent de voir 71 % des cartes.

2. Se marier avec le pot *(commited)*

Quand un pot est déjà perdu, peu importe qu'il soit gros ou petit !

Définition : plus un joueur met de l'argent dans un pot et plus il s'y attache. C'est humain. On a deux raisons de se marier avec un pot :
– quand il nous reste peu de jetons (on est « embarqué », *commited*) ;
– quand le pot est engraissé de *dead money*, c'est-à-dire de jetons qui ne sont plus défendus

Exemple : vous recevez Q-J au bouton. Trois joueurs paient le surblind et vous décidez de faire de même. Les deux blindeurs se maintiennent sans relance. Arrive le flop : A-10-9. Vous flopez donc un tirage à quinte ouverte. Check, le gros blind ouvre, suivi des trois autres, de vous-même, mais le petit blind relance à la hauteur du pot. Tous les autres passent, et vous décidez de payer finalement.

À cet instant, le pot contient 20 % de *dead money*, c'est-à-dire d'argent qui n'est plus défendu par les payeurs correspondants. La *turn* est un autre as, ce qui ne vous donne rien de mieux. L'adversaire ouvre à la moitié du pot. *Que faites-vous ?*

Certes, vous avez un tirage à quinte, vous avez aussi la position. Mais ce deuxième as donne un brelan à l'adversaire s'il possède un as. Et même si ce n'est pas le cas, il peut déjà avoir un full ou deux paires. Votre adversaire a bien joué son *check-raise*. Vous devez passer.

> **Attention à la taille du pot**
> La taille du pot ne doit pas vous aveugler. Si vous êtes battu d'une manière *objective*, n'aggravez pas votre cas en payant la dernière enchère. Cela s'appelle *l'évitement*.

3. Trop bluffer

Le bluff est au poker ce que la sauce est à la cuisine : trop, le plat est indigeste, et trop peu, le plat est fade.

Définition : il est normal de vouloir jouer quand on reçoit des cartes. Or, si l'on respecte les minima de mains pour jouer, on n'entre que dans un coup sur cinq environ. D'où la propension « naturelle » à entrer dans plus de coups. Le problème est le même quand on tente un tirage au flop et qu'il ne se réalise pas ensuite. Les joueurs ont tous une propension à vouloir trop bluffer le coup, et ils doivent lutter contre.

Exemple : en Texas hold'em limit, vous possédez J-10 au bouton. Trois joueurs ont payé le surblind, vous payez aussi, et le surblindeur checke. Arrive le flop :

A-9-8. Vous avez votre tirage à quinte. Les trois premiers joueurs checkent, votre prédécesseur ouvre, vous suivez, et les trois autres joueurs passent.

La *turn* est un trois. L'adversaire ouvre et vous décidez de suivre pour tenter la quinte encore. La *river* est un autre trois. L'adversaire ouvre encore, et vous décidez de relancer pour bluffer le coup et faire passer l'opposant. Mais il paie et vous abattez votre main au valet. Bon joueur, il abat A-6.

Vous auriez dû quitter ce coup au flop, ou éventuellement relancer au flop en espérant que l'adversaire n'ait pas d'as et passe. Que vouliez-vous faire croire à cet adversaire ? Que vous aviez un as meilleur que lui, que vous aviez un trois ? Vous avez bluffé maladroitement et cela vous a coûté 3,5 grosses mises.

Analyse : le bluff est l'essence même du poker, c'est vrai. Mais il faut trouver le juste milieu entre bluffer un coup pour le gagner tout de suite et le bluffer pour impressionner. La vraie question à vous poser est : « Ce bluff est un risque que je prends, mais qu'est-ce qu'il va m'apporter en compensation ? » Si vous sentez que l'adversaire ne sera pas impressionné par ce bluff, laissez tomber.

> **L'outil**
> Bluffer n'est pas une fin en soi. C'est un outil pour gagner le pot.

4. Ne pas être assez patient

Patienter, c'est 80 % du poker !

Définition : le poker est un jeu *lent*. 20 % du temps effectif de jeu est réservé à l'action. On n'a jamais vu de joueur impatient gagner un seul tournoi ni gagner en *cash-games*.

Exemple : Texas hold'em *no-limit*, tournoi multi-table, milieu de tournoi. Voilà trente coups que vous ne voyez pas de cartes valables, trente coups que vous jetez vos mains. Enfin vous arrive A-J. Vous savez bien que ce n'est pas une main premium mais enfin vous y voyez une occasion de jouer, d'autant que vous êtes au bouton. Deux joueurs suivent le surblind avant vous, vous décidez de relancer au triple, et seul un joueur vous paie en début de parole.

Arrive le flop : J-8-8. L'adversaire checke, vous ouvrez à hauteur du pot, il paie. Arrive la *turn* : quatre. L'adversaire checke, vous ouvrez au tiers du pot, il paie encore. Arrive la *river* : trois. L'adversaire checke, vous ouvrez au tiers du pot encore, il relance *all-in*. Peut-il avoir brelan ? Oui, bien sûr. La mort dans l'âme, vous passez. Il montre effectivement un brelan, il avait A-8 de pique.

Auriez-vous pu jouer différemment ce coup ? Oui, *en n'y entrant pas.* Et l'adversaire, qui a remarqué que vous n'aviez pas joué depuis longtemps, a exploité ce travers pour ne pas relancer avant la *river*.

Analyse : apprenez à vous réguler intérieurement, à « surfer » sur un rythme de jeu qui vous est propre. Si votre nature est telle que vous n'atteignez jamais une vitesse de croisière assez lente, laissez tomber le poker ou orientez-vous vers les parties *shorthanded* (à cinq ou six joueurs) ou en tête à tête.

5. Se laisser dévorer par les blinds

Les blinds montent progressivement en tournoi, soyez combatif !

Définition : quand les blinds deviennent très chers vers la fin du tournoi, et quand les joueurs sont moins nombreux aux tables, certains gardent leurs standards de jeu en restant toujours aussi sélectifs. C'est une erreur car, de fil en aiguille, les blinds montent et leur tapis fond littéralement, sans qu'ils aient l'occasion de se défendre.

Exemple : vous jouez dans un super-satellite qui paie 12 joueurs. Il en reste 18 et vous avez le huitième tapis. Vous êtes « virtuellement » qualifié. Certains adversaires prennent de gros risques en relançant souvent à tapis, mais comme ils sont rarement payés, ils se maintiennent dans le tournoi. Vous préférez ne pas jouer de mains trop faibles. Aussi le temps passe, des adversaires s'engagent dans des passes d'armes dangereuses, mais peu d'entre eux sautent.

Votre tapis devient dixième, puis douzième, puis quatorzième. Il reste quinze joueurs et vous n'êtes plus dans les joueurs virtuellement payés. À chaque fois que vous vous décidez à payer préflop, un joueur relance à tapis et vous passez. Vous ne pouvez pas vous résoudre à attaquer en allant à tapis.

Arrive le moment fatidique où vous n'avez plus que **trois** surblinds dans votre tapis. Vous recevez K-10, c'est une bonne main à cet instant, et vous êtes en milieu de parole. Personne n'entre avant vous, aussi vous relancez à tapis. Le bouton paie et vous continuez en tête à tête contre un joueur qui abat A-5. Le tableau n'apporte rien à personne et vous êtes éliminé.

Analyse : dans l'exemple, deux mouvements sont à prendre en compte :
- d'abord, votre tapis fond progressivement, ce qui vous fait descendre peu à peu dans la hiérarchie des tapis en présence ;
- ensuite, plus votre tapis fond et moins il est intimidant pour l'adversaire. Si vous aviez fait tapis avec six

ou sept surblinds au lieu de trois, le joueur avec A-5 n'aurait probablement pas suivi, vous auriez volé les blinds et vous seriez toujours vivant pour la suite du tournoi.

> **L'attaque préflop**
> Quand les blinds érodent fortement votre tapis, pensez à attaquer en relançant *all-in* préflop dès que les cartes, la position et le type d'adversaires restants le permettent.

6. S'isoler en tournoi

Le cycliste qui a le nez dans le guidon ne voit pas le mur devant lui. Le joueur de tournoi qui se cantonne à son coup ou sa table n'a pas la vision globale nécessaire.

Définition : dans un tournoi, il est bien de négocier chaque coup l'un après l'autre de façon dynamique et prudente. Mais il est cent fois préférable d'avoir une vision *globale* de son tournoi.

Exemple : vous êtes *chip-leader* dans un tournoi de Texas hold'em *no-limit*. Il reste quatre joueurs. Vous êtes au surblind avec K-K. Le joueur UTG ouvre *all-in*, le joueur suivant relance *all-in*, le petit blind passe. Vous avez les rois donc vous collez pour 80 % de votre tapis. Un joueur a 10-10, et l'autre, le plus gros tapis des deux, a A-K. Le tableau s'affiche : J-10-8-A-2. Vous perdez l'extérieur au profit du plus gros qui devient *chip-leader*, et le pot principal au profit du petit tapis qui devient deuxième tapis. Vous-même êtes relégué au plus petit tapis.

Analyse : l'exemple est poignant mais vous montre où se situe votre erreur. Car il s'agit bien d'une erreur. Dans cette situation, vous avez le plus gros

tapis donc vous êtes gagnant potentiel. Deux cas se présentent :
– vous entrez dans le coup, comme on l'a vu ; vous ne risquez pas l'élimination immédiate mais vous risquez de vous retrouver très affaibli en jetons et de perdre votre puissance d'intimidation et de destruction ;
– vous n'entrez pas dans le coup et soit un joueur va être éliminé, ce qui fera monter tout le monde dans l'échelle des gains, soit le plus gros tapis des deux va baisser et le plus petit va monter.

Dans ce coup où deux joueurs vont à tapis préflop, vous devez considérer qu'au moins un des deux possède un as, ce qui affaiblit vos rois. Vous devez aussi considérer qu'au moins un des deux possède un roi, ce qui disqualifie votre brelan potentiel. Il est donc dangereux de suivre ici avec les rois, car le moindre as au tableau signe votre perte (c'est d'ailleurs ce qui se passe).

> **Le « dernier carré » : un moment décisif**
>
> Le « dernier carré » est un moment essentiel du tournoi. Dans les distributions habituelles de dotation, ces quatre places se partagent au moins 75 % des prix en valeur, 40-20-10-5 :
> – terminer troisième au lieu de quatrième double le gain ;
> – terminer deuxième au lieu de troisième double le gain ;
> – terminer premier au lieu de deuxième double le gain.

7. Attaquer trop peu

Paradoxalement, jouer trop passivement coûte généralement bien plus cher que d'attaquer. Attaquer consiste à protéger sa main car cela diminue le nombre des adversaires.

Définition : le joueur qui ne participe aux coups qu'en attaquant soulève toujours chez ses adversaires la même question lancinante : « A-t-il ou non du jeu ? » Inversement, le joueur qui participe aux coups sans attaquer est un joueur mou, sans personnalité, impressionnable et lisible.

Exemple : dans un tournoi de Texas hold'em *no-limit,* en milieu de tournoi, vous recevez 8-8 en milieu de parole. Un joueur suit avant vous, vous suivez aussi, le bouton et le surblind suivent. Arrive le flop : A-6-5. Les deux joueurs qui vous précèdent checkent. Vous checkez aussi. Le bouton ouvre. Les deux autres joueurs passent. Vous hésitez. A-t-il ou non l'as ? Dans le doute, vous payez.

Arrive la *turn* : sept, qui vous donne tirage à quinte. Vous checkez. Le bouton ouvre. Une fois de plus, vous payez. Arrive enfin la *river* : trois. Vous checkez enfin. Le bouton fait une petite ouverture. Plein d'espoir, vous payez. Et il abat 7-6 (deuxième paire au flop, deux paires à la *turn*).

Analyse : dans ce coup, vous avez accumulé les erreurs, c'en est affligeant ! Vous n'avez jamais attaqué, vous n'avez fait que suivre...

– *Préflop :* vous décidez de suivre. *Vous auriez pu attaquer.* Si personne ne contre-attaque derrière vous, vous voyez le flop et comme tout le monde voit un as au flop, vous avez une force psychologique énorme qui vous suffit à remporter le coup au flop.

– *Au flop :* bien que personne n'ait relancé préflop, vous craignez l'as au flop, ce qui vous dissuade d'ouvrir... sans vous imaginer qu'à cet instant, votre paire de huit est probablement la meilleure main en course ! Une ouverture ici aurait probablement fait passer le bouton et vous aurait fait gagner le coup... *Vous auriez dû attaquer.*

– *À la* turn : vous subissez un relanceur et, avec une petite paire et un tirage à quinte, vous restez en jeu. Erreur manifeste car il ne reste qu'une carte à venir, ce qui est trop peu. *Vous auriez dû passer.*

– *À la* river : vous payez l'ouvreur sous prétexte qu'il ouvre bas, alors qu'il le fait précisément parce qu'il possède un jeu gagnant et essaie de vous « gratter » des jetons supplémentaires *(oak play)*. Et vous tombez dans le panneau, certain que votre paire de huit peut gagner !

8. Ne pas oser l'évitement

Éviter l'adversaire ou les situations dangereuses fait partie de l'arsenal de survie du joueur de tournoi.

Définition : le degré de dangerosité de certaines situations est tel qu'il vaut mieux quitter le coup plutôt que de s'y maintenir avec entêtement.

Exemple : vous avez A-K, vous êtes au bouton, et deux joueurs suivent le surblind. Vous relancez au triple, le surblindeur suit, et les deux suiveurs aussi. Arrive le flop : 10-9-8 de cœur. Vous regardez à nouveau vos cartes : vous possédez l'as de cœur, donc vous avez un tirage à couleur max. Le surblindeur ouvre à la moitié du pot, le deuxième suit, le troisième passe, vous décidez de suivre.

La *turn* est le six de pique. Là encore, le surblindeur ouvre à la hauteur du pot, le deuxième suit encore une fois et vous hésitez. Finalement, vous suivez aussi. Jusque-là, vous avez engagé la moitié de votre tapis. La *river* est le roi de trèfle, qui vous donne la paire max. Cette fois, le surblindeur ouvre à tapis. Le deuxième joueur réfléchit longuement, puis passe. Vous n'avez pas touché votre couleur, des quintes sont possibles, vous n'avez qu'une paire, fût-elle max, et vous passez.

Analyse : la seule bonne décision que vous ayez prise dans ce coup est de passer à la fin ! Au moins épargnez-vous la moitié de vos jetons... Examinons ce qui s'est passé...

Préflop, vous relancez et vous avez raison mais vous relancez seulement au triple, et là vous avez tort. Vous devez *protéger* votre main en recherchant le tête à tête, donc éliminer au moins un joueur. Pour ce faire, comme deux joueurs ont déjà payé le surblind, vous devez relancer à au moins six fois le surblind. Sept fois est même préférable. Ce faisant, vous auriez gardé un seul adversaire... ou aucun.

Étudiez bien la texture du flop : c'est à la fois un tirage à quinte et à couleur – même à quinte flush ! Le surblindeur ouvre et ce peut être un bluff. Mais ne vous imaginez pas toujours que les adversaires bluffent, car la plupart du temps ils ne bluffent pas ! En tout cas, bluffeur ou pas, il est payé par un adversaire. C'est très mauvais signe ! Car au moins l'un des deux ne bluffe pas, c'est certain ! En n'ayant qu'un tirage, fût-il à couleur max, vous devez passer ici. Le flop est comme passer à travers un miroir, changer d'univers. Il y a un monde avant le flop et un autre monde après. Or, le monde après le flop vous est totalement hostile, donc quittez-le ! Évitez un clash inutile.

La suite du coup est à l'image de votre acharnement inutile. Un des deux adversaires a peut-être déjà quinte flush :

– et même si ce n'est pas le cas, il a peut-être déjà couleur ;

– et même si ce n'est pas le cas, il a peut-être déjà quinte ;

– et même si ce n'est pas le cas, il a peut-être déjà brelan !

Dans les trois cas, vous êtes battu ! Comment décemment vous maintenir dans le coup avec un tirage couleur dans ces conditions ? Expliqué de cette manière, vous comprenez maintenant qu'il faut *éviter* illico ce coup dès le flop, donc le quitter au plus vite pour un coup qui sera moins hostile.

9. Ne pas voler les blinds

Un blind, ce n'est pas grand-chose et on peut se dispenser de le voler... sauf quand, en tournoi, il a atteint une telle taille que le gagner devient une question de survie !

Définition : le vol de blinds consiste à relancer en fin de parole quand personne n'a encore relancé avant nous, dans le seul but de n'être payé par personne et d'encaisser les blinds et les *antes*. Il ne doit pas être systématique. Il n'implique pas de posséder une grosse main – un as suffit, ou un roi bien accompagné, même une petite paire. Le vol de blinds s'impose dans les stades ultimes du tournoi si on possède soi-même un tapis faible ou moyen.

Exemple : vous êtes à l'avant-bouton avec la main A-6 dépareillés. Votre tapis est de 6 500 et les blinds sont de 300-600, avec des *antes* de 50. Un joueur en milieu de parole paie le surblind, les autres joueurs passent. C'est à vous de parler. Vous décidez de relancer à 2 600. Les deux blindeurs passent. Le suiveur réfléchit. Il a un tapis de 8 000. Puis il décide de passer aussi. Votre gain net est de 300 + 600 + 400 = 1 300 et votre tapis passe de 6 500 à 7 800.

Analyse : voler les blinds implique de rechercher l'opposition minimum et d'enlever le coup préflop.

– *Opposition minimum :* pas d'adversaires menaçants, pas de relanceur, pas de gros tapis ni de joueur agressif déjà engagé car vous ne pourrez pas payer de sur-relance adverse.

– *Enlever le coup préflop* : c'est important car votre main est faible ; cela étant, un bon vol se fait avec une main à potentiel, une « connexion », comme K-9, 10-9, J-8 pour les plus faibles (voler avec A-K ou Q-Q est évidemment préférable !) ; voler les blinds avec 8-4 ou 9-3 dépareillés doit rester exceptionnel car ces mains-là se défendent mal au flop

> **Le tour de donne supplémentaire**
> Dans notre exemple, le joueur part avec 6 500, soit 11 surblinds. Il sort du coup avec 7 800, soit 13 sur-blinds. D'une manière générale, quand on est en table pleine, voler les blinds permet de financer *un tour de donne supplémentaire,* donc de recevoir neuf mains de plus « gratuitement »... et l'une d'elles sera peut-être LA main qui vous propulsera en table finale !

10. Trop attaquer avec un gros tapis

Le gros tapis est confortable mais il doit rester gros tapis pour vous conduire en table finale dans les meilleures conditions !

Définition : ce n'est pas parce qu'on possède un gros tapis qu'on a toute latitude pour attaquer tous les adversaires du monde.

Exemple 1 : vous êtes *chip-leader* de la table finale qui comporte neuf joueurs. Il y a 1 000 000 de jetons en jeu et vous en possédez 250 000. Les blinds sont 1 500-3 000, avec des *antes* de 300. Vous êtes surblindeur avec K-10 dépareillés. Tous les joueurs passent, sauf le bouton qui relance *all-in* avec un tapis de 18 000. Le blindeur passe. Vous décidez de payer. Il abat 8-7 de pique. Rien n'arrive au tableau et vous l'éliminez.

Analyse de l'exemple 1 : le rôle principal du gros tapis est d'éliminer les petits à chaque fois qu'ils semblent faire des tentatives désespérées pour doubler. Dans cette configuration, si vous payez préflop, vous n'y mettez que 7 % de votre tapis et, quoi qu'il arrive, vous finirez le coup en tête à tête. C'est la configuration idéale pour payer la relance.

Exemple 2 : mêmes tapis et cartes que précédemment. L'avant-bouton relance *all-in* pour 95 000. Il est payé par le blindeur qui possède 170 000. Vous décidez de relancer *all-in* pour vous débarrasser du blindeur. Il réfléchit longuement, puis paie *all-in*. Il abat A-3, l'avant-bouton abat 4-4. Le tableau n'apporte rien à personne et vous vous retrouvez avec un tapis de... 80 000.

Analyse de l'exemple 2 : quelle erreur grossière vous faites ici ! Même si le blindeur avait jeté ses cartes, vous n'auriez de toute façon pas dû suivre l'avant-bouton parce que cela vous prend plus du tiers de votre tapis ! Comment risquer autant de jetons avec K-10 ? Le plus fort, c'est que, même quand le blindeur entre, vous le relancez *all-in* pour essayer de le faire sortir mais, ce faisant, vous lui donnez une raison de plus pour payer ! Là encore vous vous doutez bien qu'au moins l'un des deux est meilleur que vous, donc pourquoi mettre 70 % de votre tapis dans cette galère ?

> **À quoi comparer votre tapis ?**
> – *Le tapis moyen* : c'est le nombre total de jetons divisé par le nombre de joueurs restants. Pour rester « en forme », il faut avoir un tapis supérieur au tapis moyen, et pour être « très en forme », il doit être égal au moins au double.

– *Le « M »* : c'est le nombre de tours d'enchères que votre tapis peut financer. Par exemple, si vous avez un tapis de 10 000 et si les blinds sont 100-200 avec des *antes* de 25, et dix joueurs par table, chaque tour coûte 550, donc votre tapis finance 18 tours. Tant que le M est supérieur à 20, il n'y a pas d'urgence. L'urgence commence aux alentours de 10. Entre 5 et 10, vous devez attaquer souvent et arracher les pots. Et en dessous de 5, attaquez majoritairement en faisant *all-in*.

– *La situation à la table* : vous pouvez être *chip-leader* de votre table, ou au contraire avoir le plus petit tapis.

50

Les failles des adversaires

Tout l'intérêt du poker repose sur la méconnaissance des cartes des adversaires. Mais il y a des moyens pour lever le voile sur ce mystère.

Tout l'intérêt du poker repose sur l'ignorance que les joueurs ont des cartes adverses. Sans cette ignorance, le coup de poker perd considérablement de son attrait (cela étant, il est possible de jouer un coup de Texas hold'em à cartes découvertes jusqu'à la *turn* incluse car dans la plupart des cas la combinaison gagnante n'est connue qu'à la *river*, mais cette question est secondaire).

L'un des plus grands champions de poker, Phil Hellmuth, a déclaré : « La victoire revient pour 70 % à la lecture des adversaires et pour 30 % à la lecture des cartes. » D'autres champions pensent comme lui, comme TJ Cloutier ou Daniel Negreanu.

La façon de jouer certains coups

La première façon de « lire » l'adversaire consiste à décoder ses habitudes de jeu.

Deux niveaux :
- selon la tendance de fond du joueur ;
- selon les modèles de mises du joueur.

Selon la tendance de fond du joueur

Chaque joueur possède un profil de base vers lequel il tend, quoi qu'il fasse. Une présentation vous en est faite dans le chapitre 45.

Un joueur Souris, par exemple, fera fuir ses adversaires à chaque fois qu'il entrera dans un coup, simplement parce qu'ils devinent qu'il a un gros jeu. Du moins, il fera fuir les adversaires *qui ont deviné qu'il était Souris*. Les joueurs qui ne savent pas que les profils bestiaux existent tomberont dans le panneau et le paieront avec une main moyenne.

De même, le joueur Éléphant qui tend à payer les relances pour tenter ses tirages est difficile de ce fait à éjecter d'un coup. Les adversaires qui l'ont identifié comme tel savent alors qu'il vaut mieux ne pas bluffer contre lui.

Selon les modèles de mise du joueur (betting patterns)

Un *modèle de mise* est une séquence d'enchères particulière. Par exemple, *check-raise* en est un très courant. Certains joueurs raffoleront du *check-raise* alors que d'autres ne l'utiliseront jamais (cf. chapitre 48).

Les 8 modèles de mise les plus courants à l'échelle d'un tour d'enchères	
check-raise	je checke, tu ouvres, je relance (embuscade)
check-fold	je checke, tu ouvres, je passe
bet-call	j'ouvre, tu relances, je suis
bet-raise	j'ouvre, tu relances, je sur-relance

bet-all-in	j'ouvre, tu relances, je sur-relance *all-in*
bet-fold	j'ouvre, tu relances, je passe
raise-fold	je relance, tu sur-relances, je passe
raise-all-in	je relance, tu sur-relances, je sur-relance *all-in*

D'autres modèles de mises existent aussi, à l'échelle d'un coup :

Les 5 modèles de mise les plus courants à l'échelle d'un coup	
raise-bet-check	je relance préflop, j'ouvre au flop, je checke à la *turn*
call-check/ call-check/ raise	je suis préflop, je checke au flop puis je suis, je checke à la *turn* puis je relance
raise-bet/ fold	je relance préflop, j'ouvre au flop puis je passe
bet-bet-check	j'ouvre préflop, j'ouvre au flop, je checke à la *turn*
check/call, check/call, check/call, bet	je checke préflop puis je suis, je checke au flop puis je suis, je checke à la *turn* puis je suis, j'ouvre à la *river*

Connaître les tendances des joueurs en matière de modèles de mise permet d'anticiper à l'avance ce qu'ils vont faire. Donc quitter le coup à temps ou, au contraire, relancer durement. Cette façon de procéder permet de retirer deux avantages :
– ne pas se maintenir dans des coups où, sans cette information, nous nous serions maintenus à tort ;
– agresser des adversaires pour les éjecter du coup alors que, sans cette information, nous les aurions maintenus sur le coup.
Dans les deux cas, nous sommes gagnants.

La gestuelle *(tells)*

La deuxième façon de « lire » l'adversaire consiste à décoder ses gestes, ses attitudes.

Nous autres êtres humains communiquons à travers un langage parlé. Mais avant que ce langage parlé n'arrive, historiquement parlant, l'humain a eu recours à la communication par gestes volontaires. Et avant les gestes volontaires, il a eu recours aux gestes involontaires : des gestes qui exprimaient directement ce que le cerveau ressentait. Je parle ici d'un temps où l'humain n'avait pas de conscience. C'est alors le cerveau dit « limbique » qui dirigeait notre communication.

Le système limbique existe toujours chez l'humain aujourd'hui et rassemble ce qu'il y a de plus primitif en nous comme émotions : la peur et l'agressivité notamment. Exactement ce que nous éprouvons à la table de poker ! Mike Caro, un grand théoricien du poker, a été le premier à étudier de près cet aspect. Il s'agit des *tells* (de l'anglais « dire »), ces gestes ou signes qui « disent » ce que l'homme ne veut pas ou ne sait pas dire lui-même.

Il serait illusoire de faire une étude complète ici des gestes révélateurs des joueurs. J'y consacre un livre entier intitulé *Poker Code*. Mais nous allons voir dix éléments de base.

Avant de commencer, deux éléments importants :
– un joueur peut avoir une raison objective quoique inconsciente de faire un geste ; par exemple, un joueur qui se gratte souvent le nez peut simplement avoir un petit bouton qui le démange ;
– un joueur peut faire un geste répétitif de manière incontrôlée sans le moindre stimulus ; c'est par exemple le cas de joueurs qui sourient souvent, ou de ceux qui parlent rarement, etc., simplement parce que telle est leur nature.

Dans ces deux cas, une observation minutieuse s'impose pour éviter de considérer comme conclusif un geste qui ne l'est pas. Pour ce faire, vous devez vous fixer une règle sacro-sainte de calibrage :

confirmez toujours un tell *par un autre* tell
qui va dans le même sens.

1. Faible signifie fort, fort signifie faible

Vous observez : le joueur mise avec largesse et en lançant ses jetons.

Cela signifie : il a probablement un jeu faible (ce faisant, il réduit le champ adverse).

Vous observez, inversement : le joueur mise avec discrétion et en se taisant.

Cela signifie : il a probablement un jeu fort (ce faisant, il veut piéger l'adversaire).

2. Le changement brutal d'attitude

Vous observez : un joueur volubile, jovial, devient soudain fermé et muet.

Cela signifie : il vient de toucher une grosse main.

3. Le tremblement soudain

Vous observez : les mains du joueur se mettent soudain à trembler quand il prend ses jetons pour miser.

Cela signifie : croyez-vous que ce soit parce qu'il a peur ? Que non : il ressent l'émotion d'avoir enfin touché une très grosse main. Évidemment, si ce joueur tremble en permanence (cela arrive), ce signe ne signifie rien.

4. Le bloc de glace

Vous observez : le joueur se raidit, il retient sa respiration.

Cela signifie : là encore, il possède une grosse main.

Phil Hellmuth le reconnaît lui-même : s'il joue avec un blouson dont il remonte le col, c'est pour qu'on ne voie pas les battements de ses artères du cou. Vous pouvez en rire, mais cet homme-là est celui qui gagne le plus de tournois au monde. Il n'a donc pas forcément tort...

5. La vision plus longue

Vous observez : le joueur prend connaissance de ses cartes pendant un temps plus long que d'habitude.

Cela signifie : il ne possède pas une main facile à lire comme une paire ou A-K. S'il entre quand même dans le coup, il possède plutôt une main « marginale » selon son emplacement, comme A-Q, A-J, A-10, J-10, etc.

6. Le joueur ne regarde plus le pot

Vous observez : un joueur a déjà relancé au pot ; un adversaire réfléchit pour suivre ; le joueur regarde ailleurs, se désintéresse du coup.

Cela signifie : comme il est très fort en cartes, il ne veut rien faire qui mette la pression sur l'adversaire, il essaie de « s'effacer ».

7. Les jetons sont placés n'importe comment

Vous observez : le joueur range ses jetons n'importe comment, ses piles sont branlantes, inégales.

Cela signifie : il est d'un caractère plutôt fantasque, il faut s'attendre à ce qu'il bluffe.

8. Regard aux jetons

Vous observez : Le joueur regarde furtivement ses jetons quand apparaît le flop, ou la *turn*, ou la *river*.

Cela signifie : il s'apprête à miser, donc il a une bonne main.

9. La protection soudaine

Vous observez : le joueur pose des jetons sur ses cartes alors qu'il ne le fait pas habituellement.

Cela signifie : il protège ce qui mérite de l'être, à savoir une bonne main. Il arrive que le joueur ne protège sa main qu'au flop, ce qui signifie que le flop lui donne une très bonne main, alors que cette main n'était pas forcément bonne préflop.

10. La distance par rapport à la table

Vous observez : le joueur se recule de la table.

Cela signifie : il possède une main vulnérable. L'inverse est aussi vrai : le joueur qui se rapproche de la table, par exemple en avançant sa chaise, possède une main peu vulnérable, voire max.

La manipulation par les contre-*tells*

Vous avez bien lu ce qui précède ? Alors maintenant, *oubliez tout !*

J'exagère, évidemment. Mais je veux que vous compreniez une chose : les joueurs qui connaissent ces signes (et vous en faites maintenant partie !) vont évidemment les utiliser à contresens face à des adversaires qu'ils savent lecteurs de *tells.*

Par exemple, si vous faites une relance de bluff au flop, vous pouvez décider de regarder ailleurs, de vous détendre en commandant un verre, etc. Si l'adversaire connaît ce genre de geste et s'il a un jeu faible ou un simple tirage, il devrait identifier ici un danger et passer... ce qui donne votre bluff gagnant !

En *no-limit*, une seule erreur peut vous coûter le tournoi. Inversement, une seule bonne décision faite grâce à une lecture performante peut vous faire gagner un énorme pot et vous propulser dans les plus gros tapis en table finale. Tous les grands joueurs lisent leurs adversaires.

L'effet de levier des *tells*
La lecture des *tells* adverses peut nous éviter de payer deux coups qu'on aurait payés sinon, et nous faire bluffer deux coups qu'on aurait abandonnés sinon. Cela peut suffire à gagner un tournoi (Francis Mahiout).

51

Créez votre budget poker

Dans ce chapitre, nous n'allons pas parler poker mais argent du poker. Dissociez toujours l'un et l'autre.

Le poker, votre argent et vous

Les différents chapitres précédents vous ont montré qu'il était possible de jouer au poker sans argent, en remplaçant ce dernier par autre chose – un classement par exemple.

Mais si vous souhaitez jouer au poker pour de l'argent, des règles draconiennes s'imposent. Nous les récapitulons dans le dernier chapitre. Il vous faut surtout mettre en place le dispositif magique qui va faire de vous l'antithèse du joueur dostoïevskien : le joueur « financièrement raisonné ».

Créez votre budget poker

Un budget poker, cela vous étonne ? Pourtant, en bon gestionnaire, surtout si vous avez une famille à nourrir, vous gérez forcément un budget *vacances*, un budget *loisirs*, un budget *alimentation*... Alors pourquoi pas un budget poker ?

Revenons au b-a-ba. Qu'est-ce qu'un budget ? C'est une somme allouée par tranche de temps (le plus souvent mensuelle) pour couvrir des dépenses déterminées. Une dépense est possible tant qu'elle ne fait pas « exploser » le budget duquel elle dépend. Elle est impossible dans le cas contraire, ou étalée sur plusieurs tranches.

Habituez-vous à créer un budget poker puis à le gérer de même. Par exemple, si vous décidez d'allouer 150 euros par mois au poker, versez cette somme sur un compte à part en même temps que vous allouez vos autres budgets.

> **Pourquoi un compte à part ?**
> Parce que le budget poker est un peu spécial. Contrairement aux autres budgets, qui ne représentent que des dépenses, le budget poker doit aussi gérer des recettes, qui sont les gains aux tournois ou aux *cash-games*.

En pratique, vous pouvez choisir entre :
– ouvrir un compte en banque dédié ;
– ouvrir un compte sur Internet réservé à vos performances sur Internet (cf. les chapitres 36 à 41) ;
– utiliser une « enveloppe » dédiée *physiquement*, si vous manipulez des espèces en quantité.

Sans budget, point de salut

J'insiste là-dessus : ne vous lancez pas dans le poker si vous n'avez pas le budget en face.

C'est crucial pour votre bonne santé mentale et financière. Qu'arrive-t-il à ceux qui l'oublient ? Selon nos croyances, ils iront griller en enfer. Mais surtout ils ont toutes les chances de vivre cet enfer sur terre. Car,

à force de mélanger les dépenses du jeu avec les dépenses vivrières, on finit toujours par tailler dans ces dernières. Et par tomber dans deux travers infernaux :
– plus un joueur perd et plus il court derrière son argent, donc plus il doit augmenter ses mises ;
– plus un joueur perd et plus il perd la notion du pouvoir d'achat de l'argent ; les gros perdants au poker sont souvent étonnés de voir que leurs amis non-joueurs (quand il leur en reste) manipulent pour leurs dépenses des sommes infiniment plus faibles qu'eux, et obtiennent en échange des biens qui assurent leur bien-être et améliorent leur vie.

Un célèbre joueur français a dit un jour à un autre joueur : « Si tu décides d'arrêter le jeu en casino, c'est comme si tu te faisais un chèque d'un million d'euros tout de suite. » Ce verdict s'applique aussi au poker pratiqué par des joueurs qui ne sont pas des fines lames.

La mauvaise nouvelle des 15 %

De quelle mauvaise nouvelle s'agit-il ? C'est simple et cruel : les joueurs qui pratiquent le poker dans les lieux professionnels (cercles, casinos, Internet) ne génèrent que 15 % de gagnants environ. Les 85 % restants perdent de façon durable.

Et le plus fort, c'est que ces 15 % ne sont pas toujours les mêmes. Parmi eux figurent notamment ceux qui ont gagné de gros tournois, donc qui assurent leur gain annuel en une seule fois. On trouve aussi les gagnants de *cash-games* réguliers, qui sont les vrais professionnels du poker car ils tirent leur survie financière du poker. Leur proportion est toutefois infime. Ne comptez pas en faire partie un jour !

Mais, au fait, pourquoi 85 % des joueurs seraient-ils perdants ? D'abord pour financer les gros gagnants, mais aussi et surtout pour financer les *commissions des opérateurs*, qui sont autant de prélevé sur les sommes redistribuées. Par exemple, toutes promotions déduites, un site Internet prélève entre 5 et 10 % du total des sommes échangées sur ses tables chaque jour.

Gagner sa vie au poker est-il possible ?

Le grand joueur Amarillo Slim Preston a déclaré un jour que « le poker est une façon difficile d'avoir une vie facile ».

Dans la mesure où seuls 15 % au mieux des joueurs vivent du poker, devenir professionnel est difficile. Techniquement parlant, mais aussi dans ce que cela implique comme adaptations dans la vie de tous les jours.

La vie de professionnel exige au moins cinq compétences :
– *une technique irréprochable :* vos adversaires vous attendent au tournant, vous devez toujours avoir une longueur d'avance sur eux ;
– *une discipline de fer :* vous devez vous tenir à vos stratégies, à vos plans, et ne pas vous en départir car la sanction est immédiate ;
– *une gestion financière sans faille :* vous devez à la fois contrer les caprices du hasard et garder une puissance d'investissement ;
– *une gestion du temps parfaite :* les déplacements sont longs, les tournois internationaux aussi, tout comme les grands tournois sur Internet ;
– *une vie sociale souple :* laissez tomber si vous devez amener vos enfants tous les jours à l'école ou si votre conjoint vous impose de rester près de lui.

À cela s'ajoute la question fiscale. En France, le joueur professionnel de poker n'a pas de statut fiscal, moyennant quoi il tombe dans la catégorie fourre-tout des BNC (bénéfices non commerciaux), où sont prises en compte les dépenses et les recettes avec tout ce que cela a d'arbitraire. Car comment prouver qu'on a perdu ou gagné X euros dans une partie privée, où aucun justificatif n'est délivré ? Et je ne parle pas du statut du *gain au poker*, jeu considéré comme « jeu de hasard » par la loi française, donc donnant droit à ce titre à... zéro impôt. Franchise remise en cause par certains fiscalistes dès lors que le gain devient *régulier*.

Conclusion : ne cherchez pas à devenir professionnel de poker. D'ailleurs, la plupart d'entre eux le sont devenus par inadvertance, après un gros gain ou parce qu'un sponsor les a pris sous sa coupe.

À mon sens, la bonne méthode consiste d'abord à avoir des diplômes et un métier, puis à s'adonner au poker avec modération. Beaucoup de joueurs sont des semi-professionnels et s'en portent bien, participant de temps à autre à des tournois de moyenne importance qu'ils gagnent plus ou moins régulièrement.

Si vous testez cette voie, ne vous entêtez pas quand vous constatez qu'elle vous coûte plus qu'elle vous rapporte. Seuls les joueurs d'exception gagnent de l'argent au poker. Et il n'y aucune honte à jouer au poker pour des sommes modérées dans son club de province qui organise un tournoi privé entre ses membres tous les samedis soir.

> **La vie avec le sponsor**
> De plus en plus de sites Internet sponsorisent des joueurs. Manque de chance pour les joueurs français, la France est le seul pays qui interdit la publicité sur les sites de poker en ligne, comme elle interdit la publicité pour les tabacs.

Les contrats avec les sponsors diffèrent. Le plus souvent, le sponsor s'engage pendant un certain temps (par exemple deux ans renouvelables) à payer un salaire fixe au joueur, ses droits d'entrée aux tournois et ses frais : hôtel, avion, repas... Le joueur encaisse 100 % des gains nets aux tournois. Il s'engage pour sa part à représenter la marque et à la citer dans ses interviews.

52

Les 10 commandements
financiers du poker

Fixez-vous les bonnes règles financières et vous réduirez les effets dévastateurs des erreurs de gestion et des caprices du hasard.

Tous les joueurs sont égaux devant la chance sur le long terme. La différence se fait sur les erreurs et sur les coups de génie qu'ils font ou ne font pas. N'oublions pas qu'avec le jeu des gros gains en tournoi et des commissions des opérateurs, seuls 15 % des joueurs environ sont gagnants au poker...

1. Ne misez rien au-delà du budget jeu

C'est une règle sacro-sainte : ne dépassez pas le budget alloué.

La tentation est forte surtout dans les moments où vous perdez à cause de coups de malchance tenace. Pourtant, vous devez vous faire violence et ne pas vouer au poker le moindre euro qui ne lui ait été destiné au départ. Par exemple, interdisez-vous impérativement de jouer de l'argent qui n'a pas encore été alloué dans vos budgets ou, pire encore, qui a été destiné à payer votre loyer, à alimenter votre retraite complémentaire ou à rembourser votre voiture.

Le budget permet :
- de jouer avec l'esprit tranquille, sans crainte de mettre en danger ses économies ;
- de se donner des limites qu'on sait raisonnables.

2. Les caves d'entrée en *cash-games*

En enchères limitées, les caves d'entrée aux tables sont généralement *déplafonnées*.

En *no-limit*, les caves d'entrée aux tables sont *plafonnées*, pour éviter que les joueurs à gros budget n'écrasent les petits sous des relances considérables. Quelles caves utiliser ? Je vous conseille ceci :

Cash-games	Cave d'entrée
limites fixes	40 surblinds
no-limit	100 surblinds

Par exemple, si vous jouez à la table avec surblinds 1-2 :
- en limites fixes, la cave doit être de 80 ;
- en *no-limit*, la cave doit être de 200

En *no-limit*, les caves sont généralement plafonnées *de facto* à 100 fois le surblind. Donc si vous êtes à la table 1-2, vous pouvez engager à la table 200 au maximum. Si la table sur laquelle vous jouez impose un autre plafond, mettez-vous à ce plafond.

Le *no-limit* et la cave d'entrée
En *no-limit*, il faut préserver la capacité d'*intimidation* du tapis. Donc si vous choisissez la hauteur de blinds 1-2 :

– si le plus gros tapis est à 450, évitez de vous asseoir avec seulement 200 car même avec ce maximum vous perdez votre capacité d'intimidation ;
– si le plus gros tapis est de 145, inutile de venir avec le maximum de 200 : cavez-vous à 145 et vous aurez une capacité d'intimidation parfaite.

Note : En no-limit *où le premier* bad beat *vous envoie au tapis, vous pouvez décider d'avoir plusieurs « cartouches » à brûler pendant votre session de jeu. Si vous décidez par exemple de vous donner trois essais (donc trois caves) à la table 1-2, votre budget de session ne sera pas de 200 mais de 3 x 200, donc 600.*

3. La règle du vingtième
Respectez impérativement cette règle :
*ne risquez jamais au-delà d'un vingtième
de votre budget jeu total par session de jeu.*
Une « session de jeu » est une partie, ou une journée de jeu, ou un tournoi, comme vous le souhaitez.
Exemple : si vous avez l'habitude d'engager 60 euros par session, votre budget doit être de 1 200 euros minimum (soit 60 x 20).
Cette échelle s'impose pour pouvoir « éponger » les incontournables périodes de malchance.

4. Fixez votre budget total... et tenez-vous-y !
Dès lors que vous connaissez votre budget par session et que cette somme ne doit pas dépasser le *vingtième* du budget total par session, vous en déduisez votre *budget total*.
Voici les échelles les plus sages que je connaisse :

Limites pour parties en limites fixes*	Cave par session	Budget total requis** (= cave x 20)
1-2	40	800
2-4	80	1 600
3-6	120	2 400
10-20	400	8 000
20-40	800	16 000
100-200	4 000	80 000
Blinds pour parties en *no-limit*		
0,5-1	100	2 000
1-2	200	4 000
2-4	400	8 000
3-6	600	12 000
5-10	1 000	20 000
10-20	2 000	40 000
25-50	5 000	100 000
100-200	20 000	400 000

* La partie en limites fixes 2-4 a des blinds 1-2. Le schéma est toujours celui-là en limites fixes.

** Le budget total requis est à multiplier par le nombre de caves jouées par session, si vous décidez d'en jouer plus d'une.

> **Ne confondez pas « blind » et « limite » !**
> En limites fixes, n'oubliez pas que la petite limite vaut le gros blind et que la grosse limite vaut deux fois le gros blind. Donc la table en limites fixes notée 2-4 comporte des blinds de 1-2.

5. Gérez intelligemment votre budget poker

Si votre budget poker est épuisé le 20 du mois, abstenez-vous de jouer jusqu'au début du mois suivant, quand vous aurez remis à flot votre budget. C'est dur, c'est nécessaire, c'est un vœu pieux, mais il faut le faire quand même.

Si votre budget est devenu un « stock », c'est-à-dire une somme autonome qui génère sa propre progression, prélevez régulièrement pour alimenter un capital qui, lui, ne sera pas destiné au jeu. Il peut même servir à financer un projet qui n'a rien à voir avec le jeu, comme des travaux d'amélioration de l'habitat, l'achat d'un bateau de plaisance, etc.

Dans ce domaine, Rolf Slotboom, joueur de poker et journaliste néerlandais, a proposé une échelle de prélèvement que je trouve pertinente. Il prélève à chaque période :

– 10 % des gains de la semaine,
– 7,5 % des gains du mois,
– 5 % des gains du trimestre,
– 2,5 % des gains de l'année.

Évidemment, si une des périodes données n'a pas généré de gain, le prélèvement est nul.

> **Tenez vos comptes comme un vrai pro**
> Pour savoir si vous gagnez ou si vous perdez, tenez un compte précis de toutes vos sessions de jeu. Ce n'est pas si fastidieux mais c'est parfois dur à vivre quand il s'agit d'une grosse perte. C'est en tout cas indispensable pour mesurer plusieurs paramètres : quel type de partie vous rapporte le plus, votre gain horaire, etc.

6. Au début, fixez-vous des objectifs de gain/perte

La gestion financière est un des points qui soulèvent le plus de polémiques dans le petit monde des joueurs de poker.

Il y a les tenants des objectifs de gains/pertes et les tenants de la théorie de « la table qui rapporte ne doit pas être quittée ».

Mon expérience m'a appris qu'il fallait se fixer des objectifs de gains et de pertes *au moins au départ.*

Exemple 1 : cash-games *en limites fixes*
– table de hold'em 3-6 ;
– cave de 120 ;
– quitter la table quand le tapis passe à 180 (soit 50 % de gain) ;
– quitter la table quand le tapis est descendu à 60 (soit 50 % de perte).

Il est possible de combiner la stratégie d'une table sur plusieurs tables successives. Pour ma part, quand j'ai commencé sur Internet en 2003, j'avais un compte dans cinq sites différents. Quand j'avais atteint mon objectif sur un site, je passais au suivant et je m'arrêtais quand j'avais terminé les cinq. Avec une double limite : j'arrêtais la session si j'alignais trois gains successifs ou trois pertes successives.

Exemple 2 : sit & go *en hold'em* no-limit
– *sit & go* successifs à $50 ;
– arrêter la session si je ne gagne rien dans les trois premiers ;
– passer à un SNG à $100 quand mon gain cumulé atteint $300 ;
– si je gagne ce tournoi, j'arrête la session, sinon je poursuis.

Exemple 3 : cash-games *en hold'em* no-limit
– parties successives en *shorthanded* 1-2 (caves de 200) ;
– arrêter dès que le gain net de 200 est atteint ;
– trois caves autorisées (donc *drop* de 600 par session).

Le *drop* est le nom donné à l'argent total changé par le joueur, même s'il ne l'a pas engagé entièrement dans des actions de jeu.

7. Avec l'expérience, *assouplissez* voire *supprimez* vos objectifs de gains

L'expérience du joueur habitué et clairvoyant lui permet d'assouplir ses objectifs de gains. Pourquoi ? Parce que le poker est un jeu de confrontation. Si vos adversaires sont mauvais et si vous débutez, vous n'allez pas forcément vous en apercevoir et vous allez passer à côté d'opportunités en quittant la table après avoir rempli votre objectif.

Le joueur d'expérience, lui, va voir dans cette table une « vache à lait » qu'il va traire consciencieusement, jusqu'à ce que :
– son budget temps soit écoulé ;
– la table soit devenue moins intéressante du fait du remplacement progressif des joueurs.

8. N'empruntez jamais pour jouer

Faites-en une obligation *incontournable*.

Si vous n'avez plus de budget poker, non seulement il est hors de question de piocher dans vos autres budgets, mais en plus vous devez vous interdire d'emprunter pour jouer. Attendez pour ce faire de reconstituer votre budget poker.

9. Ne prêtez jamais pour jouer

Cette loi est un corollaire de la loi précédente. Vous devez exiger autant des autres que ce que vous exigez de vous-même. Donc, aussi, de ne jamais prêter pour financer une action de jeu. Généralement, ce sont des

« amis » qui vous le demandent, sous le prétexte de « tu ne peux pas refuser ça à un copain ! ». Au contraire, le lui refuser c'est lui rendre service. C'est *non négociable* !

D'ailleurs la sagesse populaire prétend que le meilleur moyen de perdre un ami est de lui prêter de l'argent. J'y souscris. Le problème n'est jamais au moment de prêter, il est au moment de rembourser.

Alors quand il s'agit d'argent du jeu !... Pour en savoir plus sur ce sujet, lisez le beau texte de Stefan Zweig, *Vingt-quatre heures de la vie d'une femme*.

10. Combattez l'effet crémaillère

L'effet crémaillère, ou *effet de cliquet*, est utilisé surtout en économie pour décrire cette fâcheuse tendance qu'ont les indicateurs à la hausse de ne pas pouvoir redescendre, même quand c'est l'intérêt des facteurs. Cela vaut notamment pour les consommateurs qui ont un mal fou à réduire leurs achats quand leurs revenus baissent.

Faites progresser vos mises avec votre budget

Si votre budget poker gonfle au fil du temps, c'est sans doute parce que vous avez trouvé votre activité gagnante en matière de poker : *sit & go*, *cash-games*, tournois... dans les variantes qui vous conviennent : hold'em, Omaha *high-low*... et à des hauteurs qui vous conviennent aussi : 3-6, 8-16, 20-40...

Or, un budget qui augmente permet d'accéder *sans prise de risque supplémentaire* à des parties plus chères. Mais attention : à ces parties-là, les joueurs sont généralement *plus forts*, ce qui peut faire baisser votre bénéfice, voire même le transformer en perte. Il faut alors accepter de revenir à la situation précédente pour restaurer les gains.

C'est là que le bât blesse. Autant il est valorisant et galvanisant d'augmenter les mises, autant il est austère et contraire à l'esprit de jeu de les réduire. Pourtant, il faudra bien vous y habituer, sans quoi de graves déconvenues sont au bout de la route.

Acceptez de baisser les mises

Psychologiquement parlant, revenir à un niveau de mises inférieur est dévalorisant. Mais, comme il n'y a pas de témoin sauf vous, il n'y a pas de honte. L'effet bénéfique sur les finances est immédiat.

Si vous avez l'esprit comptable et/ou entrepreneur, vous n'y verrez que des avantages. Le joueur qui mélange finances et psychologie est perdu pour le poker.

Annexe 1
Sitographie

La notation * signale un site francophone. En gras :
le site leader de sa catégorie.

Sites de magazines spécialisés
www.livepoker-mag.com
http://www.poker-pratique.com
www.poker-magazine.fr
www.pokerworldmag.com

Blogs et sites de joueurs
* Michel Abecassis - www.pokerfull.com
Josh Arieh - www.josharieh.com
Andy Bloch - www.andybloch.com
Mike Caro - www.poker1.com
Bob Ciaffone - www.pokercoach.us
Annie Duke - www.annieduke.com
Chris Ferguson - www.chrisferguson.com
* Thomas « Fougan » Fougeron –
www.teampoker770.com/thomasfougeron.php
* Nicolas Fradet - www.nicolasfradet.com
Gus Hansen - www.gus-hansen.com
Jennifer Harman - www.jenniferharman.com

Phil Hellmuth - www.philhellmuth.com
Phil Ivey - www.philivey.com
John Juanda - www.johnjuanda.com
Lou Krieger - www.loukrieger.com
Howard Lederer - www.howardlederer.com
Liz Lieu - www.lizlieu.net
Erick Lindgren - www.ericklindgren.com
Chris Moneymaker - www.chrismoneymaker.com
* **François Montmirel - www.over-pair.com**
Daniel Negreanu - www.fullcontactpoker.com
Evelyn Ng - www.evybabee.com
* Oleastre - oleastre.canalblog.com
* Pascal « PP the Bandit » Perrault -
www.teampoker770.com/pascalperrault.php
Greg Raymer - www.fossilmanpoker.com
Shirley Rosario - www.poker-babes.com
Rolf Slotboom - www.rolfslotboom.com
David « DevilFish » Ulliott - www.devilfishpoker.com

Boutiques en ligne
*www.academie-des-jeux.com
*www.damieropera.com
*www.docteurstratageme.com
*www.hector-saxe.com
*www.jetons-de-poker.com
*www.pokchips.com
*www.poker-production.fr
*www.variantes.com
www.gamblersbook.com/

Portails
* **www.clubpoker.net**
* www.poker.fr

* www.coupdepoker.com
* www.e-poker.org
* fr.pokernews.com
* www.blogholdempoker.com
* www.princepoker.com (Québec)
* www.swisspokertour.ch (Suisse)
www.pokerlistings.com
www.pokerpulse.com
www.whichpoker.com
www.cardplayer.com
www.pokerineurope.com
www.pokernews.com
www.pokerpages.com
www.thehendonmob.com

Pédagogie et développements divers
* www.ecolefrancaisedepoker.fr
* www.holdemmasterclass.com
freerolls.drawdead.com
www.fulltiltpoker.com/prolessons.php
www.holdemsecrets.com
www.homepokergames.com
www.homepokertourney.com/
www.internettexasholdem.com
live.checknraisepoker.com
www.playwinningpoker.com
www.poker-babes.com
www.pokerpages.com
www.pokersavvy.com
www.pokerstrategyforum.com
www.pokertips.org
www.pokerworks.com
www.recpoker.com

www.schoolpokeronline.com
www.texasholdem-poker.com
www.thegoodgamblingguide.co.uk/games/poker.htm
www.unitedpokerforum.com

Pour lutter contre le jeu compulsif
* adictel2/elliptic.fr/fr
www.gamblersanonymous.org/

Annexe 2

Lexique

Ce lexique a des entrées en anglais et en français, pour vous aider si vous lisez des textes spécialisés originaux.

A

Abattage
Étalage des cartes, quand les adversaires en lice ont demandé à voir.

Affichage
Au stud et ses variantes, désigne les cartes visibles de chaque joueur.

Agressif
Qualifie le joueur qui relance et sur-relance souvent et se contente rarement de suivre.

All-in
Cf. « Tapis ».

Ante
Modique droit d'entrée au pot, misé avant de recevoir les cartes.

Assorties

Des cartes sont assorties quand elles sont de même famille (la « famille » étant pique, cœur, carreau ou trèfle).

B

Bad beat

Rencontre de deux grosses combinaisons. Par exemple, sur un tableau de hold'em contenant une paire, le carré rencontre un full.

Blind

Ouverture obligatoire versée avant les cartes qui permet au blindeur de parler en dernier lors du premier tour d'enchères. Il peut être suivi d'un surblind fait par le joueur immédiatement après le blindeur ; le montant du surblind, qui peut être obligatoire ou optionnel, est égal au double du blind. Le surblind est aussi appelé « gros blind ».

Bluff

Terme générique qui recouvre diverses techniques destinées à induire les adversaires en erreur par des enchères paradoxales par rapport à la nature de la main.

Bouton

Dans les parties avec donneur extérieur, jeton dévalorisé qui passe de joueur en joueur, et qui montre au donneur lequel d'entre eux est le donneur fictif. La donne commence donc au joueur situé à gauche du bouton.

Brelan

Trois cartes de même valeur (à ne pas confondre avec la « tierce », qui est une figure de belote).

Bring-in
Cf. « Ouverture forcée ».

Bulle *(bubble)*

Première place non payée dans un tournoi. Par exemple, si le tournoi paie les dix-huit premières places, la bulle est la dix-neuvième place.

Buy-in
Cf. « Cave ».

C

Carré

Quatre cartes de même valeur. Parfois appelé « poker ».

Carte améliorante

Carte restant à tomber qui améliore la main. Si un as est requis pour gagner, vous avez quatre cartes améliorantes car il y a quatre as dans le jeu.

Carte fermée

En poker ouvert, carte non visible.

Carte gratuite

Carte qu'on obtient sans avoir eu à miser dans le tour d'enchères qui la précède.

Carte isolée

Main sans combinaison, dont la force est égale à la carte la plus élevée.

Carte ouverte
En poker ouvert, carte dont la face est visible.

Cash-game
Cf. « Partie d'argent ».

Cave
Quantité de jetons servant à former le tapis. La hauteur d'une table se mesure à sa hauteur de cave : plus les caves sont chères, plus on joue gros. Désigne aussi le droit d'entrée à un tournoi.

Chacal
Joueur à la fois actif et large. Il entre dans beaucoup de coups et relance beaucoup. Un des « profils bestiaux » de Phil Hellmuth.

Checker
Ne rien miser tout en restant encore en lice. Possible seulement s'il n'y a pas encore eu d'ouverture. Se prononce « tcheck ».

Check-raise, check & raise
Sur un pot encore non ouvert, checker avec une bonne main pour laisser un adversaire ouvrir, de façon à relancer ensuite.

Chip leader
Littéralement, « premier en jetons ». Désigne le joueur qui possède le plus gros tapis.

Chip race
En tournoi, opération par laquelle on remplace les jetons de petite valeur devenus inutiles par des jetons de valeur supérieure.

Commission
Cf. « Prélèvement ».

Compléter la mise
En stud à sept cartes et ses variantes, payer la diffé-rence entre l'ouverture forcée *(bring-in)* et la mise de base.

Consécutives assorties
Deux ou trois cartes assorties qui se suivent, comme par exemple 5-6 à cœur.

Continuation bet
Quand un joueur a ouvert ou relancé préflop, il fait un *continuation bet* quand il ouvre au flop, gardant ainsi la main.

Cote
Rapport entre rater une main et la réussir. « Si j'ai un tirage à quinte au flop, ma quinte finale est à 2 contre 1. »

Couleur
Combinaison constituée de cinq cartes de même famille. Par exemple : A-10-9-5-4 à carreau. Cette combinaison est battue par le full mais bat la quinte.

Coup
Unité d'action comprise entre la mise de l'ante par tous (ou du blind par un ou deux joueurs) et l'attribu-tion du pot au(x) gagnant(s).

Couvrir
Un joueur en couvre un autre quand son tapis lui est supérieur.

D

Début de parole

Position telle que le joueur parle avant tous ou la plupart des joueurs. Usage : dans une table de dix joueurs, il s'agit en général des quatre premiers sièges (les deux blindeurs et les deux joueurs suivants).

Décave

Jouer la décave, c'est jouer à concurrence d'une somme non renouvelable. Principe courant en tournoi.

Dépareillé

Deux cartes sont dépareillées quand elles sont de familles différentes.

Donne

Distribution des cartes. Celui qui l'effectue est le donneur *(dealer)*. La donne a lieu dans le sens horaire.

Dotation

Dans un tournoi, l'ensemble de l'argent à gagner, le plus souvent constitué des *buy-in* des participants.

Double paire

Combinaison constituée de deux paires. En américain, l'expression *aces up*, *kings up*, etc., signifie « deux paires aux as », « deux paires aux rois », etc.

Doubler

En *no-limit*, action de doubler son tapis en gagnant le coup sur lequel on a fait *all-in*.

Doublette

Carte qui arrive au tableau et double l'une des autres cartes, ce qui donne une paire au tableau et rend donc le full et le carré possibles.

E

Écart

En poker fermé, rejet des cartes pour en recevoir de nouvelles en nombre égal. A lieu entre les deux tours d'enchères.

Éléphant

Joueur à la fois passif et large. Il entre dans trop de coups et suit trop d'ouvertures. Un des « profils bestiaux » de Phil Hellmuth.

Enchère *(bet, stake)*

Mise faite par le joueur. Il existe trois enchères possibles : ouvrir, suivre et relancer. Également enjeu.

F

Famille

L'un des quatre symboles : pique, cœur, trèfle, carreau.

Figure

Valet, dame ou roi. Encore appelée « carte habillée ».

Fin de parole

Position telle que le joueur parle après tous ses adversaires ou presque. Dans une table de dix joueurs, il s'agit des sièges 8, 9 et 10.

Flambeur *(gambler)*

Joueur qui aime tellement le jeu qu'il n'hésite pas à miser sur des chances où il n'est pas favori, « par amour du jeu ».

Flop

En hold'em et en omaha, les trois premières cartes du tableau, retournées ensemble.

Freeroll

Chance de gagner quelque chose sans risque de perdre. Un tournoi *freeroll* est un tournoi à inscription gratuite.

Freeze-out

Cf. « Décave ».

Full *(full house, full hand)*

Main constituée d'un brelan et d'une paire. Parfois appelé « main pleine ».

H

Haut

Dans les variantes *high-low*, désigne l'option de la combinaison la plus élevée. On dit par exemple : « Je suis max en haut. »

Heads up

Cf. « Tête à tête ».

High

Cf. « Haut ».

High-low

Technique qui peut s'appliquer à la majorité des variantes du poker, selon laquelle le pot final est divisé entre la main la plus haute et la main la plus faible.

K

Kicker

Carte accompagnante. Par exemple, dans la main 8-8-A-3-2, le kicker de la paire de huit est l'as (on dit alors *kicker max* ou *top kicker*).

L

Large

Se dit d'un joueur ou d'une partie où les tempéraments et le niveau de jeu des antagonistes sont de valeurs très inégales (par opposition à « serré »).

Limites fixes

Qualifie la structure d'enchères selon laquelle les mises sont limitées à l'avance selon les tours d'enchères, au contraire du *no-limit* et du *pot-limit.*

Lion

Joueur à la fois actif et serré. Il entre dans peu de coups et relance beaucoup d'ouvertures. Adapté des « profils bestiaux » de Phil Hellmuth.

M

Main

Désigne les cartes du joueur, autant celles qu'il possède « en main » (par exemple, en omaha, il en a quatre en main) que celles qui forment sa combinaison finale.

Max

Être max, c'est posséder la combinaison la plus élevée rendue possible par le tableau. Par exemple, sur un tableau de hold'em contenant une paire, la combinaison

max est le carré. De même, posséder la « quinte max »
signifie que l'on a la quinte la plus forte rendue possible par le tableau, même si cette quinte n'est pas la
main max.

Milieu de parole
Position où le joueur parle après des joueurs et
avant d'autres. Dans une table de dix joueurs, il s'agit
en général des sièges 5, 6 et 7.

Mise
Jetons qui forment l'enjeu en cours.

N

No-limit
Régulation des enjeux ne fixant aucune limite à la
relance, si ce n'est la hauteur du tapis de celui qui
enchérit.

O

Omaha
Variante du Texas hold'em où chacun reçoit quatre
cartes fermées et où la combinaison se forme avec deux
cartes dans la main et trois cartes du tableau.

Out
Cf. « Carte améliorante ».

Ouverture
Premier enjeu du tour d'enchères. Quand personne
n'a ouvert et que c'est à votre tour de parler, vous pouvez checker ou ouvrir.

Ouvreur
Le joueur qui ouvre un tour d'enchères.

P

Paire *(pair)*
Deux cartes de même valeur.

Paire fermée
En hold'em, en omaha ou en stud, paire contenue dans les cartes fermées de la première donne.

Partie d'argent
En club ou au casino, partie de poker hors tournoi, mais où on joue directement de l'argent.

Partie privée
Partie que vous disputez avec des amis, des collègues, la famille... On dit aussi « partie domestique ».

Passer
Abandonner le coup et donc les enjeux déjà versés au pot. On dit aussi « sans moi », « je me couche », etc.

Position
L'endroit où est assis le joueur en fonction du bouton. Plus le joueur parle tard dans le tour de parole, meilleure est sa position et vice versa. Un joueur a la position quand il parle après son adversaire.

Pot *(pool)*
Total des enjeux à l'instant *t*, quelle que soit la variété de poker pratiquée.

Pot extérieur
Pot secondaire constitué suite au *all-in* d'un joueur, avec les enchères auxquelles il ne peut prendre part. Il

y a autant de *side-pots* que de joueurs ayant fait *all-in* dans le coup. Le « pot intérieur » est celui dans lequel participent le plus de joueurs.

Pot-limit

Régulation des enjeux fixant la relance maximum à la hauteur du pot courant. Quand un joueur ouvre un tour d'enchères à « pot », il mise le montant du pot. Mais quand il relance à « pot », il procède en deux temps : il égalise l'ouverture puis relance de la totalité du pot. Exemple : si le pot contient 100 et si un joueur ouvre à 50, si vous voulez faire « pot », vous devez miser d'abord 50, puis relancer du tout, donc de 200, ce qui fait une enchère totale de 250.

Pot principal, intérieur

Par opposition au *side-pot*. Il y a *side-pot* quand un joueur n'a pas assez de jetons pour suivre et quand il a au moins deux adversaires qui forment ensemble un nouveau pot à partir de la somme qui excède son tapis.

Pourboire

Petite somme d'argent remise au donneur par le gagnant du coup. Les pourboires constituent souvent la partie principale du revenu des donneurs.

Préflop

Dans les pokers à tableau, comme le hold'em ou l'omaha, période précédant le flop.

Prélèvement

Taxe retranchée de chaque pot par l'organisateur de la partie en rétribution de ses frais (notamment dans les clubs et les casinos, en ligne ou non).

Protéger, chasser

1. Relancer pour chasser d'autres joueurs afin de mieux assurer la victoire de votre main.

2. Garder un jeton ou un objet sur ses cartes, ce qui les empêche d'être éliminées par inadvertance.

Q

Quinte

Cinq cartes consécutives, de couleur quelconque. Encore appelée « suite » ou « séquence ».

Quinte flush *(straight flush)*
Quinte où les cartes sont toutes de la même famille.

Quinte royale *(royal flush)*
Quinte flush à l'as.

R

Rainbow
Une main ou un tableau est dit *rainbow* quand il/elle comporte des familles différentes.

Rake
Cf. « Prélèvement ».

Razz
Autre appellation du stud à sept cartes *low*.

Rebuy, recave
Nouvel achat de cave. Cette opération n'est autorisée qu'entre deux coups.

Relancer
Renchérir la hauteur de l'enjeu en cours.

River

En hold'em ou en omaha, la cinquième et dernière carte du tableau.

S

Satellite

Tournoi qualificatif dont le vainqueur gagne le droit d'accès à un tournoi plus cher. On dissocie les « satellites à une table » qui n'ouvrent droit qu'à une seule entrée, des « super-satellites », sans limitation de places.

Semi-bluff

Action d'enchérir fortement avec une main médiocre mais avec un potentiel de gain final. Exemple : J-10 assortis.

Serré

Se dit d'une partie dont le tempérament et le niveau de jeu des antagonistes sont de valeur proche, et de haute volée. Chaque coup est gagné « à l'arraché » (contraire : « large »). Se dit aussi d'un joueur très sélectif sur ses mains et qui les jette au premier signe lui faisant penser qu'il n'est plus favori.

Servi

Au poker fermé, annonce faite par celui qui ne demande pas de cartes neuves, se déclarant satisfait de sa main d'entrée.

Side-pot

Cf. « Pot extérieur ».

Sit and go

Tournoi qui, au lieu de commencer à une heure fixée à l'avance, commence quand le nombre de joueurs requis est réuni.

Splitté

On parle d'une paire splittée ou d'un brelan splitté quand le tableau et la main fermée se partagent la combinaison. Exemple en hold'em, au flop : la main est Q-10 et le flop est Q-5-2 (ici, paire de dames splittée).

Spread-limit

Variante du *limit* poker pur. Dans la partie 1-8, par exemple, les joueurs peuvent miser le montant de leur choix entre 1 et 8.

Squeeze play

Relance faite par un joueur de fin de parole visant à rafler toutes les enchères, quand personne n'a relancé avant lui.

String bet

Relance que le joueur fait en deux fois. Sauf s'il a préalablement indiqué de vive voix le montant de sa relance, une relance posée en deux fois est toujours refusée. Elle est remplacée par une enchère pour suivre. Cette règle évite les enchères « intox ».

Structure *(structure)*

1. Grille de limites d'enchères appliquées à un tournoi ou à une partie.

2. Montant des blinds sur un coup donné.

Stud à cinq cartes

Stud où la première carte est fermée et les quatre autres ouvertes. Encore appelé *kid* par référence au film *Le Kid de Cincinnati*, où il est à l'honneur. Jeu en voie de disparition.

Stud à sept cartes

Stud où les deux premières cartes sont fermées, les quatre suivantes ouvertes, et la dernière fermée.

Suite

Cf. « Quinte ».

Suivre

Miser à la hauteur de l'ouverture ou de la relance pour se maintenir dans le coup. On dit aussi « coller ».

Surblind

Deuxième blind, obligatoire ou optionnel selon les parties, égal au double du blind.

Sur-relancer

Relancer une relance.

T

Tableau

Au Texas hold'em et en ohama, désigne l'ensemble des cartes communes.

Tapis

1. Annonce du joueur qui pousse tous ses jetons au pot dans l'action d'ouvrir, de suivre ou de relancer. On dit aussi *all-in*.

2. Totalité des jetons possédés par un joueur, sur table.

Tell *(tell)*
Indice visuel ou sonore qui révèle quelque chose sur la hauteur du jeu ou sur l'état d'esprit du joueur qui l'émet.

Tête à tête *(heads up)*
Poker disputé à deux joueurs.

Texas hold'em
Le poker le plus pratiqué aux États-Unis. Se joue avec 7 cartes, dont 5 au *board*.

Tirage
Main qui forme, à une carte près, une quinte *(four card sequence)*, une couleur *(four flush)* ou une quinte floche *(four card straight flush)*. On distingue quatre types de tirages :
1. Tirage bilatéral ou ouvert *(open-end straight, bobtail straight)*. Tirage à quinte où la manquante est à l'une ou l'autre des extrémités. Exemple : 9-10-J-Q (il manque le 8 ou le roi).
2. Tirage *backdoor*. Tirage de trois cartes : par exemple, 9-10-J est un tirage à quinte *backdoor*, de même que trois piques constituent un tirage à couleur *backdoor*.
3. Tirage ventral (ou « par le ventre » ; *belly buster, inside straight, gutshot*). Tirage à quinte où la carte manquante se situe entre deux autres cartes. Exemple : 10-J-K-A (il manque la dame).

4. Tirage unilatéral (ou « par un bout » ; *one-end straight*). Tirage à quinte où la carte manquante est un 5 en haut ou un 10 en bas : A-2-3-4 et J-Q-K-A.

Tour de donne

Unité d'action comprise entre la donne de la première carte au premier joueur et de la dernière au dernier joueur, avant un tour d'enchères. Le hold'em comporte quatre tours d'enchères et le stud à 7 cartes, cinq.

Tour d'enchères

Unité d'action comprise entre l'enchère d'ouverture et la dernière enchère pour suivre, laquelle place les joueurs à la même hauteur d'enjeux et clôt le tour d'enchères. Cela déclenche le tour de donne suivant ou l'abattage s'il s'agit du dernier tour d'enchères.

Tournoi

Compétition de poker où l'on ne joue pas directement pour de l'argent mais pour des places dans un palmarès final. L'autre façon de pratiquer le poker est en parties d'argent.

Trio infernal

Dans la grille Montmirel, ce sont les trois mains A-A, K-K et A-K.

Turn

En hold'em ou en Omaha, la quatrième carte du tableau.

U

Under the gun (UTG)

Joueur situé juste après le surblindeur, donc celui qui doit parler en premier lors du premier tour d'enchères d'un coup de hold'em ou d'omaha (sans équivalent français).

W

WSOP (World Series of Poker)
Le plus grand tournoi au monde. Il se déroule chaque année à Las Vegas.

Annexe 3
Principales probabilités

Cette annexe récapitule les probabilités qui figurent dans le texte.

Le flop
(vaut pour le Texas hold'em et l'Omaha)

Nombre de flops différents : 22 100.

Type de flop	Probabilité
Brelan	0,2 %
Paire + carte quelconque	18 %
Sans paire ni brelan	82 %
Monocolore (type A-A-A)	5 %
Bicolore (type A-A-B ou A-B-A)	55 %
Tricolore (type A-B-C)	45 %

Les probabilités du Texas hold'em
Nombre de mains de départ différentes : 1 326.

Main de départ	Probabilité
Paire	6 %
Main forte (paire > 10 et deux figures dont as)	9 %
Deux cartes assorties	24 %
A-x (quel que soit x)	5 %
A-x ou K-x assortis (avec x < J)	6 %
Deux consécutives assorties (entre 6-5 et J-10)	2 %

Amélioration au flop	Probabilité
Paire fait brelan ou mieux	12 %
Deux cartes consécutives font tirage quinte	6 %
Deux cartes consécutives font quinte	1 %
Deux cartes assorties font tirage couleur	11 %
Deux cartes assorties font couleur	1 %
Deux cartes font deux paires splittées	2 %
Deux cartes font au moins une paire splittée	32 %
Deux cartes font paire splittée	28 %

Amélioration après le flop	Probabilité *turn* ET *river*	Probabilité *turn* OU *river*
21 outs	70 %	45 %
20 outs	68 %	43 %
19 outs	65 %	40 %
18 outs	62 %	38 %
17 outs	60 %	36 %

16 outs	57 %	34 %
15 outs	54 %	32 %
14 outs	51 %	30 %
13 outs	48 %	28 %
12 outs	45 %	26 %
11 outs	42 %	24 %
10 outs	38 %	22 %
9 outs	35 %	20 %
8 outs	32 %	17 %
7 outs	28 %	15 %
6 outs	24 %	13 %
5 outs	20 %	11 %
4 outs	17 %	9 %
3 outs	13 %	7 %
2 outs	8 %	4 %
1 out	4 %	2 %

Nombre de joueurs	Probabilité de présence d'une paire au moins	Ayant paire, probabilité de présence d'une autre paire
10	34 %	11 %
9	33 %	9 %
8	31 %	7 %
7	29 %	6 %
6	26 %	5 %
5	23 %	4 %
4	20 %	3 %
3	16 %	2 %
2	11 %	1 %

Les probabilités de l'Omaha

Nombre de mains de départ différentes : 270 725.

Main de départ	Probabilité
Brelan ou carré (mains injouables)	1 %
Deux paires	1 %
Paire	30 %
Quelconque	68 %
Une couleur	1 %
Deux couleurs type A-A-A-B (médiocre)	16 %
Deux couleurs type A-A-B-B (bon)	14 %
Trois couleurs	58 %
Quatre couleurs	11 %
Aucune petite carte*	19 %
Deux petites cartes	42 %
Trois petites cartes	32 %
Quatre petites cartes	7 %

* Une « petite carte » vaut huit ou moins, y compris as.

Amélioration après le flop	Probabilité *turn* ET *river*	Probabilité *turn* OU *river*
24 outs	79 %	55 %
23 outs	77 %	52 %
22 outs	74 %	50 %
21 outs	72 %	48 %
20 outs	70 %	46 %
19 outs	67 %	43 %
18 outs	65 %	41 %
17 outs	62 %	39 %

16 outs	59 %	36 %
15 outs	56 %	34 %
14 outs	53 %	32 %
13 outs	50 %	30 %
12 outs	47 %	27 %
11 out	43 %	25 %
10 outs	40 %	23 %
9 outs	36 %	21 %
8 outs	33 %	18 %
7 outs	29 %	16 %
6 outs	25 %	14 %
5 outs	21 %	11 %
4 outs	17 %	9 %
3 outs	13 %	7 %
2 outs	9 %	5 %
1 out	4 %	2 %

Les probabilités du stud à 7 cartes

Nombre de mains de départ différentes : 22 100.

Main de départ	Probabilité
Brelan	0,2 % (=1/425)
Paire	17 %
Quelconque	83 %
Trois cartes consécutives	3 %
Trois cartes assorties	4 %
Low au 8	6 %
Low au 7	4 %
Low au 6	3 %

Low au 5	2 %
Low au 4	1 %
A-2-3	0,3 % (=1/344)

Amélioration finale en possédant 3 cartes	Probabilité
Tirage à quinte fait quinte	17 %
Tirage à quinte fait full	2 %
Tirage à quinte fait brelan	3 %
Tirage à quinte fait double paire	17 %
Tirage à couleur fait couleur	15 %
Tirage à couleur fait full	2 %
Tirage à couleur fait brelan	3 %
Tirage à couleur fait double paire	17 %
Paire fait au moins deux paires	61 %
Brelan fait full ou carré	41 %

Amélioration finale en possédant...	4 cartes	5 cartes	6 cartes
Tirage à couleur fait couleur	47 %	35 %	20 %
Tirage à quinte fait quinte	43 %	31 %	17 %
Paire fait au moins deux paires	53 %	37 %	30 %
Deux paires font full ou carré	24 %	17 %	9 %
Trois paires font full	–	–	13 %
Brelan fait full ou carré	39 %	33 %	22 %

Amélioration basse finale en possédant A-2-3	Probabilité
5	7 %
6 ou mieux	19 %
7 ou mieux	33 %
8 ou mieux	48 %
9 et plus haut	52 %

Amélioration basse finale en possédant A-2-K	Probabilité
5	1 %
6 ou mieux	5 %
7 ou mieux	11 %
8 ou mieux	20 %
9 et plus haut	80 %

Les probabilités au stud à 5 cartes

Nombre de mains de départ différentes : 1 326.

Nombre de mains finales différentes : 2 598 960.

Main de départ	Probabilité
Paire	6 %
Quelconque	94 %
A-x	15 %
Deux grosses cartes (valet à as)	9 %

Amélioration	Probabilité
Paire termine brelan	11 %
Deux cartes quelconques font paire à la prochaine	12 %
Deux cartes quelconques font paire invisible à la prochaine	6 %
Deux cartes quelconques terminent paire	28 %
Deux cartes quelconques terminent au moins paire	32 %

Les probabilités au poker fermé

Nombre de mains de départ différentes : 2 598 960.

Main de départ	Probabilité
Carte isolée	50 %
Paire	42 %
Double paire	5 %
Brelan	2 %
Quinte	0,4 %
Couleur	0,2 %
Full	0,1 %
Carré	-
Quinte flush	-

Amélioration	Probabilité sans maquillage	Probabilité avec maquillage
Paire fait double paire	16 %	17 %
Paire fait brelan	11 %	8 %
Paire fait full	1 %	1 %
Paire fait carré	0,2 %	0,1 %
Double paire fait full	9 %	-
Brelan fait full	6 %	6 %
Brelan fait carré	4 %	2 %
Tirage à quinte fait quinte	17 %	-
Tirage à couleur fait couleur	19 %	-

Annexe 4

Les 10 principales abréviations du poker sur Internet

Dans le jeu en ligne, le « chat » oblige à synthétiser le discours. Ces abréviations permettent de signifier un message simple tout en utilisant le moins de lettres possible.

Code	Anglais	Signification
BBL	Be back later	Je reviens plus tard
CU	See you	Au revoir
GG	Good game	Bonne partie (à quelqu'un qui part mais qui a bien joué)
GL	Good luck	Bonne chance
LMAO	Laughing my ass off	Je me marre ! (sens plus fort que « lol »)
LOL	Laughing out loud	Je rigole !
NH	Nice hand	Joli coup
TY	Thank you	Merci
TYVM	Thank you very much	Merci beaucoup
VNH	Very nice hand	Très joli coup

Annexe 5
Bibliographie

Le poker a donné lieu à de nombreux ouvrages, de tout genre... et de qualités diverses. En voici qui ne décevront personne.

Manuels de poker en français

Poker Cadillac, par François Montmirel (Fantaisium, 2006). 600 pages de Texas hold'em *no-limit*, un kilo de poker, 25 000 exemplaires vendus la première année... LA référence en français en matière de perfectionnement.

Poker pour les nuls, par Lou Krieger (2005). Un bon livre d'intérêt général.

Poker de tournoi, par François Montmirel et Tom McEvoy, champion du monde 1983 (Fantaisium, 2005). Le livre immanquable pour ceux qui veulent se perfectionner dans la compétition.

Le Poker, des bases à la technique, par Lou Krieger (Bornemann, 2005). Un bon ouvrage d'initiation qui aborde toutes les formes de poker.

Poker On Line, par François Montmirel (Micro Application, 2006). Un livre et un CD-rom pour bien démarrer dans le poker en ligne.

L'Illusion du hasard, par Alexis Beuve (1997). Le livre de référence pour le poker fermé.

Manuels de poker en anglais

Super System, par Doyle Brunson (1980). LE grand livre du poker, certains l'ont même appelé... la bible !

Super System 2, par Doyle Brunson (2004). La suite du précédent, ou plutôt une version modernisée.

Book of Tells (Body language of poker), par Mike Caro (1984). Le premier livre jamais écrit sur les *tells*, ces indices visuels qui trahissent les joueurs.

Harrington on hold'em, par Dan Harrington et Bill Robertie (2004). Une trilogie technique entièrement consacrée au Texas hold'em *no-limit* de tournoi.

Ace on the River, par Barry Greenstein (2005). Un livre qui mélange anecdotes, technique et souvenirs, par un vrai professionnel.

Tournament Practice Hands, par Tom McEvoy et T. J. Cloutier (2003). Un ouvrage pratique qui passe au crible toutes les différentes mains de départ.

Theory of Poker, par David Sklansky (1987). L'ouvrage de référence qui porte si bien son nom.

Essais et documents en français

Comment on nous vole, par Eugène Villiod (1906).

Voyage au pays du jeu, par Louis-André (Albin Michel, 1934).

La Brigade des jeux, par André Burnat (Presses de la Cité, 1977).

Les Joueurs du Far West (Time-life, 1980).

Poker, par Jérôme Schmidt & Hervé Martin Delpierre (Seuil, 2006).

Tricheries au poker, par Gérard Majax (Abracadabra, 2007).

Essais et documents en anglais

Education of a Poker Player, par Herbert O. Yardley (1957).

Total Poker, par David Spanier (1977).

The Biggest Game in Town, par A. Alvarez (1983).

Big Deal (1990) et *Bigger Deal* (2006), par Anthony Holden.

Gambling Collectibles, par Leonard Schneir (1993).

Positively Fifth Street, par James McManus (2003).

Romans en français

L'Aristo chez les tricheurs, par André Helena (Flamme d'Or, 1954).

Poker d'enfer, par S. A. Steeman (Presses de la Cité, 1955).

Le Flambeur, par Noël Vexin (Ditis, 1958).

Le Kid de Cincinnati, par Richard Jessup (Plon, 1963).

Poker pour l'enfer, par Jacques Demar (Plon, 1967)

L'Arnaque, par Robert Weverka (Presses de la Cité, 1974).

Un oursin sur les tapis verts (Impair et passe), par Philippe Bouvard (Stock, 1975).

Le Poker du capitaine Leslie, par Bernard Gorsky (Albin Michel, 1975).

La Grande Arnaque, par Leonard Wise (Belfond, 1977).

La Gagne, par Bernard Lentéric (Olivier Orban, 1980).

Brelan de Nippons, par Tito Topin (Gallimard, 1982).

Strip Poker, par André Burnat (1984).

Parodie, par Cizia Zykë (Hachette, 1987).

Piqué de poker, par Philippe Balland (Balland, 1989).

Havana, par Paul Monette (Presses de la Renaissance, 1991).

La Musique du hasard, par Paul Auster (Actes Sud, 1991).

Poker d'âmes, par Tim Powers (J'ai Lu, 1992).

Easy Money, par Patrick Green (Stock, 1996).

La dernière peut-être, par Daniel Berkowicz (Lignes Noires, 2000).

Rachel (la Dame de carreau), par Michel Steiner (Lignes Noires, 2000).

Poker sauvage, par Mark Joseph (Albin Michel, 2001).

Blue Hotel, par Stephen Crane (Liana Levi, 2003).

Annexe 6
Filmographie

Les deux films « cultes »

Le Kid de Cincinnati (The Cincinnati Kid), 1965, Norman Jewison. Avec Steve McQueen, Edward G. Robinson, Ann-Margret... LE grand film du poker « à l'ancienne ».

Les Joueurs (Rounders), 1998, John Dahl. Avec Matt Damon, Edward Norton, John Turturro. LE grand film du poker « moderne ».

Les autres films

Le Gentilhomme de la Louisiane, 1953, Rudolph Maté. Avec Tyrone Power. Il joue et gagne au poker mais parvient à se faire une réputation d'homme honnête.

L'Homme au bras d'or, 1955, Otto Preminger. Avec Frank Sinatra et Kim Novak. Un donneur de cartes professionnel, junkie, en vient à tricher.

Les Années sauvages, 1956, Rudolph Maté. Avec Tony Curtis. Une partie à bord d'un *steamboat* tourne mal.

Sénéchal le magnifique, 1957, Jean Boyer, avec Fernandel. Une partie de poker improvisée dans la haute société.

Il était une fois dans l'Ouest, 1969, Sergio Leone. Avec Henry Fonda et Charles Bronson. Célèbre partie de poker dans le wagon immobile, en fin de film.

L'Arnaque (The Sting), 1973, Roy Hill. Avec Robert Redford, Paul Newman. Quelques scènes de poker et de jeu sont devenues cultes.

Poker d'enfer à Noël, 1986, Pupi Avati. Dans une vaste partie de poker, des amis mettent en jeu bien plus que de l'argent : leur amour-propre...

Poker, 1987, Catherine Corsini, avec Pierre Arditi. Poker et bas-fonds parisiens dans les années 1980.

Poker Alice, 1987, Arthur Allan Seidelman. Avec Liz Taylor. Le destin hors du commun de cette joueuse dans l'âme.

Engrenages (House of Games), 1987, David Mamet. Avec Lindsay Crouse, Joe Mantegna, Lilia Skala... Plongée sans concession dans l'enfer de l'arnaque.

Havana, 1990, Sydney Pollack. Avec Robert Redford, Lena Olin. Une belle histoire d'amour entre une rebelle cubaine et un joueur de poker pro, sur fond d'indépendance.

Maverick, 1993, Richard Donner. Avec Mel Gibson, Jodie Foster, James Coburn. Un western parodique autour du poker.

Les Maîtres du jeu (Shade), 2003, Damian Nieman. Avec Sylvester Stallone, Thandie Newton. Une parodie entre poker et illusionnisme.

Casino Royale, 2006, Martin Campbell. Avec Daniel Craig, Eva Green. Un « remake » puissant, avec trois parties de poker mémorables.

Composition réalisée par Nord Compo
Achevé d'imprimer en novembre 2007 en Espagne
par LIBERDUPLEX
Sant Llorenç d'Hortons (08791)
Dépôt légal 1re publication : novembre 2007
Numéro d'éditeur : 95140
LIBRAIRIE GÉNÉRALE FRANÇAISE
31, rue de Fleurus – 75278 Paris Cedex 06

30/8435/7

Lucky You, 2007, Curtis Hanson. Avec Eric Bana, Drew Barrymore, Robert Duvall. Un père et son fils, joueurs, préparent le Championnat du monde de poker 2003 à Las Vegas.